清代，广府金漆木雕中秋花牌
（广州酒家集团藏品）

谨以此书献礼广州酒家90周年

团饼

广式月饼的前世今生

广酒君 著

广州新华出版发行集团
广州出版社
GUANGZHOU PRESS

图书在版编目（CIP）数据

国饼 ： 广式月饼的前世今生 / 广酒君著 ； 徐伟兵主编 ； 赵利平执行主编. -- 广州 ： 广州出版社, 2025. 8. -- ISBN 978-7-5462-3933-0

Ⅰ. TS213.23

中国国家版本馆CIP数据核字第20256706AS号

书　　名：国饼——广式月饼的前世今生
Guobing——Guangshi Yuebing De Qianshijinsheng
著　　者：广酒君
出 版 人：柳宗慧
出版发行：广州出版社
（地址：广州市天河区天润路87号9楼、10楼　邮政编码：510635　网址：www.gzcbs.com.cn）
封面题签：赵利平
责任编辑：蚁燕娟　巫光明
责任校对：李少芳　窦兵兵
装帧设计：肖晓文
印　　刷：广州市岭美文化科技有限公司
（地址：广州市花地大道南海南工商贸易区A幢　邮政编码：510385）
规　　格：787 mm×1092 mm
开　　本：1/16
印　　张：20.75
字　　数：280千
版　　次：2025年8月第1版
印　　次：2025年8月第1次
书　　号：ISBN 978-7-5462-3933-0
定　　价：118.00元
审 图 号：GS粤（2025）1456号
发行专线：（020）38903520　38903521

《国饼——广式月饼的前世今生》编委会

中国主要的九种地方派式月饼

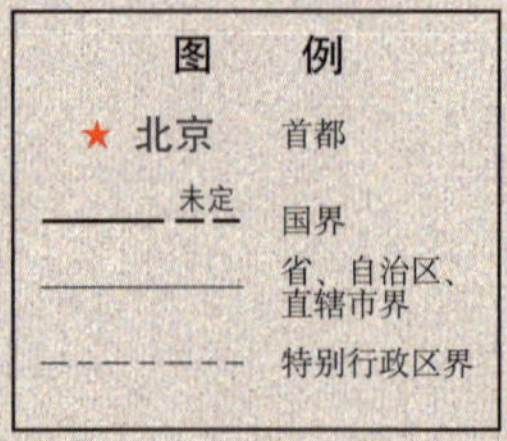

依《月饼质量通则》（GB/T 19855—2023）分类

晋式月饼
山西面食丰富，
月饼也不改面食本色，
以“郭杜林”饼最具代表。
饼的制作对面案功夫十分讲究，
内馅有五仁、玫瑰、枣泥等，外形朴拙。
另有大同混糖月饼，平遥、汾阳空心饼等，
极尽面食之所能。
哈式月饼
源自哈尔滨，独具当地工艺风味，
它采用提浆工艺或特制面团，
经多道工序制成，饼皮绵软、口感松酥，
哈式川酥、提浆、奶酥月饼均是其代表。
京式月饼
京式月饼受明清时期宫廷膳食的影响较大，
以自来红、自来白、提浆、
翻毛月饼为其经典代表。
自来红、自来白月饼形如馒头状，
二者制作时所用的油不同，
馅料多是白糖掺桂花、山楂等。
苏式月饼
兴起并流行于江南一带，
为酥皮类月饼的代表，
有苏式美食惯有的精致讲究，
内馅花样百出，百果、椒盐、鲜肉、小龙虾……
几乎可用酥皮包裹一切。
台式月饼
台式桃山皮月饼为代表，
以台湾地区工艺和风味为特色，
采用白豆、芸豆、奶油等制皮，
口感松酥或绵软，
凭借独特风味在市场上颇受欢迎。
潮式月饼
常见的称为朥饼，酥皮，
流行于广东省潮汕一带，
传统起酥工艺在其中体现得淋漓尽致，
外皮层层叠叠，酥脆。
另有水晶皮月饼和奶油皮月饼。
广式月饼
诞生于广州茶楼，
因其皮薄松软、造型美观、花纹精致、
包装讲究、携带方便等特点，
于20世纪90年代开始风靡全国，
为月饼界当之无愧的龙头老大。
琼式月饼
广式糖浆皮的“软”，
包裹住苏式油酥的“酥”，
形成了具有琼式特色的糖浆酥皮月饼。
口感上，软与酥兼具，别具一格。
滇式月饼
主要以云腿月饼、鲜花饼为代表，
流行于云南及周边地区。
无论是滇式火腿，还是玫瑰馅料，
其口味在全国月饼中都独树一帜。
新疆维吾尔自治区
西藏自治区
青海省
甘肃省
内蒙古自治区
黑龙江省
吉林省
辽宁省
河北省
北京市
天津市
山西省
宁夏回族自治区
陕西省
山东省
河南省
江苏省
上海市
安徽省
四川省
重庆市
湖北省
浙江省
湖南省
江西省
福建省
贵州省
云南省
广西壮族自治区
广东省
香港特别行政区
澳门特别行政区
海南省
海南岛
台湾省
台湾岛
钓鱼岛
赤尾屿
兰屿
东沙群岛
渤海
黄海
东海
南海
南海诸岛
西沙群岛
永兴岛
中沙群岛
黄岩岛
南沙群岛
曾母暗沙

专家荐语

《国饼——广式月饼的前世今生》的创作，始终站在行业演进与文化传承的双重视角，在时代与世界的坐标系中锚定这枚传统糕点的价值维度。当全球烘焙业正经历深度变革，这本书敏锐地捕捉到了健康化、场景化、跨界融合等新浪潮，以前瞻性思维为行业注入可持续发展动能。同时，凸显了月饼作为中华文化符号的情感价值，追问行业如何在规模化生产中保留温度，在全球化扩张中守住本真。

沈鹰

中国食品工业协会常务副会长

《国饼——广式月饼的前世今生》一书，以历史为经、文化为纬，编织出广式月饼从中华礼俗文化走向现代烘焙产业的锦绣画卷，是行业史、饮食史乃至岭南文化研究者不可错过的参考文献。书中从广式糖浆皮的工艺创新，到七星伴月与饼模的吉祥寓意；从茶楼饼肆的经营模式，到海外侨胞的乡愁符号，既是对历史的深情致敬，亦为当代读者打开了一扇窥见岭南人文底蕴的窗口。字里行间融合了散文的灵动与学者的严谨，将广式月饼背后的民俗传承、时代变迁、匠人精神娓娓道来，为行业提供了以文兴业的深刻启示——唯有传承历史文化根脉，才能让美食历久弥新。

在食品工业阔步迈向高质量发展的当下，文化已成为行业创新的核心驱动力。当企业将文化基因注入产品研发、品牌叙事乃至消费体验时，才能在同质化竞争中建构出不可复制的品牌记忆。如此深耕传统的佳作，实属难得，愿读者能从中品味“饼小乾坤大”的隽永滋味。

张九魁

中国焙烤食品糖制品工业协会理事长

每一年我们都要吃月饼。不同地区有不同的味道，甜的、咸的，传统的、新潮的。看到广酒君所著的《国饼——广式月饼的前世今生》这本书，寻古溯源，探因求果，人缘沉浮，物事留痕……终于知道为什么“小饼如嚼月，内有酥和饴”，才感触到苏东坡“举杯邀明月，千里共婵娟”的美好牵挂。

欣读《国饼——广式月饼的前世今生》一书，开卷有益。

大董（董振祥）

“大董中国意境菜”创始人，中餐国际化领军人物

广州酒家在推动中国月饼文化的征程中堪称卓越的领航者。他们对广式月饼制作技艺的传承与发扬投入了极大心血，积极推动其入选非遗代表性项目名录，让这门古老技艺在新时代焕发生机，践行着非遗的活态传承。

从胡饼西来的丝路遗韵到太空月饼的宇宙浪漫，他们用数载光阴编织出这部跨越千年的文化长卷，让糖浆皮里的商业基因、饼模中的吉祥密语在字里行间次第绽放。

从珠江边的茶楼到全球华人的餐桌，广式月饼的传奇仍在续写。广州酒家以行者之姿丈量历史纵深，在历史与现实的经纬中编织出这部文化长卷。当我们跟随书中的笔触剖开一枚月饼，尝到的不仅是糖与油的千年调和，更是一个民族在味觉记忆中寻找文化坐标的心灵历程——而广州酒家，正是那位为我们摆渡时光的文化向导。

屈浩

国际艺术烹饪大师，北京屈浩烹饪学校校长

经过近一周的细阅，才看完《国饼——广式月饼的前世今生》这十余万字的书稿。全书把月饼从古到今、从中到外，各方面观察入微，论述细致，足见作者们花了大量的心血和各方面的智慧，壮哉！

中秋月饼在国人心中的地位，不仅是一种食品，更是寄托思念故乡、亲人之情，期盼丰收、幸福，承载着丰富内涵和深厚民族情感的文化符号。本书的出品给研究饮食文化的史学者提供了一个观察的视野，让饮食史料得以更好地存续。

对月饼生产的经营者而言，可对比探索、推陈出新，跟上时代的步伐，更好地把月饼发扬广光大；对月饼手艺人来说，则能更好理解传承不守旧、创新不忘本的含义，领悟其精神，创造出更适合现代人需求的食品。

本人从事饮食行业工作七十余年，从本书中又汲取了有益养分，以及学无止境的意志。

此书的出版，对今后饮食文化的影响意义深远，功不可没。

何世晃

中烹顶级大师，粤式点心泰斗

两年来，广州酒家下沉到民间去，到基层去，到深街静巷去寻找月饼发展的因果。他们想把这因果整理成系列论述，让更多的人看到。我和汕头市平平居老板吴平远先生有幸为此饼的形成说出了各自的看法。

今天，终于看到该书的初稿，他们做到了，用十几万字解读了这块饼的前世今生。真的，一块饼在该书的表述中，它与天地有关，与人、神有关，与古今有关。在他们看来，这块饼实乃“国饼”。

钟成泉

潮菜泰斗，汕头东海酒家创始人

做了一辈子广式月饼，这本书的面世令我感触颇深，也十分自豪。因为它不仅讲的是广式月饼的前世今生，更讲透了广式月饼为什么能香飘百年——因为我们守住了月饼的技艺之魂，也延续着中国人的文化之根。

罗宝鑾

广式月饼制作技艺国家级非遗传承人

清末，广式月饼随着粤商的脚步传至沪上，与苏式、宁式等月饼形成鲜明对比，为海派味觉图谱添上了浓墨重彩的一笔。百年流转至今，广式月饼立足于传统技艺之精与现代的经营理念，始终在上海市场展现着强大的生命力与吸引力。

《国饼——广式月饼的前世今生》一书的出版，站在了食品制造业变革的关键节点，抛出关于传统与未来的深刻叩问。读罢方能明白：所谓“国饼”，从来都是历史与当下共同烘焙的文明结晶。

陈喆

中国饭店协会副会长，上海杏花楼（集团）股份有限公司总经理

从事糕饼制作三十七载，我始终沉醉于中式老糕模的独特韵味。那些深浅有致的纹路里，镌刻着千年的时光密码，每每摩挲把玩，仿佛能触摸到古人跳动的脉搏。

读完《国饼——广式月饼的前世今生》这本书，我珍藏多年的老糕模突然有了知音——主创团队以糕模为眼，洞见广式月饼的百年沧桑，用温润的笔触勾勒出一首饱含匠心的行业史诗。这些静静躺在书页间的老物件，正如同我工作室里那些斑驳的糕模，虽已褪去最初的光泽，却在岁月打磨中焕发出更动人的生命光彩。

刘君兰

中国月饼模具收藏家

这是一部扎扎实实为广式月饼修史立传的书；是给现在和未来做月饼、卖月饼、吃月饼的人一份能摸得着、看得懂的“文化根”；是写给历史的敬礼，交给未来的地图；更是广州酒家集团——粤式饮食文化引领者，又一次用行动在说：有些事，总得有人做；有些根，必须有人守。

张劲松

中国焙烤食品糖制品工业协会包装专业委员会副会长

品类的繁荣永远高于单一品牌的成功。唯有行业共生，才能让传统文化在现代商业土壤中持续绽放。真正的领军者，理应成为文化基因的梳理者、技术革新的推动者和产业未来的共建者。《国饼——广式月饼的前世今生》不仅是一部舌尖上的文明史，更是一曲献给所有坚守匠心、敢为人先的中国品牌建设者的赞歌。个人推荐中国的品牌人阅读学习！

尚晓鸣

工信部品牌培育小组首批专家

《国饼——广式月饼的前世今生》一书，一手写味道，一手写文化，这种“以味载道，以道传味”的功力和见识，必然使得这本书能够超出生产力本身，而上升到生产关系及产业文化的境界。月饼在从前给予了我们感动与温暖，而在未来将会和我们一起继续成长，有所守望，有所迭代，小心翼翼地变化，一往无前地精进。

闫涛

美食评论家，《舌尖上的中国》《风味人间》美食顾问

序一

『国饼』说

赵利平

广式月饼是粤式饮食的组成部分，属于饼食类，但又不仅仅是饼食。月饼作为中国传统节庆食品的代表，早已超越了单纯的食物属性，成为中华民族文化认同与情感联结的重要载体。而且，其产值颇大，经济贡献也不小。但自古以来似乎未见有对其进行系统化的理论研究并形成体系的著作，确实难以想象。

为此，我萌发了挖掘历史文化，广泛收集素材，深入月饼产地现场采风，撰写一册关于广式月饼著作的念头。尤其是作为月饼行业龙头企业的广州酒家，其多年产销量在全国乃至全球月饼行业中都雄居榜首，是月饼行业的风向标，更应扛起这使命与责任。于是我便与广州酒家集团董事长徐伟兵先生交换意见，得到了他的认同并形成共识，并邀请其担任此书的主要编著者。

动念写一册书不难，但要写好却不容易，关键是如何写出书作的鲜活可读和文化内涵与重要意义，不能等闲视之。而且对于广州酒家而言，从创建60周年开始，至今90周年了，每10年编写一册书似乎成了企业文化延续的惯性，也成了企业发展壮大的印记。月饼是该企业的重头戏，占该集团总产值近四成。对该品项梳理研究、提炼理论与形成文化，进而赋能行业发展，意义深远。此外，适逢之前中国国家版本馆广州分馆邀请广州酒家集团共同举办了“团圆——广式月饼文化专题版本展”，对月饼的发展脉络研究与史料收集有了一定的基础。于此基础上，我们组建团队，成立编委会，走访了粤东、粤西乃至港澳一些地方，走访了众多品牌企业，走访了包括包装、原料以及营销推广等相关联的上下游企业与业态，拜访了众多老行尊与专家学者……历时逾两年，团队终于撰写完成书稿，并定书名为《国饼——广式月饼的前世今生》。书将付梓，于此尝试结合书的内容从定位思考以及创作意义等维度略作论述。

一、何谓“国饼”

在中国丰富多彩的饮食文化中，月饼以其独特的文化内涵和情感价值赢得了“国饼”的美誉。这一称谓并非官方命名，而是民间对月饼所承载的民族情感与文化象征的集体认同。

首先，其与中华民族重要的传统节日——中秋节的紧密联系。自古便有“月到中秋分外明”的诗意描述，而月饼作为这一节日的核心食品，自然承载了感恩祝福等节日的文化内涵。从历史维度看，月饼最早可追溯至宋代，当时称为“小饼”或“月团”，到明代已发展成为中秋必备的食品，清代则完全定型为今天我们熟知的月饼形态。这种悠久的历史传承使月饼成为中国传统饮食文化的活化石。

其次，团圆象征是月饼被称为“国饼”的核心原因。中国传统文化中，圆形象征着完整、和谐与团圆，而月饼的形状正是这种文化心理的物化表现。中秋之夜，家人围坐分食月饼的场景，构成了中国人对“家”和“团圆”最直观的想象。无论岁月如何变迁，月饼所蕴含的团圆、美满之意，永远是中国人心中历久弥新的情感共鸣，超越了地域和阶层的界限，成为全民族共同的文化记忆。

月饼的“国饼”地位还体现在其作为文化传播载体的功能上。随着华人移民海外，月饼成为连接海外游子与祖国文化的情感纽带。“有华人的地方，就有中秋月饼”这一说法充分说明了月饼在海外华人世界的普遍存在。19世纪末至20世纪初，广式月饼随粤商和华侨传播至东南亚及欧美各国，成为海外华人过中秋的必备食品。这种跨文化的传播力，使月饼成为中国饮食文化“走出去”的先锋。

再者，从政治象征角度看，月饼在不同历史时期也被赋予了特定的政治意义。在古代，月饼曾作为起义的联络工具（如元末明初的八月十五杀鞑子传说）；在现代，月饼则成为展示国家文化软实力的重要媒介。2022年广州国家版本馆举办的“团圆——广式月饼文化专题版本展”，将月饼提升至“中华版本的文化符号”的高度，展示了国家层面对这一传统食品文化价值的认可。

值得注意的是，月饼的“国饼”地位并非一成不变，而是随着时代发展不断被重新定义。当代月饼在保留传统文化内核的同时，也积极拥抱变化，通过口味创新、包装设计和营销手段的革新，持续巩固其在国民饮食文化中的核心地位。这种传统与现代的平衡，正是月饼作为“国饼”能够历久弥新的关键所在。

二、广式月饼一枝独秀

在中国丰富多样的月饼派式中，广式月饼以其独特的风味和精湛的工艺脱颖而出，成为市场份额最大、受众最广的月饼品类。艾媒数据显示，2024年广式月饼以50.5%的偏好度位居消费者最青睐的月饼类型之首，远超京式月饼（39.6%）和港式月饼（39.3%），其实港式月饼从严格意义上说也属于广式月饼。这种一枝独秀的市场地位并非偶然，而是深厚历史积淀与持续工艺创新的结果。

历史沿革与起源，构成了广式月饼的独特魅力。广式月饼的雏形可追溯至1889年广州城西连香糕酥馆的糕饼，该店首创用莲子熬成莲蓉作酥饼馅料，因其清香可口而大受欢迎。这一创新奠定了广式月饼以莲蓉为核心特色的基础。莲蓉馅的饼点逐渐定型为今天月饼的主要形态。随着时间推移，莲香楼、陶陶居、广州酒家等知名品牌相继涌现成长，共同推动广式月饼技艺的完善与传播。特别值得注意的是，二十世纪二三十年代，广式月饼随粤人下南洋的热潮远传至东南亚和欧美华侨聚居地，实现了国际化传播。这种历史渊源使广式月饼不仅是一种地方美食，更成为连接全球华人的文化符号。

广式月饼的工艺特色与技术要求是其区别于其他派式的核心竞争力。正宗的广式月饼具有皮薄、馅足、松软、香甜的特点。饼皮制作使用小麦粉、糖浆、植物油和碱水按特定比例调配，形成韧性好、可塑性强的浆皮，既能防止馅料水分和油脂外渗，又保证了月饼的松软口感。馅料工艺更是广式月饼的精髓所在，以最具代表性的双黄白莲蓉月饼为例，其制作包含两大灵魂要素——莲蓉与蛋黄。莲蓉的熬制过程极为考究，需经浸泡、熬煮、搅拌等多道工序，才能达到色泽金黄、幼滑清香的标准。蛋黄则必须恪守传统工艺，通过天然材料盐蚀慢腌35天以上，成品需成色透亮、起沙出油、绵密回香才可入饼。这种对原料和工艺的极致追求，确保了广式月饼品质的稳定与卓越。

品类创新与多样性是广式月饼持续引领市场的重要原因。广式月饼品种之丰富堪称各派式之最，主要分为莲蓉馅和杂馅两大类。传统品类包括莲蓉月饼、五仁月饼、豆沙月饼等；现代创新则涌现出流心奶黄月饼、冰皮月饼等新派广式月饼。这种持续的产品迭代能力，使广式月饼能够不断满足消费者口味变化的需求，这种开放包容的创新态度，正是广式月饼长盛不衰的秘诀。

非物质文化遗产认证为广式月饼的卓越品质提供了官方背书。2008年，广式月饼制作技艺入选国家级非物质文化遗产；2009年，广式月饼被认定为广东省食品文化遗产；2022年，广式月饼制作技艺入选广州市非物质文化遗产代表性项目名录，广州酒家被评为该项目的保护单位。这些认证不仅肯定了广式月饼的历史文化价值，也为消费者提供了品质保证。非遗认证的背后，是一代代师傅对传统工艺的坚守与传承。

广式月饼的文化包容性与适应性是其广泛传播的关键因素。从历史来看，广式月饼在清末民初随着粤商北上，迅速在上海、北京等城市流行开来。1933年陶陶居的中秋月饼名价表显示，当时的广式月饼已有腊肠、叉烧、烧鸡等具有明显粤菜特征的口味。这种因地制宜、融合创新的能力，使广式月饼能够跨越地域限制，满足不同人群的口味偏好。当代广式月饼更是在保留传统的同时，积极拥抱健康化趋势，推出低糖、低脂等改良配方，回应当代消费者的健康诉求。这种传统与当代的平衡，确保了广式月饼在多变的市场环境中始终保持领先地位。

广式月饼的一枝独秀是多重因素共同作用的结果：深厚的历史积淀、精湛的工艺技术、持续的产品创新、官方的非遗认证以及强大的文化适应性。这些优势相互促进，形成了广式月饼难以复制的核心竞争力，也奠定了其在中国月饼市场的主导地位。

三、传统与当代的平衡共生

当前，月饼行业正经历从节日符号向日常文化载体的转型。“守正创新”成为关键词，“守正”守的是广式月饼以非遗工艺为核心，维系家国团圆的情感价值；“创新”指的是通过坚守匠心、健康引领、科技赋能、国潮设计、全渠道布局实现全球化的渗透。

月饼未来竞争将聚焦文化深度与技术壁垒——唯有根植传统且拥抱变革的品牌，方能引领行业持续跨越数百亿元市场规模的辉煌，让“国饼”成为中华文化输出的鲜活名片。

“国饼”称号的本质，是一块糕点在千年历史中完成文化品格的提升——它从满足口腹之欲的食物，蜕变为承载民族记忆、产业理想与文化自信的精神符号。在当下，重申“国饼”的意义，不仅是对传统工艺的致敬，更是在提醒行业：当月饼被赋予“国”之前缀，其发展已不再局限于口味之论和商业竞争，而是需肩负起传承文明、对话世界的文化使命。这或许正是本书编写与出版的意义所在。

（赵利平，中国烹饪协会特邀副会长、广东烹饪协会会长、广州酒家集团总经理）

序二

式甲天下

周松芳

中国吃月饼的习俗传说甚早，有说始于唐代，也有说起源于明代。其实在宋代，倒是可以找到月饼起源的一些文献依据。宋末元初，吴自牧所撰《梦粱录》卷十六“荤素从食店(诸包点心事件附)”条，便将月饼与梅花饼、开炉饼等同列。同一时期周密的《武林旧事》卷六“糕”类下也有“月饼”一目，只是未言明是否中秋应节之物。清季民初的著名学者、大法学家沈家本的《日南随笔》“月饼”条，则说月饼或起源于广东，首见于苏东坡的《留别廉守》诗：“小饼如嚼月。”这首诗作于苏东坡北归廉州时，正值中秋前后。诗中虽未明确提出月饼之名，但已具月饼之实。且馅料如此之美，在那个时代，如非重要节日，不会如此丰盛。因此，我们将其视为月饼是适宜的，将其视为广式月饼乃至中国月饼的起源，也是有理由的。

明代确实出现了当下意义上中秋月饼的记载。嘉靖《广平府志》卷十六“四时俗尚”条：“八月十五日，亲友馈送瓜果月饼，至晚置酒玩月。”明田汝成《西湖游览志余·熙朝乐事》则突出了团圆之义：“八月十五日谓之中秋，民间以月饼相遗，取团圆之义。”但并未形成饮食风尚，不过节日象征。

江浙如此，广东亦然。比如清初逃禅的遗民诗僧澹归金堡说：“中秋茶话，师云：‘年年常住支撑得来，买些面做些月饼与大众过中秋；今年常住支撑不来，月饼也没得吃。’”清初江藩修纂的《肇庆府志》卷三也说："中秋赏月，以月饼相馈饷，食螺剥芋。"吃的重点并非月饼而是螺芋。乾隆《广东通志》也如是说："八月望夜赏月，尚剥芋、食螺。"这种调子有清一代几乎没怎么变过。

虽然溯源月饼形制的意义并不太大，但是对中华民族中秋情怀的溯源意义重大，正如本书第一部分所做的努力。因为没有这种情怀所系，就不会有后来月饼，特别是广式月饼的风行，进而有国饼的风采。月饼，特别是近现代月饼的产生及风行，是需要一定的前提条件的，其中之一是新型机制优质面粉的出现，特别是在广州。你看屈大均《广东新语·食语》中所记述的茶素点心，很少有面制品，就是这个道理。优质面粉是近代工业的产物，广式月饼也颇富西式饼饵糕点的元素。当然，近现代工商业经济及新型城市发展带来的升级新需求，更是月饼特别是广式月饼成为中秋饮食时尚的最重要的经济基础。

在经济欠发达的时候，月饼即使成为礼尚往来的礼品，也多半流于礼节，并没有成为饮食的风尚，是好看不好吃——馅少皮多则廉，烘烤惜柴则生。京师风行、岭南尤重的龙凤礼饼，其实也多是摆设。而由于广州是旗人驻扎的城市，很多方面易于承袭京师之风，并蔓延各地，比如以龙凤礼饼为龙头的饼店业"也算是一种规模宏大的门市营业。他们的生意，以承接人家婚嫁时的礼饼为大宗"。

这种饼店，就是后来月饼生产的主体之一。其中不少饼店逐渐发展成茶居、茶楼，并进一步与酒家餐馆合流。这些茶居出产的月饼，其目标功能当然大大有别于传统的婚宴礼饼，以饮食品味为主了；早期茶居月饼品种的异常丰富，也是为了调和众口而大不同于传统礼饼的单调，如1888年上海广式怡珍茶居的中秋月饼广告，一共开列了包括金腿肉月、椰丝肉月在内的44种，品种之丰富，今天任何一家大酒楼都难以想象。

后来，广式月饼越做越好，也越做越贵，且不为送礼，而是真正的食用消费。如徐珂《康居笔记汇函》“粤人财力之雄”条就说：“先施公司之月饼，有一枚须银币四百圆者；冠生园亦有之，则百圆。惟角黍有一枚须银币五圆者。先施、冠生之资本，粤人为多，购月饼、角黍者，亦大率为粤人，否则且骇怪且咨嗟。珂谓此固足以见粤人财力之雄，丰于自奉。”在广东，中秋吃月饼以自奉，无论贵贱，臻于极致，如“当了衣服吃月饼”的俗谚：“说倘是一所房屋，住着两家人家，一家买了月饼，那一家当了衣服，也得买几个月饼来应时。”

而品种丰富，价格分层，也还是市场自由选择的结果：“过去北京的历史，以月饼一例而论罢，我记得很久很久以前，是讲究满洲翻毛月饼的。后来，南式月饼流行了；后来，广东月饼脍炙人口。”当然，市场是创出来的。在解放前，最能为广式月饼赢得名声的，非冠生园莫属。1918年正式创办的冠生园食品公司，在1928年将总部迁到上海最繁华的南京路后，其月饼的生产和销售也开始引领市场。

先进技术、优良品质和市场开拓的结果是，作为苏式月饼生产的代表，特别是天津月饼市场南式月饼代表的苏州稻香村，都改营广式月饼，而且十余年如一日不遗余力地推广经营广式月饼：“送礼请到森记稻香村去买：特备广东月饼、改良月饼、金华火腿、洋酒罐头。” 还特别强调：“严禁假凤虚凰滥竽充市：想买真正地道广东月饼，请到绿牌电车道。” 仿佛只有广式月饼才是正宗月饼。如此，广式月饼，诚有国饼之范了。

上面就是《国饼——广式月饼的前世今生》第二部分的主要内容，但只用《广式：自成一派》这样一个章标题，实在是太谦逊了。至于下面第三部分《发展：从食品到产业》，本来是广州酒家集团最本色当行的一部分，他们仍然自处甚卑，注重的是放眼全国，突出本省同行在工业化、现代化、时尚化以及如何面对Z世代的种种努力及其成就。其时，广东的饮食企业和食品工业，在工业化和现代化方面，从晚清民初开始，无论在省港还是在津沪，一直走在全国前列，早期有马玉山创立马玉山糖果饼干公司，后来有冼冠生创办冠生园，特别是冼冠生，秉持食品工业救国理想，除了餐馆是所在城市的标杆外，更凭食品工业成为一代食品大王。

广州酒家以餐饮业起家，在改革开放后，敏锐捕捉到新时代的风向，于1988年在广州鹅掌坦率先建成一座食品加工厂——广州酒家集团食品厂，开创了当时国内餐饮行业转型升级之先河——不仅是国内第一座由餐饮企业开办的现代化食品工厂，而且配备了当时最先进的机械化设备，尤其致力于月饼的生产。鹅掌坦工厂成立的第一年，广州酒家的月饼产量就从以前两三千盒飞升到了八万盒，第二年翻倍为十六万盒，第三年再次翻倍，达到了惊人的三十二万盒。目前，广州酒家每年月饼产销量达二十亿元左右，不少知名品牌的月饼，其实也是广州酒家代工。广州酒家，堪称广式月饼的首席功臣，以一己之力，使广式月饼充分彰显国饼风范。

本书的第四部分《团圆：千里共婵娟》具有特别的意义，因为这是大家容易忽略的一个环节。包装从来都是重要的，广式月饼在晚清民国时，也是率先在包装上下功夫。因为我经常上孔夫子旧书网买书，不期然地经常会刷到广州酒家经典的四只装马口铁盒，售价不低于饼价，真是令人称奇。而用于塑形的不少早期的手工饼模，售价更是不低。这才彰显传统风范。所以，近年来，广州酒家致力于国潮风的包装改进升级，大受市场追捧。这也是传统文化中文质彬彬在月饼生产与包装中的生动呈现吧。

总而言之，月饼是中华传统文化的一种优秀表征，是中国食品工业的优秀代表，广式月饼更是食在广州的最佳表征之一，但是，从来就没有一本关于月饼特别是广式月饼的综合性读本。以笔者二十年的饮食文化史研究阅历，可以负责任地说，这是一本既具总结性又具开拓性和前瞻性的月饼历史文化与产业发展研究著作，既扎实深入又文笔优美，真是不可多得的佳作。著作者希望我在书前写一些文字，当然乐于遵命写下自己的一些粗浅的读后感，聊表推荐之意，作序则断不敢当。

（周松芳，文史学者、专栏作家）

目录

壹

源起·礼以食成

人月初相望

日落月升。当中国先民第一次凝望夜空里的月亮，那不可触摸的遥远，那冷清的月色，那每日能撕开夜幕的亮光，震撼着这些仍在混沌时光里的人们。他们无力解释其来由，月亮崇拜自然而生。

在漫长的时光里，人们逐渐留意到太阳、月亮与庄稼生长周期的关系，创制了农历，以指导农业生产。从此，春耕为稼，秋收为穑。而秋收的八月，正是秋月与收获相遇之时。忙收割，忙收租，忙嫁娶，还忙着载歌载舞，祈愿五谷丰登、阖家团圆，华夏寻常人家的所劳与所求，不过如此。拜祭能带来幸福的圆月，也随着每年的收获季，周而复始。这是习惯天成，是人间烟火，是世俗人情。

从自然崇拜到祭月成礼成俗，此一过程，时间漫长，历史文化沉淀的年轮，渐次清晰：自然崇拜发生后，代表国家的天子夕月传统逐渐形成；中秋成节，流传民间的祭月之礼俗在中华大地开枝散叶，各有不同。这一过程，国家、社会及家庭乃至个人皆参与其中，包括祭月、拜月在内的礼与俗逐渐成为参与构建中华文明与社会秩序的力量。

从自然崇拜到天子夕月

对处于早期农耕文明的古中国人来说，日、月两大天体有着至高无上的地位，《周易·系辞上》就有“悬象著明，莫大乎日月”的说法。因此，在原始崇拜体系中，日月崇拜占据了显著的地位，是人们所尊祀的“六宗”（即六神，有多种说法，按汉代贾逵之说，谓天宗三：日、月、星；地宗三：河、海、岱）中的日神、月神。后来，古人逐渐以太阳为阳，以月亮为阴，确定了世界的两极。人们在生活中寻求日、月的庇佑与启示，并依此建立了一套认知天上和人间的方式。《礼记》中记载：“日出于东，月生于西，阴阳长短，终始相巡，以致天下之和。”认为日月运行构筑了宇宙的基本秩序，是万物蓬勃生长的保证。

对于月亮，先民有美好的想象。《山海经》就记载了我国古代早期与月亮相关的神话，人们将月亮拟人化地想象为一家人，月母常羲带着十二个小月亮生活。这是当时人们天人合一、万物有灵理念的体现。与月亮相关的中秋节，其渊源就可以追溯到上古先民对于月神的自然崇拜。那时，人们对月亮的周期性变化产生敬畏与崇拜，将月相盈亏视为神灵意志的体现。当然，这时的

汉代双龙日月画像石（山东博物馆藏，东山摄）

人们对月神的祭拜还只是一种朴素的、随意性的崇拜。

显然，这种崇拜与农业生产密切相关。月亮被视为丰收的赐予者，其周期性变化被解读为生命循环的象征。在靠天吃饭的农业社会，阳光雨露为人所重。敏锐的农人在自然崇拜之外，还注意到，无论是春种秋收，或是夏耘冬藏，农作物的生长周期与日的阴晴、月的圆缺等自然节律息息相关。于是，人们在农业生产中不断总结它们的运行规律，这样，充满古人智慧的四时八节的时令系统逐渐成形。到了汉代，这一系统被进一步细化为二十四节气。也正是在这一过程中，人们将有周期性规律的节气与自然崇拜结合，由此，每一个节气逐渐形成对应的民俗活动：春分祈雨，清明踏青，秋分赏月，冬至祭祖……这些基于自然崇拜而生的岁时节日，既是自然的馈赠，也是文化传承的基础。

常羲浴月图①

① 引自《山海经存》九卷。

二十四节气中的秋分是古人的“祭月节”。在周代，祭月也有了固定的时间、场所、程序，祭祀之仪进入规范化、体制化阶段。如《周礼》中记载了“春分祭日，秋分祭月”的礼制。彼时，由于神权控制的需要，祭月被列入王室祀典，为皇家所垄断，潘荣陛的《帝京岁时纪胜》便载曰：“士民不得擅祀”。因此，这种祭祀仪式只能由代表国家的“天子”主持，在秋分夜于月坛举行祭月大典，以三牲、五谷为祭品，祈求国运昌隆。《礼记》中记载的“天子春朝日，秋夕月。朝日以朝，夕月以夕”，“夕月”即为拜月，其定格了这个天人对话的永恒瞬间。秦汉时期，祭日月成为皇权的象征，仍在皇室礼仪中继续传承。秋分日都在农历八月，但是具体日期每年都不同，夕月不一定能碰巧遇上圆月，是为憾事，因此，在宋代以后，秋分祭月发展为中秋祭月，这是后话。

在中国社会早期，金秋时节的皇家祭坛，不仅让人与月在礼制中相拥，也让月、人与礼上升到国家层面，成为中华文化的一部分。这些祭祀承载着礼中的朴素情感：对自然的敬畏、对神灵的感恩、对未来的祈福，其实质是人们敬奉自然、追求人与自然和谐共处。而祭祀过程中那些看似繁复的仪式与规矩，还凝聚着先民们对自然规律的深刻洞察。祭司们仰望星空，日复一日地记录着日月星辰的轨迹，将天象的变化与农耕的节奏紧密相连。在《周礼》的篇章中，这些珍贵的知识被编织成迎春之礼、迎秋之礼等庄重的仪式，滋润着今世及将来。

神话里的天上人间

远古时期，人们在崇拜月亮本体的同时，也在不断地把月亮人格化。渐渐地，人们认为月亮是有灵魂的，上面应该住着精灵或神仙。古人对于月亮的想象最早、最具原始意味的说法之一，就是月亮里有精灵。成书于西汉的《淮南子·精神训》明确提及：“日中有踆乌，而月中有蟾蜍。”汉代以降，月中精灵为蟾

八月月令图（清代，佚名绘）

蜍的情节逐渐消隐，演变为女神嫦娥与她身边的玉兔。

据考证，月亮女神嫦娥也是从《山海经》里的常羲演变而来的，是月亮的人格化的结果。据文献记载，上古时代已有嫦娥奔月的神话故事：南朝齐国刘勰的《文心雕龙·诸子》篇中述及："《归藏》之经，大明迂怪，乃称羿毙十日，姮娥奔月。"《归藏》与《连山》《周易》统称为"三易"，是商代的巫卜书籍。这个神话讲述了嫦娥（姮娥）吃了仙药之后飞上月宫，从此与丈夫后羿天地相隔的故事。在此后流传的过程中，这个故事不断演变出不同的情节元素，也融入了不同时代的社会观念。

汉朝时期，太阳通常被称为"东王公"，月亮则被叫作"西王母"。而在后世的人们看来，月亮上是有神仙的，这个神仙也就是一个女性神祇——月娘，而"亮"与"娘"又音近，因此，由皇家祭月仪式逐渐演变为民间的拜月亮习俗，这一习俗在广东潮汕、闽南、台湾等地区也被称为"拜月娘"。

此外，吴刚伐桂的传说也流传甚广。这则传说首见于唐代段成式所著的《酉阳杂俎·天咫》。故事描述的是，月亮上有一棵高五百丈的桂树和一只蛤蟆，一个名为吴刚的人因学习仙术时犯了过错，被天帝贬罚到月上砍伐桂树。这棵桂树有灵性，被砍伤

月神画像砖（四川博物院藏，权明摄）。画面描绘了一位羽人怀抱着一轮明月，明月里有蟾蜍和桂树

之后即能愈合，因此吴刚在广寒宫上斫树不休。

嫦娥奔月、吴刚伐桂等神话传说为人月关系增添了浪漫主义色彩与丰富的人文内涵，成为节日文化的重要组成部分。只是在早期，这些与月有关的神话传说并没有出现月饼的身影。后来，疑是宋人写的《三余帖》中，与月相关的饼儿出现了："嫦娥奔月之后，羿昼夜思惟成疾。正月十四夜忽有童子诣宫求见，曰：'臣，夫人之使也，夫人知君怀思，无从得降。明日乃月圆之候，君宜用米粉作丸，团团如月，置室西北方，呼夫人之名，三夕可降耳。'如期果降，复为夫妇如初。"这个"团团如月"的糕饼或许就是当时的"月饼"。

人们还在不断地为这个故事添砖加瓦，比如说后羿思念嫦娥，月圆之夜，派人到嫦娥喜爱的后花园里摆上香案，放上她平时最爱吃的甜饼与鲜果，遥祭在月宫里的嫦娥。百姓们闻知嫦娥奔月成仙的消息后，纷纷在月下设下香案，向善良的嫦娥祈求吉祥平安。

另一个与饼儿相关的民间传说是董永与七仙女的故事。传说七仙女与凡人董永相爱后，被天兵天将抓回天宫。她给董永留下了一个儿子，叫琢儿。吴刚同情他们的遭遇，便在每年八月十五之夜，趁着天庭过中秋佳节而防守松懈时，将琢儿背来广寒宫与

嫦娥奔月（南阳市汉画馆藏汉画像石拓印）

嫦娥望月图（元代，佚名绘）

七仙女相见。七仙女照着月亮的样子做出圆圆的甜饼，让琢儿带回人间。但后来事情败露，吴刚被罚在月宫里砍伐桂树，董永和七仙女又复音信隔绝。每年八月十五的晚上，董永就会仿照儿子带回的甜饼，做上一些。父子俩站在皎洁的月光下，手捧甜饼，仰望月亮，呼唤着七仙女，盼望她下界来与家人团圆。周围的乡亲们很同情他们父子俩，便也仿做甜饼加入唤月的行列。久而久之，这样的唤月行为演变成民间八月十五问天供月饼的习俗，人们也把八月十五叫成了“团圆节”。

神话传说中的嫦娥、玉兔、蟾蜍、桂树等形象，让当空皓月成为中华人文景观和文化历史的组成部分。而且，这些神话传说不仅流传于市井，还随着时间的流逝，慢慢渗透进月饼的滋味之中，这不仅说明中秋节的基本主题是“祈盼团圆安定”，也指出了月饼的重要功用为“祭拜月神之供品”。神话代代相传，其中蕴藏的情感与期盼，也被人们移植、物化，并最终烙印于月饼里。至此，它已不仅仅是普通的饼食，还承载了思念与祈福。

在月满时感恩大地

农耕时代，中国人的农事和日常生活安排一般是依月亮盈亏变化和太阳的运行规律而定的农历。传承至今的春节、元宵、清明、七夕、中秋、重阳、腊八和除夕等重要节日，都是农历节庆。节日的出现，可让人们摆脱日常劳作，休息娱乐，与家人团圆。在早期，中秋与庆丰收、祭祀土地神等相关。中秋祭祀土地神的活动，是当时社会的大事。

周朝以降，土地神被一分为二，出现了代表地母的“地”（与“天公”相对应）与代表领土、地域的“社”。祭地是帝王的专属权，祭社则是皇家、民间皆可进行的活动。社神后来在民间也俗称土地爷。《礼记·郊特牲》中说：“社所以神地之道也。地载万物，天垂象。取财于地，取法于天。是以尊天而亲地也，故教民美报焉。”那时，社神被视为孕育农作物的丰产之神，人们便向其祈求风调雨顺、庄稼丰收。

在农耕时代早期，古人讲究“春祈秋报”，即在春耕时祈祷风调雨顺，秋收时感谢神灵护佑丰收。“春祈秋报”通常在社日举行：春社日通常在农历二月，秋社日常在农历八月，与中秋节相近。“秋报”庆丰收

春社延宾图（清代，董诰绘）

和祭祀土地神原是不同性质的仪式，而中秋之夜举行的各种游戏娱乐活动，本就蕴含着庆丰收的意味，于是，二者合二为一，出现了在中秋节祭祀社神、感恩丰收的活动。

唐宋以后，社日逐渐演变为庆祝丰收、群众集会、休息欢娱的节庆活动。南宋孟元老的《东京梦华录》卷八《秋社》中也有描绘：“八月秋社，各以社糕、社酒相赍送。贵戚、宫院以猪羊肉、腰子、奶房、肚肺、鸭饼、瓜姜之属，切作棋子片样，滋味调和，铺于饭上，谓之‘社饭’，请客供养。人家妇女皆归外家，晚归，即外公姨舅皆以新葫芦儿、枣儿为遗，俗云宜良外甥。市学先生预敛诸生钱作社会，以致雇倩、祗应、白席、歌唱之人。归时各携花篮、果实、食物、社糕而散。”

随着赏月、拜月等与月有关的中秋习俗越来越兴盛，其中一

中秋佳庆图（清代，张廷彦绘）

部分庆丰收的活动及其意义也慢慢融入中秋节俗之中。比如《台湾府志》记载当地“中秋，祀当境土神。盖古者祭祀之礼，与二月二日同。春祈而秋报也”，人们把中秋节当作福德正神土地公的例祭日，在田间祭祀土地神。如今，全国许多地方在中秋节都讲究享用新粮和时令瓜果，在中秋之夜要做一顿丰盛的晚宴；有的地方则用新粮和时令瓜果祭祖或祭社神；有些地区人家常选在中秋节丰收之后行嫁娶仪式——这些中秋节习俗也明显带有庆丰收的意味。

如今的中秋节形成了以“团圆”为精神内核的各种节俗，一方面以祭月、拜月等仪式延续着敬天法祖的礼乐秩序、天人合一的宇宙观，有力地维护了民族团结、国家安定、社会和谐；另一方面，中秋月华之下的欢乐气氛里，呈现的是一个个鲜活的个体对于世俗美好生活的真切表达。因此，赏月、团聚、吃月饼和各种民间故事，承载着更丰富细腻的人文意涵。这种跨越千年的行为惯性，不仅维系着农耕文明“春祈秋报”的宇宙观，更在大陆与港澳台同胞共祭太阴星君的香火中，构筑起中华民族共享的集体记忆与文化认同。

立中秋为节日

中秋习俗起源于上古，经历天子夕月、秋社、赏月以及月宫的传说等多种风俗的整合发酵，终形成中国传统节日之一——中秋节。按现有说法，中秋节作为一个节日，成形于唐代，官方确立并繁荣于宋代。

作为秋季时令习俗的综合体，中秋节与上古礼乐、农耕文明的发展有着深刻的渊源，并且伴随中华民族的社会秩序、家国伦理、节庆民俗、饮食民生等多条脉络的交织，逐渐定型为如今的面貌，成为中国四大传统节日之一，其重要性也仅次于春节。中秋不仅承载着中华民族的共同文化记忆，也凝聚着中华民族的共同价值观，寄托着国泰民安、团圆安定的美好愿景，在月光的照耀下绽放出永恒的魅力。

中秋节成形

远古时期，皎洁而遥远的月亮不仅令人心生敬畏，也让多情的人们称颂月光之美。先秦《诗经·月出》中便已开始咏叹月光："月出皎兮，佼人僚兮，舒窈纠兮，劳心悄兮。"

在汉魏之际，祭月仪式延续，但依然是皇家特权；而在以知识分子为主体的士人阶层，出现了赏月风尚的萌芽。两汉、魏晋的士人们张扬着人的主体价值，以陶碗盛满清泉代酒，用竹笛代替钟鼓，对月玩赏，自得其乐。南北朝时期的谢灵运、鲍照、谢朓等文人，都留下了以"玩月"为主题的诗赋。当时社会也普遍崇尚修仙问道，寻求长生不老，与月亮相关的神话传说覆上了一层神秘浪漫色彩，自然也叠加了文学艺术的重量。

有唐一代，政治开明、经济开放，人们的思想也空前自由。八月十五夜的赏月之风更胜从前，一个以赏月为核心的中秋节俗蔚然成风。

月下把杯图（南宋，马远绘）

不过，唐代的赏月之风依然是一种上流阶层的行为，首先是由皇室宫廷带动的。据唐代蒋防《幻戏志》记载，八月十五夜晚，玄宗望月入迷，起了游月宫的念头，就在天师作法之下飘游月宫，其中仙乐声声入耳，玄宗通晓音律，回到凡世后便将这首仙乐记了下来，起名为《霓裳羽衣曲》。为了更好地观赏八月十五的月亮，唐玄宗还专门修建了一座赏月台与杨贵妃共赏月。

在皇室的推动下，更多的文人雅士从赏月中获得了创作灵感，八月十五月最明是当时许多诗文的主题，充分表达了唐人对于赏月活动的热爱。

张祜诗《中秋月》云：碧落桂含姿，清秋是素期。一年逢好夜，万里见明时。绝域行应久，高城下更迟。人间系情事，何处不相思。说的就是中秋这夜的月色在一年之中最为动人。秋天碧落如此清明，皎洁月光洒落万里人间，牵动着世人无数美好的情思。

司空图诗《中秋》也说："此夜若无月，一年虚过秋。"可见唐代赏月在人们心中的分量；刘禹锡《八月十五日夜玩月》中"天将今夜月，一遍洗寰瀛。暑退九霄净，秋澄万景清"，写出了八月十五之夜的月色洗净秋空，更映照出诗人因月而产生的澄明心境。

生于唐天宝末年的诗人欧阳詹留下了一首名为《玩月》的诗作，在诗序中将赏月吟诗的风雅织成贯穿古今的月光丝带。序云："月可玩，玩月，古也。谢赋、鲍诗、朓之庭前、亮之楼中，皆玩月也。"文人群体通过雅集、赋诗等活动，使赏月从自然观察升华为审美实践，那原本遥不可及的月神，在人们心中变得可亲可近了。

由于赏月、玩月逐渐成风，八月十五这一天，整个社会处于松弛的状态，俨然一个节日。根据史料文献的推论，到了唐代中晚期，赏月逐渐成为全社会的风尚，因月而生的中秋节便在此时逐渐成形。北宋，八月十五被官方正式定为节日，记载北宋都城风俗的《东京梦华录》和记载南宋风俗的《梦粱录》都专设有"中秋"这一条目，其内容以赏月和祭月为核心。

玩月图（明代，吴彬绘）

全民同欢的节日

在中秋成为宋朝官方法定节日之时，也正是勾栏瓦舍等社会娱乐形式风行的时代。那个时候，登楼望月已不再是文人雅士的专利，八月十五这一天，也真正成为平民百姓所共享的欢乐时刻。

《东京梦华录》这样记载："中秋夜，贵家结饰台榭，民间争占酒楼玩月。"这一天，人们的赏月活动不局限于家中，走出家门，河边、湖畔或登高台楼，但凡能能将皎洁的月光尽收眼底的去处，都见人影绰绰。这种公开的赏月方式，也使中秋节有了明显的社交属性。这也是一个得到"特赦"的不眠之夜：以往都要实行的宵禁（在夜间人们不能随便到街面上走动），在这晚解禁。街上的商铺一直开到五更，丝竹管弦的乐声响彻云霄，灯会与游艺让人们流连忘返。

元、明、清时期，赏月仍是中秋节的重头戏。元末陶宗仪的《元氏掖庭记》便记载了元代皇室中秋赏月的盛大场景；元代末期的著名戏曲《琵琶记》中也有一出戏，名为"中秋望月"。明清以降，文人的赏月风尚不及唐宋那般有情致，但在一些风景唯美的赏月胜地，人们依然热情不减。如明朝初年，南京就有望月楼、玩月桥两处中秋赏月的佳处，又以玩月桥最为有名。紫禁城内的皇室贵族们，则以赏月雅宴为核心，清代宫廷画家郎世宁绘有《雍正十二月行乐图》十二幅，其中的《八月赏月》就描绘了雍正帝在圆明园与众亲友一起用宴赏月的场景。

民间拜月风行

除赏月之外，节日里更为庄重的活动是祭月（或称拜月）。这种习俗是从宫廷流传到民间的，且一枝多发，形成地域性明显的各式祭月习俗。

祭月活动通常在家庭或宗族中举行。人们在庭院或屋前摆上香案，焚香祭拜，祈求丰收和家宅平安。这一仪式延续了古老的祭月风俗，祈福与感恩仍是其中的主要内容。

宋代的拜月活动，仪式比较简略，没有准备食物作供品。而且拜月是在赏月活动中随机发生的，不像后世那样有专门的拜月仪式。宋代词人刘辰翁的《虞美人·壬午中秋雨后不见月》中，有“笑他拜月不曾圆”一句，便是写那年中秋节下雨，阴云遮蔽夜月，导致年轻儿女们不得拜月。

明代，祭月、拜月成为主要风俗，盛行于社会的各个阶层，而赏月之风则渐渐衰退。可以说，此时的中秋节俗，民间化和世俗化倾向凸显。如明代刘侗、于奕正所著的《帝京景物略》中记述了北京地区的中秋节，其中没有提及赏月，却详细记载了祭月的流程。明清之后“男不拜月，女不祭灶”成了惯例，清富察敦崇所撰《燕京岁时记》便说中秋节“惟供月时男子多不叩拜。故京师谚曰：‘男不拜月，女不祭灶。’”当然，这是有原因的：在传统文化中，月亮被认为是阴性的，所谓“月者阴之宗也”，且月神嫦娥是女性，在古代“男女授受不亲”的情形下，拜月者也就多是女性了。例外的是，清代广东一位名为郑绩的画家绘了一幅《拜月图》，主角是一位男性。

清朝末代帝王溥仪的弟弟溥杰曾回忆某年中秋夜在宫中供月的场景：月亮东升的时候，于养心殿院内朝东摆放一架木屏

拜月图（宋代，佚名绘）

风；屏风前摆放一两张八仙桌，屏风两侧挂鸡冠花、毛豆枝、鲜藕等物；桌上供有一个七八斤重的大月饼，上印“广寒宫前玉兔捣药”图案；月饼前有糕点、水果等供品；供品前为香炉和红蜡烛。祭月仪式有赞礼官引导：首先南府的太监念祭月表文，且使用了京剧念白的声调；随后溥仪派总管太监替他烧香行礼；接下

拜月图（清代，郑绩绘，广东省博物馆藏）

来是焚表文环节，由行礼者从桌上取下，恭敬捧着走出院子焚化，其间有南府乐工奏乐；之后，赞礼人员跪下高呼“礼毕”，太监们向皇帝跪喊“老爷子吉祥”；最后，将大月饼按人数分成若干块，每人象征性吃一口，寓意吃“团圆饼”[1]。

相比之下，民间的祭月仪式则较为简单，清代文人让廉所著的《京都风俗志》中对此有描绘：“至望日（月圆日），于月下设鲜果、月饼、鸡冠花、黄豆枝等物。人家妇女拈香先拜，男子

① 溥杰：《清宫习俗见闻录》，《湖南文史》2001年第1期。

后拜，以妇女为属阴，故祭月以先之，此乃取义之正也。礼毕，家中长幼咸集，盛设瓜果、酒肴，于庭中聚饮，谓之团圆酒。”按此述，祭月是月下设供桌，女、男主人先后焚香拜祭之后，全家聚饮，享食月饼及瓜果。

在中秋文化广播华夏大地的时候，它的地域性也逐渐显露，同节不同俗：在福建汀州一带，中秋夜有“请月姑”的习俗，将糖、米果、茶等环供月下，名为“拜月婆”。浙江诸暨的大户人家在中秋节制作大月饼，杂以瓜果，“叠案供月，谓之‘宴嫦娥’”。江苏苏州，家家户户在中秋节前摆上瓶花香蜡，望空礼拜，“小儿女膜拜月下，嬉戏灯前，谓之‘斋月宫’”。同属江苏的扬州人则在中秋节“供养太阴”，彩绘广寒清虚之府，称为“月宫纸”；又以纸绢作神像冠带，月饼上排列素服女子，称为“月宫人”。台湾新竹人每到中秋便在月下设案焚香，供饼果祭拜，名为“拜月华”——相传月光五色斑斓，并有神仙护送，称为月华，见到月华就有福分。而在少数民族聚居区，蒙古族有策马追月的传统，傣族会燃冷香拜月，壮族则是祭月请神，鄂伦春族则在祭月时“打月亮”，等等。

祭月、赏月、拜月……因月而生的中秋包含着种种节礼习俗，是先人们的智慧与经验的凝结，是先民与天地对话的仪式，是华夏文明对时序更迭的诗意注解。从古老的月亮崇拜与祭月仪式，到今日的团圆佳节，中秋深植于礼文化的沃土，也在漫长的岁月中生长出自己独特的脉络；它不仅是时间的见证者，更是情感的传承者，将古人的智慧与今人的温情，编织成一幅跨越千年的文化画卷。

在这个诗意与温情同在的仪式里，同被月色照拂的月饼，此时仍不起眼，但它即将成为主角，抚慰着后来的每个时代、每个人。

月饼成为主角

《诗经》有云："神嗜饮食。"人们对神心怀敬畏，便将自己视为至宝的食物敬献于神明，在此过程中形成了一系列规范性礼俗。礼仪社会与文化传统就生长在这火烹与五味之间。中秋节食月饼，正是一种"礼—俗—食"的凝练体现。

月饼的多重身份始终与中华文明同频共振，在礼与俗的经纬中，织就千年锦绣。在先民祭月中，与月华初遇的糕饼，也用漫长的时光，与这个节令一起，接受华夏黎民的礼拜，向天地传达人间的憧憬，并最终与秋月达成盟约，成为人们节庆的核心食物。于中秋而言，月饼既是物化的图腾，也是情思的载体。一期一会，年岁不爽。

"却顾所来径，苍苍横翠微。"回顾月饼的前世今生，这个过程既有社会变迁的脉动，亦伴随着诸多浪漫动人的故事。从历史长河中打捞起那些深厚绵长的意味，能带给我们的远不止历史本身。当日新月异的社会让我们的日常变得行色匆匆、回味无暇时，不妨从中汲取温暖与力量。或者，至少还有月饼。

从一枚胡饼说起

中秋节，吃月饼，对于今人来说，是自然而然的事，仿若与生俱来。但如前文所述，节令中秋与食物月饼，在很长的时间里，交会仅是若隐若现。从一开始，中秋并不是一个全民性的节日，而搭配的饼食也并不是中秋的特定食品。月饼的起源和演变，应当从历史悠久的中华饼食文化谈起。当我们循着饼食麦香的纹路溯源，这枚浸润着月华的小饼，正以多种姿态在历史长河中浮沉。

对谷物的驯化，是生生不息的华夏文明的基础和前提，也是饼类食物发展的起点。最初，饼是所有面食的统称。中国古代的面食种类丰富，大致可以分为四种：（1）水煮的实心面食，如汤饼、馎饦等；（2）水煮的含馅面食，如馄饨等；（3）蒸制面食，即馒头类；（4）烘烤面食，即烧饼类，既包括实心的，也包括有馅儿的，如烧饼、胡饼等。

在商周时期，文献中出现的糗饵、粉糍、粔籹蜜饵等食品，大概就是现在各种粉制、油炸、甜类糕点的始源[①]。如战国时期，屈原在《楚辞招魂》中说：“粔籹蜜饵，有餦餭些。”所谓的“粔籹蜜饵”，又称膏环，是一种加蜜又经油炸过的甜饼，或与今天的北京小食焦圈相似。其加蜜的做法与武王伐纣之际，殷商太师闻仲发明的糖烧饼有些相似，这枚以加蜂蜜炙烤、可怀揣旬日的太师饼，大约可以视为月饼的前世。山西的闻喜煮饼传说就是源自闻仲所创的太师饼。

东汉出现的胡饼，最有可能是月饼的雏形。刘熙《释名・释饮食》中列出了七种饼：胡饼、蒸饼、汤饼、蝎饼、髓饼、金饼、索饼。其中，胡饼是一种比较大的圆形的烧饼，起源于阿拉伯地区。东汉班超出使西域，胡人的主食——用麦子磨粉制成的胡饼，由此传入了中原。彼时，汉灵帝特别喜欢吃胡饼，上有所好，下必甚焉，胡饼也就此在汉朝的京师流行开来。

---

① 洪光住：《我国糕点起源初探》，《食品科技》1980年第9期。

魏晋至唐朝都存在专用的胡饼炉。据记载，王羲之“坦腹东床”的故事中，啃的就是胡饼。白居易有诗《寄胡饼与杨万州》云：“胡麻饼样学京都，面脆油香新出炉。”千年前新鲜出炉的胡饼仿佛近在手边，浓郁的饼香也氤氲不散。唐代有很多饼肆（饼店），其中胡饼肆最多，尤其胡商开设的饼肆较为常见。在宋代张择端所绘的《清明上河图》中，有一处值得留意的街景：在护城河桥靠左边，一个立有伞盖的摊位上，可见齐整码放的圆形食物，可能就是来自西域的胡饼，其上密集分布的黑点，或许就是芝麻。

宋代，每逢中秋节，皇室都会举办宫宴祭月。宫宴上，达官贵人喜食一种“宫饼”。其制作方法流传到民间后，人们仿制的俗称为“小饼”“月团”，有方形、多边形和异形，已经具备了月饼之实。北宋苏东坡诗言：“小饼如嚼月，中有酥和饴。”不

《清明上河图》（局部）（宋代，张择端绘）

难看出，宋朝月饼主要就是酥油和糖混合制成的圆形小饼，与今日所谓的苏式月饼关联密切。

说胡饼是月饼的前身，是从饼食的发展过程推断的。从东汉到宋代，胡饼一直是扁圆形饼食的代表品种。而宋代以前的饼食在用料、制作方式、工艺、花色品种等方面，也为月饼的出现做好了铺垫。宋代沿着胡饼的工艺、食材等路径改良，在面粉中掺入酥油、蜜糖，或者以果仁、豆沙、肉等做馅，制作出如月小饼及其他圆形饼食点心[①]。

饼月结缘

如前文之述，胡饼与月饼之间存在着千丝万缕的联系。只是，关于月饼的起源，与中秋节一样，至今都没有一个公认的明确说法，也没有明确的时间节点。但无论如何，月饼应该与月亮有关系。溯源历史，我们就能清晰地看到，在中秋节逐渐成形、赏月和拜月习俗流行之前，以小麦为原料制成的饼已经与八月十五的圆月有了一定的关联。

相传隋大业十三年（617），晋阳宫监裴寂将胡饼改良为一种糖馅的圆饼：小麦磨粉作皮，核桃、杏仁为馅，做成圆形的小饼。这种小饼体积不大，携带方便，好吃耐饿，还不易变质，是理想的军粮。恰逢那天为八月十五，军中以拜月为名举行仪式，向将士们分发小饼，当做口粮，还假托说这是月神相助，因此士气倍增。据传，这种糖饼的制作技艺看起来与如今的五仁月饼相似，可以说隋唐之际月饼的雏形已经出现，其形，或可参考新疆吐鲁番地区出土的唐代宝相花月饼。这块土黄色月饼以小麦粉为原料模压烘烤制成，内含馅料。

在南宋出现文献记载的“月饼”名称以前，民间传说早就有所涉及。相传，唐代李靖率师讨伐边寇，于中秋节凯旋，长安

① 黄涛：《中秋》，天津人民出版社，2022年。

唐代宝相花月饼（高彦斌摄）

城内通宵欢庆。有吐蕃人献饼祝捷，唐高祖手拿圆饼指着明月笑道："应将胡饼邀蟾蜍。"从此，这枚小圆饼就成了唐军的吉祥饼，八月十五吃圆饼的习俗逐渐广为接受。

又相传，在长安的某个中秋月夜，唐玄宗和杨贵妃一边吃胡饼，一边赏月。在皎洁圆月的照耀下，杨贵妃望月有感，心潮澎湃，脱口而出"月饼"一名。从此，"月饼"的称谓开始在民间流传。

元末，人们纷纷起义抗元。朱元璋联合各路反抗力量准备起义，但无奈难以传讯。相传，军师刘伯温想出一计，命令属下把藏有"八月十五夜起义"的纸条藏入圆饼中，再借中秋之机传送到各地义军中。中秋之夜，各路义军一呼百应，起义成功。朱元璋当皇帝后便下口谕，在即将到来的中秋节，将当年用来秘密传递信息的"月饼"作为节令糕点赏赐群臣。从此，中秋节吃月饼的习俗便在民间流传开来。

种种有关饼月结缘的故事，史册中均未见记载，但有一点是确定的，在人们屡屡抬头望月生情时，在亦真亦幻的传说中，月饼和圆月已悄然结缘。从此，中秋夜明时，人们以饼为约，"千里共婵娟"。

中秋帖子诗意图（清代，董邦达绘）

从日常点心到团圆之饼

月饼自古被称为“团圆饼”，是中秋节俗最重要的象征物，民间对月饼来历的解释，一直众说纷纭。而“月饼”作为一种食品名称出现在文献中，最早是南宋周密的《武林旧事》，但其中指明为“四时皆有”，也就是说，此时的“月饼”只是一种日常点心，并不是中秋节令食品。差不多同一时间，南宋吴自牧的《梦粱录》卷十六中也有“月饼”之名，并将其归到了蒸制食品一类，这或许能说明当时月饼并非全是烘烤而成的。即使在今天，浙江金华永康地区流传的雪片月饼、甘肃永登的千层月饼也都是蒸制的。

明代以来，月饼作为重要的拜月供品，与中秋节紧密关联在一起。由此，节俗与食俗交融，“中秋月饼”成为一个固定名词。月饼摇身一变，从日常的点心茶食成为中秋特有的节令食物。

明初，中秋节拜月习俗盛行。中秋，正是收获的时节，新粮入仓、瓜果上市，麦香四溢的面食与圆形的瓜果正是上好的祭月供品。因为是敬天、敬地，依例，以面粉制作的供品，不仅要选上好的材料，还要注重外观，人们往往会通过饼模将不同的图案，如嫦娥月宫、玉兔捣药等，模印在饼皮上，以之表敬。

民间向来有祭神仪式完成之后分食供品的习惯，自然而然，月饼也成为人们赏月时可快乐分享的食物。比如粤西大月饼，饼径足够大，且重达数斤，即是为了满足家人分食需求而制。彼时，中秋“团圆”的内蕴，已逐渐由月饼承载。明朝诗人田汝成在西湖烟波间窥见真谛：“八月十五日谓之中秋，民间以月饼相遗，取团圆之义。”《明宫史》也有载：“如有剩月饼，仍整收于干燥风凉之处，至岁暮合家分用之，曰‘团圆饼’也。”明代刘侗、于奕正所著的《帝京景物略》中记录的祭月仪式把月饼和团圆的关系说得更为透彻：“八月十五日祭月，其祭果饼必圆；分瓜必牙错瓣刻之，如莲华。纸肆市月光纸，缋满月像，趺坐莲华者，月光遍照菩萨也。华下月轮桂殿，有兔杵而人立，捣药臼

分享月饼，寓意团圆

中。纸小者三寸，大者丈，致工者金碧缤纷。家设月光位，于月所出方，向月供而拜，则焚月光纸，撤所供，散家之人必遍。月饼月果，戚属馈相报，饼有径二尺者。女归宁，是日必返其夫家，曰团圆节也。”这其中便提到中秋节俗的核心内容是祭祀月光神，“果饼必圆”“团圆节”之语，表明人们已有意识地将团圆寄寓在月饼里。当月饼被赋予团圆的象征，它就真正完成了从食物向礼品的转变。

田汝成提及的“民间以月饼相遗”，也表明月饼已具有社交的属性，可为礼品。明朝的文献中也出现了关于中秋节用月饼作为礼品的记载。沈榜所写的《宛署杂记·民风》中说，无论士绅官宦之家，还是庶民百姓家庭，在八月都要做面饼相互赠送，饼大小不等，即为月饼。以月饼作为节日礼品相赠之俗，延续到了清朝，《清嘉录》中说，“（吴中）人家馈贻月饼为中秋礼物”。在五谷丰登、阖家团圆的收获之秋，以象征团圆美好的月饼互赠是一种心意的互动，是中国重人情的社会里，维护人际关系的一种语言。往后，吃月饼、馈赠月饼日益成为标志性的中秋节俗。

由于中秋馈赠月饼成为风俗，人们对月饼的需求量变大，从明代开始，便有饼铺从事月饼的生产和销售。《明宫史》中说，“（八月）宫中赏秋海棠、玉簪花。自初一日起，即有卖月饼者……至十五日，家家供月饼、瓜果，候月上焚香后，即大肆饮啖”，其中就提到，当时月饼的销售期大致为十五天。诗人祁启莩还专门写了一首《月饼》诗：“中秋节物未为低，火熯罗罗出釜齐。一样饼师新制得，佳名先向月中题。”可见时人对于中秋月饼的制作技艺和制饼师傅，开始有了更全面的认知和品评标准。

月饼的圆，是秋月投射在人间餐桌的倒影；饼中的甜，是丰收年景酿出的甜蜜滋味。它既承载着祭月古礼的庄重，又浸润着阖家团圆的温情，更将“以食为天”的农耕智慧，化作可触可品的文化记忆。在漫长的岁月变迁中，人们延之入礼，融入了真情实感，逐渐把中秋赏月与品尝月饼视为与家人团圆的象征，并以月饼作为馈赠亲友的节日礼品。

当祭月、拜月转化为赏月、赠月，当敬神着落于饱腹，又再升华为寄情，这轮穿越时空的月亮，终于成为中国人安放深厚情感的文化容器。与它结缘的每一枚月饼，无论是苏式还是广式，都浸润在数千年来形成的礼俗中，成为世人对自然的礼敬之物；它那方寸之身，是对团圆美满的应答，更是对人世生生不息的温柔期盼。

19世纪末，外国人所绘的广州人船上赏月聚会场景（文仕文化博物档案馆藏）

月饼与中秋节的演变

先秦

【月饼演变】

闻仲所创的『太师饼』成为军粮，他被后人奉为糕点行业的祖师爷

【中秋节演变】

对月亮的自然崇拜；天子祭月仪式；庆丰收和祭社神仪式

两汉

胡饼（烤馕）传入中原，饼饵文化不断发展

嫦娥奔月、吴刚伐桂等神话传说成形；祭月仪式延续，赏月、玩月风尚在士人阶层中的萌芽

唐代

传说裴寂改良胡饼成为军粮，包含了庆祝战胜的寓意，宫廷赏月有供品『月团』『宫饼』

八月十五赏月蔚然成风，中秋节已是不成文的节日

宋代

『月饼』之名出现于文献中，其当时仅仅是作为日常点心和茶食

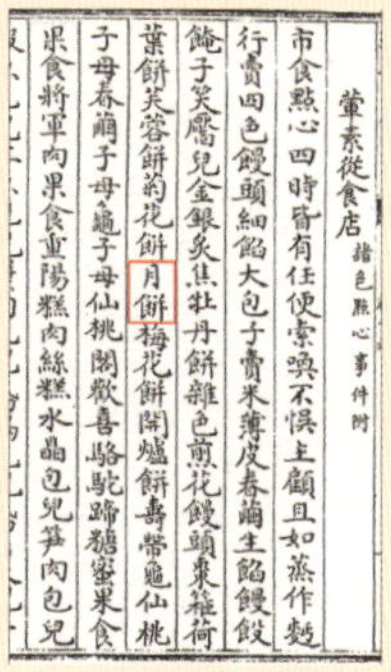

葷素從食店 諸色點心事件附
市食點心四時皆有任便索喚不悮主顧且如蒸作麪
行賣四色饅頭細餡大包子賣米薄皮春繭生餡饅餕
飩子笑靨兒金銀炙焦牡丹餅雜色煎花饅頭棗箍荷
葉餅芙蓉餅菊花餅月餅梅花餅開爐餅壽帶龜仙桃
子母春繭子母龜子母仙桃闕歎喜駱駝蹄糖蜜果食
果食將軍肉果食重陽糕肉絲糕水晶包兒筍肉包兒

中秋节成为全民欢庆的节日，赏月与祭月是核心活动

元代

传说，元末起义，朱元璋军队在中秋借月饼传信，获得胜利

赏月、祭月、拜月依然流行

明清

月饼成为中秋节的固定节令食品，并且被赋予了团圆寓意；中秋赠送月饼成为风俗，月饼更加礼品化；专门制作销售月饼的作坊、饼店出现，广式月饼横空出世

贰

广式·自成一派

烙刻岭南基因

千年烟火绵延的华夏版图随月轮转动，将团圆密码揉捏成山河印章，以糖油为墨，绘就一幅舌尖上的中秋舆图。在中华民族的中秋美食图卷上，各大月饼流派犹如繁星缀满华夏夜空：京式月饼以宫廷酥皮传承盛唐遗韵，苏式鲜肉月饼裹着江南烟雨的咸香，滇式云腿月饼浸润着高原风霜的醇厚……这些历经数百载的地方风味，各自诉说着不同地域对月圆人团圆的理解，都是岁月写给中秋的情书。

月饼江湖，风云变幻。英雄豪杰，各怀绝技，行走其间。有厚积薄发者，也有德高望重者，都是故事，如逝水，如涌浪。新秀者广式月饼，集中华传统月饼之大成，以独门秘技惊艳四方。在清末民国之际，甫一现世，便如珠江潮水般席卷九州。

广式月饼之身，内蕴岭南沿海的商业文明、粤人的进取精神及粤地民俗文化，经由粤式茶楼融合中西点心工艺烘焙而成。

● 和隆号制作江南片糖的广告（广州十三行博物馆藏）

食材宝库

广式月饼的传奇，实为珠江潮汐千年冲刷而得的味觉史诗。碧水东流，江海相会，文明发展的养料富集于此。

广州，地处北回归线附近，水丰地厚，五岭雄峙其北，浩渺南海绕其南，腹地更有西江、北江、东江奔流。粤人不负大地的慷慨馈赠，在丘陵山地，依山势分层种植荔枝、龙眼等果树，构建起一套独具地域性的立体农业体系；又利用冲积平原的肥沃土壤，依托珠江水系，种植水稻、养鱼肥鸭，成为著名的“鱼米之乡”。此外，南岭的山珍野味，南海的生猛海鲜，也滋养着这一方的风土人情。

对制饼师傅来说，广式月饼是甜蜜事业，少不了糖分的滋润。所幸，岭南自古就广种甘蔗，糖业发达，为包括广式月饼在内的粤式糕饼、点心及糖水饮食文化提供了得天独厚的物质支持，形成清人屈大均在《广东新语》中所言的情形：“广人饮馔多用糖。”

东汉时期，杨孚的《异物志》中已有广东地区使用甘蔗作“石蜜”的记载。宋元以降，沿珠江的围垦工程扩展了甘蔗种植

清代，煜呱款广州港全景图（广东省博物馆藏）

带，番禺、南海、东莞等地都产甘蔗，而且“乡村人煎汁为沙糖”。明代宋应星就在《天工开物》中说，“凡甘蔗有二种，产繁闽、广间，他方合并得其什一而已。”表明此时闽糖和广糖并居中国糖业之首。明朝时期的东莞，每到制糖季节，制糖的声响“遍彻”，可见糖寮之多。清初，广东便成为全国产糖最多的地方。当时许多粤人开办糖坊发家致富，甘蔗甚至成为“白银作物”，因此也形成了“蔗田几与禾田等”的景观。此时，广东的制糖技术有了很大进步，制糖业逐渐向商品经济过渡。通过海舶，广糖行销至全国各地，甚至远渡重洋销往国外，出口的蔗糖质量都是上佳，又名曰“洋糖”。

广州，不仅是岭南风物的聚宝盆，也是文明交融的十字路口：地处珠江入海口，西江、北江、东江“三江汇流”，南邻大海，北通中原；望伶仃洋直通浩瀚南洋，香港、澳门如两颗明珠

缀于襟前。在漫长的时光里，广州依托纵横交错的水系，逐渐构建起发达的交通网络，也正因此，广州自古便是全国重要的海运枢纽与商贸重镇。

公元前214年，秦始皇平定岭南，设桂林、象、南海三郡，以番禺为南海郡治。这也是广州成为国际性商港，代表中央政府管理海上交通贸易港口的起点。番禺利用海岸线漫长的独特优势，逐渐发展为奇珍荟萃的都会。汉唐时期，通海夷道的帆影掠过黄埔古港，广州便开启了“市舶辐辏”“珍宝山积”的黄金时代，逐渐成为影响力巨大的国际贸易大都市。至清代，随着粤海关和广州十三行的设立，广州古代的对外贸易逐步达到了顶峰。广州成为当时唯一的对外贸易港口，号称“天子南库”。屈大均的《广州竹枝词》中便有云，“洋船争出是官商，十字门开向二洋。五丝八丝广缎好，银钱堆满十三行”，尽显当年盛况。大批粤人靠十三行做外贸发家，几乎富可敌国。历代活跃的外贸活动对广州商品经济发展的推动作用也日渐显现，被商业大潮卷裹其中的粤人在与外商的交往中积累了丰富的商业经验和深厚的商业智慧，商业意识已进入粤人的血脉中。而这也正是在中国九大派系的月饼中，唯有广式月饼甫一降世便展现出浓厚商品色彩的原因。

广州繁荣的海外贸易与商品经济，催生了庞大的商人阶层，包括买办、报关员、外语翻译等新兴职业群体就此兴起。而随着广州及其周边地区的城镇化和工商业发展进程加快，一些农民开始转型为城市劳动者，如脚夫、码头工人等。至此，一个包罗甚广的市民阶层正在崛起。因此，广州的人间烟火气尤为浓郁。这从唐代至清代广州的夜市文化中可见一斑。唐代诗人张籍的《送郑尚书出镇南海》形容广州：“蛮声喧夜市，海色浸潮台。”宋时，广州城西南的商业中心人声鼎沸，颇有“夜桥灯火连星汉”的盛世景象。清代宫廷画家郎世宁便以《羊城夜市图》定格下了这一盛世。每到夜幕降临，夜市中灯火通明，飞禽走兽、蛇虫海鲜都被拿来做食材，广州人对吃消夜的热衷是有史迹可循的。二千多年来，广州不仅出现了天光墟等商业夜市，还有除夕、元宵等节庆夜市，并逐渐衍生出花市、灯市等特色集市。

不言而喻，经济繁荣的时代，人们对饮食及精神享受有着更高的追求，这也为此后崛起的粤式茶楼饼饵行业，以及民国时期“食在广州”的盛名埋下了伏笔。清代文学家赵翼曾感慨，一生仕途，只有在广州的一年间吃得最好。他的感慨不无道理。但不为人所知的是，为了“吃得最好”，历代无数粤人在烟火里尝尽了酸甜苦辣，并提炼出粤式经典的“鲜”味。广式月饼亦是如此，仅是为了那缕一年一度的莲香，制饼师傅们已努力了百余年。此是后话。

而作为世界性的商贸枢纽，大量外国商船与内地商帮齐聚广州，也带来了各地的丰富食材。唐代，海上丝绸之路繁荣，不仅有波斯商船载来的胡椒、椰枣与腰果，还有暹罗香茅、斑兰叶等。宋元时期，番商带来的乳香、没药、苏合香等，也被广州

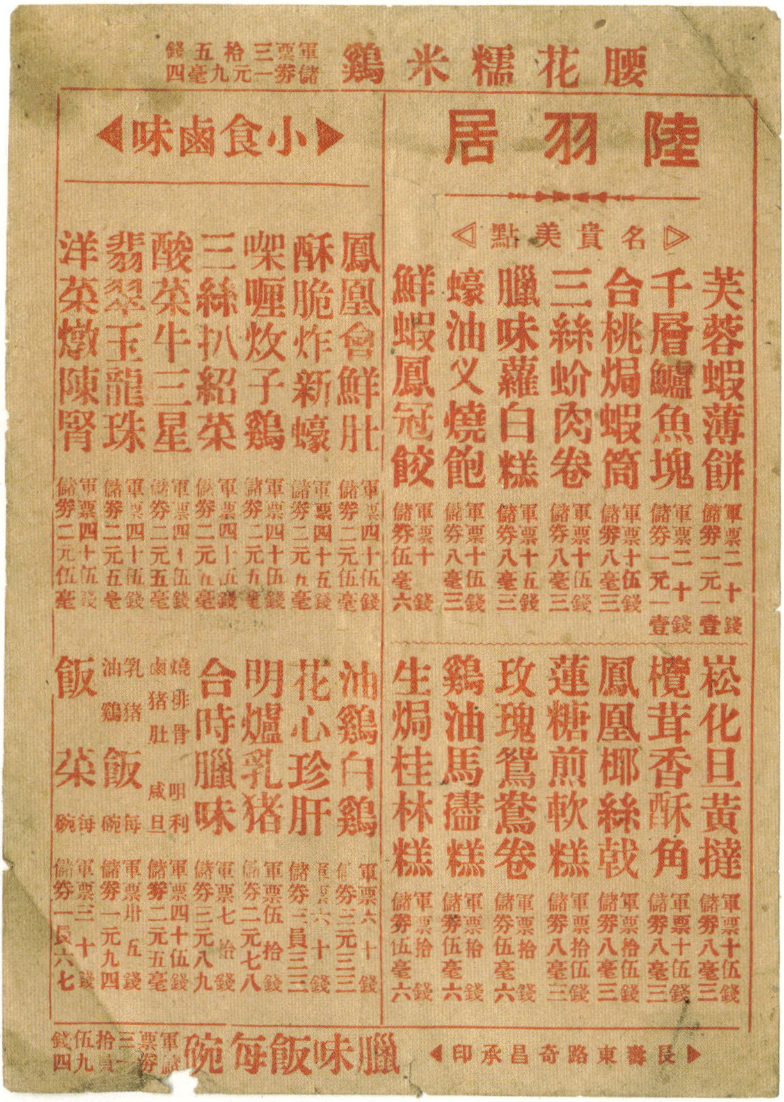

● 民国时期，陆羽居菜单（广州博物馆藏）

人巧妙地用在药膳中。明清《广州府志》记载广州“食肆汇集八方之味”，有江南的糯米、徽州的火腿、四川的花椒，甚至还有来自美国的小麦粉。清人范端昂的《粤中见闻》也描绘了当时广州市场“番舶辐辏，洋米（暹罗米）、燕窝、鱼翅充积于市”。这些从四方汇集而来的风物土产，使广东饮食文化的繁荣发展有了可用之材。

随千帆而来的，还有包括烘焙在内的各种烹饪技艺，以及商贸制度和饮食风俗。19世纪中期，在“一口通商”的大环境下，广州十三行一带出现了不少番菜馆，也就是最早的西餐厅。不仅如此，广州十三行商人家里所聘请的厨子，以及外国菜馆里的粤仆，也早已熟习西式菜肴的烹饪技法。

清咸丰十年（1860），广州还出现了第一家中国人开的西餐馆——太平馆。老板徐老高，原是广州沙面的洋行厨师，被迫离开洋行后便在太平沙一带卖起了自制牛排。不久后，因为生意越做越旺，他便在广州南城门外的更楼太平沙处设立了固定档摊，并挂出“太平馆”招牌。于是，西餐厅不再只是洋人的专属领

地，而是成为一个中西饮食文化交融的奇妙空间。这对广州地区的饮食风俗与烹饪技艺产生了重要的影响。

来自五湖四海的多样食材，滋养了粤菜兼容并蓄的气象；而来自西方的技术工艺与文化风俗，不仅冲击着广州社会的传统秩序，同时也推动着这座城市的近代化转型，粤菜、粤点的发展也在这样的背景下开启了新篇章。而广式月饼的“万物皆可作月”、裹馅的糖皮、极致的美味等诸多特色，皆在此时空里落地生根。

汕头澄海，烧塔闹中秋（杨伊园摄）

岭南中秋饼香浓

粤人根植于中华文化传统。与中原大地一样，广府地区的人们视秋天为重要季节。中秋节更被视作一年中最为庄重与盛大的节日——那是家人团聚的欢乐时光，人们亲切地将其唤作“月光诞”，仿佛这一夜的月光拥有神奇的魔力，能够洒下无尽的祝福与祥和。当夜幕降临，广府人家的庭院里便开始弥漫着一股庄重而又温馨的气息。

中秋节临，广府家家户户都会精心筹备一场名为拜月光的古老仪式，以表达人们祈求月神降福人间的美好心愿。各家各户的门口、厅堂和天台都会装点一番。用竹条扎灯笼，并在夜里将灯笼挂在高处，俗称“竖中秋”（又称“树中秋”），象征着家族的兴旺昌盛。所挂的灯笼有鱼龙灯、鸟兽灯、花果灯等，还有最普遍易得的柚皮灯：以柚子皮镂刻纹样，中置蜡烛为灯火。孩

● 广州白云区，舞火龙闹中秋（南方日报　李细华摄）

童们提着各色灯笼一边游街嬉戏，一边唱着《耍碌歌》：“耍碌仔，耍碌儿，点明灯……”家中妇人们则忙于制作拜月的供品，或丰盛或简约，全凭心意与能力，但无一不承载着广府人对中秋佳节的深深敬意与期盼。

当月亮升起时，全家老幼聚集在大门外的“当天”神位前或天台上，摆放一张八仙桌作供案，将月饼、柚子、柿子、香蕉、阳桃、芋头等供品一一摆开；在家长念祝文，颂扬月亮娘娘的恩德之后，全家人共同对月朝拜，这也被客家人称为“敬月光”。礼成之后阖家围坐，享用准备好的各色供品，畅叙天伦，直到深夜。明月相照，灯笼摇曳，映照出一片祥和的氛围。

中秋节不只有家庭相聚，在广东这片民俗气息浓郁的土地上，还有一些大型的活动上演，将一片地区的乡邻都团聚到一起。此时，人们不仅把中秋节看成一个节日，更把它视为一场全民参与的文化盛宴。

比如烧禾楼（又称烧番塔），秋收之后剩余的干稻草被搭建成禾楼，其通常高达三米。在中秋节晚上，村民们点燃禾楼，并不时往火中撒些粗盐，火花闪爆，发出“扑哧哧”的治愈声响。禾楼最后烧成了通体透明闪闪发光的金塔，在漆黑的夜里美不胜收。与此相类似的烧番塔，也是延续百年的古老仪式。番塔用砖块搭成，四周留有小洞，使空气对流、火焰冒出，火焰冲得高就寓意来年丰稔兴旺；搭塔时讲究在去年的基础上“多一层”，寓意一年更比一年高，一天更比一天好。

还有一些地方的人们以舞火龙庆祝。所舞之龙长可达百米，整个村的人需要齐心协力、分工合作才能舞动，连平时在外工作的游子们也都会回到家乡。到了中秋晚上八点整，鞭炮锣鼓喧天，大家争先在火龙身上插香祈福，然后将火龙抬起沿村巡游。舞动时的火龙烟雾缭绕，火花闪闪，犹如腾云驾雾般神气威武。村民们笃信，此举能消灾降福，国泰民安。香港地区也有类似的舞火龙习俗。每年从农历八月十四开始，连续三个晚上在香港岛的铜锣湾大坑举行。八月十四的舞火龙被当地人称为“迎月”。舞火龙时，龙身插满香火，随着训练有素的舞龙者舞动而火光摇曳。轮番上阵的舞龙者超过三万人，观赏表演的市民更是倾尽全城。过完节后，人们将龙身抛入铜锣湾避风塘的海水中，寓意“龙归沧海”。

春节吃年糕、清明吃青团、端午吃粽子、中秋吃月饼……中国人的节庆礼俗往往离不开一个“吃”字。广府地区有俗谚云：“冬唔饱，年唔饱，八月十五得餐饱。”清代有首《羊城竹枝词》：“中秋佳节近如何，饼饵家家馈送多，拜罢嫦娥斟月下，香芋啖遍更炒螺。”可见中秋节对广府饮食的重要影响。

广东地区延续着吃芋头的中秋习俗。广府人对芋头特别讲究，尽可能选用“母子相连”的芋头。芋魁与芋仔相连，象征代代紧密相连、合家团聚。屈大均在《广东新语》中也提及“八月蓼花水至，有月，则是岁多珠。为大饼，象月浮。桂酒剥芋，芋有十四种，以黄者为贵”；次为白芋、红芽芋；再次为南芋（即现在广府人所讲的“槟榔芋”），“南芋色紫，生沙，甚可食”。在粤语里，“芋头”与“护头”谐音，以“芋头”拜月，体现了人们对合家团聚、家庭平安的祈盼。

拜月吃炒田螺也体现了先人对人丁兴旺、多子多福的祈盼。秋季的田螺最是肥美，以紫苏叶做配料，激发出田螺的鲜味；加上田螺多子，也寓意着多子多福，故沿袭至今。同时，中秋大量上市的柚子，也是拜月必不可少的。柚子个头硕大，果肉饱满多汁，酸甜适口。更重要的是，“柚”与“佑”谐音，象征着平安、护佑。

“一年月色最明夜，千里人心共赏时。”在这喜悦、幸福、吉祥徜徉人间的节日里，月饼始终是主角。清初逃禅粤地的遗民大诗僧金堡明确说过，中秋要吃月饼：“中秋茶话师云，年年常住支撑得来，买些面做些月饼与大众过中秋；今年常住支撑不来，月饼也没得吃。”范端昂的《粤中见闻·时序》中说：“八月十五中秋节，为大饼以像月，剥芋、食瓜、饮桂酒。”这种“像月”的大饼，应当就是广东特色的中秋月饼。只是，广东各地庆祝中秋的饼食不尽相同。除了如今人尽皆知的广式月饼，还有潮汕地区的朥（读作“劳”）饼，之所以称作“朥”，是因为

广府中秋食俗（梁博年摄）

潮汕人把肥肉称作“朥”。朥饼皮和馅都加入了大量猪油，使得皮层层薄酥，馅香甜油润。而粤西地区，尤其是今天的茂名、吴川等地，则有一种重达几斤的大月饼，饼面上往往有龙凤呈祥的纹样。还有客家人独特的月光饼，又称白切糕。从北方迁徙来到梅州地区的客家先民发现，当时南方罕有面粉，中秋节无法制作月饼，于是便想到用当地盛产的稻谷磨成米粉，月光饼便由此而生。据《东莞县志》载，“中秋夜，具酒、饼、糖、芋为会，谓之赏月。”其中的“饼”，说的就是这种月光饼。

山川异域，各有风俗。粤地中秋之俗之所以隆重，与粤人好讲意头（粤语，指吉利、好运气的预兆，相当于普通话里的彩头）的习惯有关。人们总希望在吃的、喝的、穿的，或是摆的、贴的、玩的中，找到与其搭上边的好兆头。因此，在中秋这个象征着团圆与吉祥的节日里，就有了各种拜月的仪式与活动，吃上芋头、柚子、田螺等代表吉祥如意的食物。只是，圆如月的月饼，更是人们理想中的心灵寄托。因此，粤人将广式月饼制成饱满圆润之形，更接近完满无缺的中秋月相，与粤地中秋节俗是大有关系的。

以广式月饼之圆，邀来当空明月祝福，是为完美。这是粤人天人合一之思的具象化呈现，也可见制饼师傅们的匠心。

做新月，粤人有格

由来已久的商业文明也在潜移默化地塑造着粤人务实开拓的品格，这种商业精神成为粤人的集体性格，也带动了广州糖浆皮月饼这一有别于传统的新事物的诞生，并为其赋予了蓬勃欲发的商业潜能。

广东本地有句俗语“口水多过茶。”形容的是人话多而不切实际，如果一个人被指责为“口水多过茶”，那可真是件丑事。这句俗语恰似一面镜子，映照出粤人对实干精神的崇尚。在粤人的生活中，语言是用来沟通与交流的，而行动才是最为重要的。

广式月饼皮薄馅丰，粤人的务实可见一斑

这种务实，恰似一股涓涓细流，渗透在人们生活的每一个角落，润泽着这片土地的风土人情。粤人的务实，是镬气冲天的干炒牛河里藏着的分寸感，多一分则焦，少一分则生；是为了一煲靓汤起早贪黑，自种配料，做足时间管理，精益求精；是用各种土产美食塞满客人的行李箱仍嫌不够，还要外加手提袋，必要让客人满载而归才罢休。而中秋时节塞满行李箱的月饼，裹着的何止是咸蛋黄？分明是“宁可撑破箱，不可冷落肠”的滚烫人情。

由于临海，逐海洋之利的生存方式，使粤人在广阔、浩瀚的大海中直面风浪，因此在务实之外，又锻炼出敢于冒险、勇于向外开拓的进取精神。近代以来，康有为、梁启超、孙中山等仁人志士敢为人先，在接受西方科学思想、民主思想的洗礼之后，提出了开辟新世界的大胆主张，推动了中国近代社会的转变。正如著名学者陈序经所总结的：“广东是新文化的策源地。”

粤人做事，思想活跃开放，凡事都敢于尝试，敢于创新。在广府地区的家庭教育中，有一句流传甚广的训言：“执输行头，惨过败家。”这句话的意思是，如果做事总是慢人一步，失去先机，那可比败家子还要糟糕。这句话告诫人们，无论做什么事情，都要敢于争先，敢于创新，否则就会被淘汰，甚至比败家子还要悲惨。

粤人的务实与开拓精神，投射到烹饪上，就是粤菜粤点的别具特色，还有对月饼的创新。从这个意义上说，它们就是粤人精神的凝结。

众所周知，粤菜尤以选料广博而闻名，飞禽走兽、山珍海味、野菜山花，无不可入肴。菜式美点纷繁多样，味道鲜美，色、香、味、形整体设计完美。粤菜取材广泛的原因有二：一是如前所述，其地域在山海之间，更有江海连通，取材方便，五湖四海的食材，应有尽有；二是粤人既开放又有敢为天下先的勇气，反映在饮食上，就是什么都敢吃。所谓“蛇为龙、鸡为凤、猫为虎、老鼠为嘉鹿”，对于粤人来说，天上飞的地上走的水里游的，都可以成为食材。这种对不同地域食材的接纳，极大地丰富了粤菜的食材库，也让饮食从业者有了极大的想象空间和操作

广式茶楼的每一款点心，都是匠心之作

空间。

粤人的精神，体现在粤菜粤点的制作技艺上，就是融会贯通、兼容并蓄。粤菜界有句行话，叫“粤菜有传统，无正宗”。“无正宗”，说的正是粤菜不断融合吸收外来风味，创新研发本土风味，方才成就了如今脍炙人口的粤菜传统。《清稗类钞》中便有记载：“肴馔之有特色者，如京师、山东、四川、广东”，可见粤菜在清末便已独树一帜，被视为我国“四大菜系”之一。

无论是来自南岭以北的面食、东南亚的香料，还是随着西风东渐而来的西式烹饪，粤菜总能巧妙地借鉴融合——南北汇聚，中外交融，破旧革新，成就了岭南地区独特的饮食风貌。

比如广府茶楼点心中的“四大天王”：虾饺、烧卖、叉烧包、蛋挞，都是融合的产物，都是匠心之作。虾饺是据北方饺子创制的，其外形与馅料配制的“版权”已为广东所有；叉烧包源自北方的包子，但顶部自然开裂呈“开口笑”状，口感松软咸甜交织，则来自粤人智慧；烧卖则是缘起于我国北方一带的烧麦。在元大都的史料中，记录了“稍麦”这种面皮包着肉的蒸制食物。随着蒙古商人的南下，北方的面食文化也逐渐在南方传播开去，与广东的饮茶文化碰撞，“稍麦”演变成了用虾仁、猪肉和面皮包裹蒸煮而成的“烧卖”。随着广州十三行外贸的兴盛，烧卖成了广府茶楼文化的符号，也是每天清晨唤醒老广的那一缕灵魂香味。

20世纪20年代就已出现的广式蛋挞，则是源自西式点心的灵感。广府的点心师傅改西式挞技，以猪油和面作咸香酥皮，半裹软滑浓郁蛋浆，成品中西合璧。又如用东南亚食材榴梿制作的榴梿酥，也借鉴了西点里黄油起酥及烤焗技法，具有层次分明的酥皮和浓郁的榴梿香味，成为粤式点心中的经典之一。直到现在，粤式茶楼依然推陈出新，比如芝士焗虾饺，就是在保留传统风味的基础上融合了外国食材，创造出全新的风味。此类例子，不胜枚举。

这种兼容并蓄、守正创新的精神，在粤人的生活中无处不在。无论是商业领域的创新，还是文化艺术的创作，粤人都以他们的智慧和勇气，不断探索，勇往直前。所以，当他们将目光锁定于传统节俗中的重要食品——月饼，便注定了中国月饼文化序列中的一颗新星将冉冉升起。

尽管晚清之际暮色深重，但在这个黎明前的至暗时刻，珠江之畔的广州已为广式月饼备好了摇篮——农业、商业文明交汇于此，为广式月饼诞生提供了一片沃土；以“顶硬上啰”为口头禅的粤人也摩拳擦掌，跃跃欲试。只待民族工商业的东风吹起，便将广式月饼推向一座更高的山峰。

广式月饼诞生

祠堂里“敢为人先”的牌匾，骑楼下“平靓正”的招牌，茶楼中“水滚茶靓”的吆喝，共同构成了广东性格的密码：用最务实的姿态守护传统，以最开放的胸怀拥抱浪潮，在守正与出奇间，熬煮出令世界沉醉的中国味道。

千年不衰的商业贸易，不忘本根的对传统节俗的无比热情，不仅塑造着粤人务实开拓的品格，也在文化与商业技能上赋能粤人。广式月饼的诞生条件可谓得天独厚。

在这片神奇的土地上，铭刻着岭南基因的广式月饼，走出了一条属于自己的路。当清末广州饼铺、茶楼将糖浆碱水秘方融入月饼皮，当通商口岸飘起清甜的莲蓉香气，这种源自祭月古礼的糕点悄然完成了商业化的转型，在广东这片充满活力的土地上，焕发出蓬勃发展的商业潜力。

这种独特的糖浆皮月饼，以包容万象的气度和异于其他八派兄弟的新颜，将岭南的风土、匠人的智慧、时代的印记，统统揉进自身方寸之间的甜蜜宇宙。每一枚广式月饼都是一个时代的记忆，一段商业传奇的见证，映照着岭南的风物人情，更书就了半部粤人奋斗史。

在糖浆月饼出现前，月饼市场主要以酥皮的苏式月饼为主

糖浆皮月饼出世

酥皮，曾是中国糕饼的主流。这种工艺的成品，饼皮酥松，如江、浙、沪一带的酥皮月饼。但在中国饵饼数千年的发展史中，饼皮的分化是多样的。就月饼而言，除了酥皮月饼，还有北方地区的提浆月饼、硬壳的滇式月饼、台湾的桃山皮月饼、哈式的浆酥皮月饼，以及本书的主角：广式的糖浆皮月饼。

糖浆皮月饼的出现，与广府地区发达的糕点饼饵文化及行业相关。在不同的生活场景下，广州人都少不了各式糕点饼饵：女子出嫁时，龙凤礼饼是重要的聘礼；拜神祭祖时，鸡仔饼是必备供品；出门探亲访友时，礼饼亦不可或缺……无处不在的饵饼需求，形成粤人特殊的饵饼偏好，如《广东新语》里说“富者以饼多为尚”。其中，嫁女饼是广东地区婚嫁习俗中必不可少的一部分，通常男方收到女方的嫁妆后，便以龙凤饼为礼品回赠，有的地方则是男方将其作为聘礼送给女方，再由女方将龙凤饼分送给亲友。婚姻为人生大事，因此广府地区的人家绝不愿意在礼饼上亏省。嫁女饼分为很多种，传统的有龙饼和凤饼两种，饼呈圆形，饼面以龙、凤为塑像；口味上，龙饼用椒盐馅，凤饼则

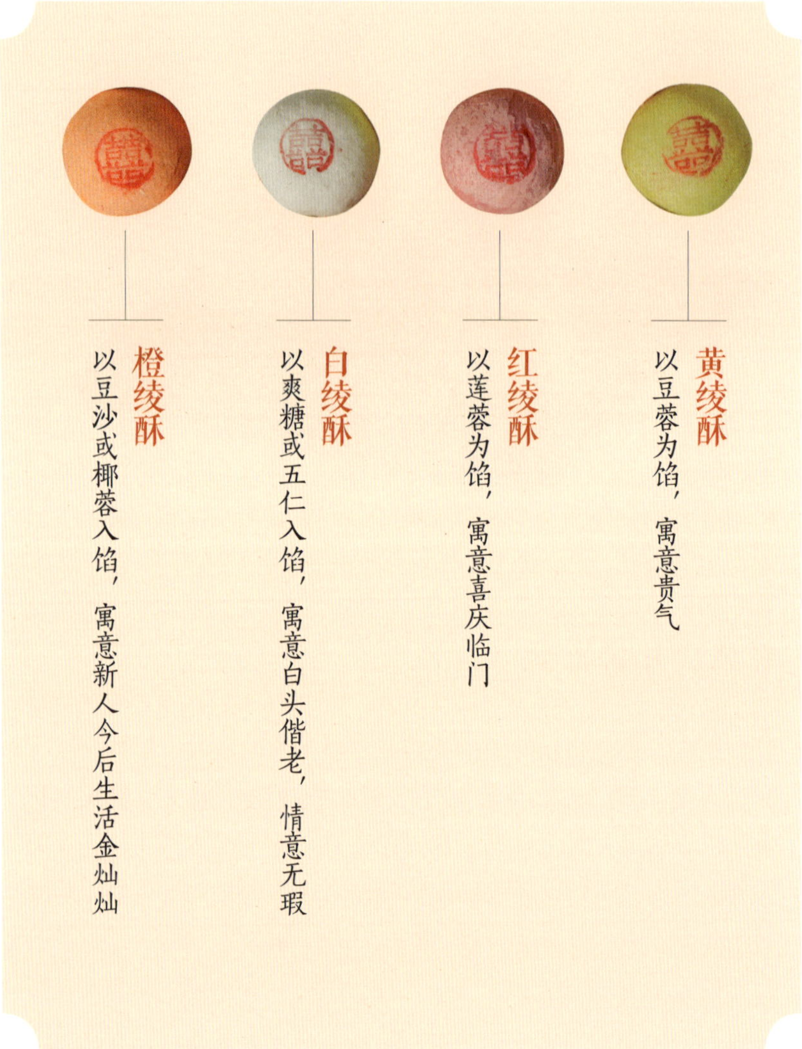

● 绫酥（梁博年摄）

用豆沙馅。《广东民俗大典》中则提到：“通常的结婚礼饼有龙饼、凤饼、红绫（莲蓉）酥、黄绫（豆蓉）酥、白绫（五仁）酥、橙绫（豆沙或椰蓉）酥等。高级一些的有皮蛋酥、冬蓉酥、叉烧酥、西樵大饼等。”现在，嫁女饼的品类和口味也日益丰富起来。

饼饵所承载的重要文化习俗，也带动着相关商业的发展。

清人张亦庵所撰的《茶居话旧》提到，饼店在广东是超大规模的门市营业。清中后期，广府的饼店（饼铺）已十分繁荣，在富商云集的西关一带，如第十甫、宝华路、上下九等繁华地段尤其集中，成为整个珠三角地区饼饵文化重要的载体。

除了饼铺之外，茶果铺也经营饼饵业务，曾在岭南的市井之间盛行一时。茶果铺主要经营松糕、大发（米浆、红糖、白糖制品）、空壳煎堆（糯粉制品，油炸）、寿桃（面制品）、油散（状如炸米粉）之类。清代，广州、佛山、香港、澳门及附近郊县镇的居民，均有信奉佛教、道教的风俗，供神佛不离茶果供品；岭南一带的婚、丧、满月、阳寿、冥寿、祭祀、迎神、建醮祈福等，也都须有茶果。茶果铺的食物大多较为粗糙，只有婚嫁送礼用的响糖公仔还算比较精致，其以糖粉木模捣制，造型有和合二仙、子仪祝寿、仙姬送子等。饼店和茶果铺的存在，大大满足了岭南民众的生活所需。

而糖浆皮月饼的诞生，正是依托于广府这样传统的糕点饼饵技艺、文化及其行业的繁荣。

有清一代，珠三角地区的制饼师傅已经熟稔传统糕饼的制作技艺，比如制作饼皮，便可在宋朝熬制糖浆制作点心的工艺基础上，结合用碱水和面的传统。与此同时，在西餐文化对广东的影响之下，粤人大胆借鉴了西式点心中的一些技艺，融入月饼的制作中。如同金风玉露的相逢，在主流的酥皮月饼之外，诞生了粤人新创的糖浆皮月饼——也即后世所称的广式月饼，这是当时中国饮食界一个堪称亮眼的创新，南国风味由此又添新成员。

金黄灿烂、如琥珀般透亮的糖浆皮，是广式月饼区别于其他月饼的独特标志。这不仅需要延长熬煮糖浆的时间，还加入了酸性物质，催化糖的转化过程，制成了所谓的“转化糖浆”。在特殊的冷却“回油”过程后，不仅不会出现坚硬的结晶，而且会赋予饼皮月光般的温润质感。以碱水和面，则让面团在烘烤中舒展成云朵般的肌理，使饼皮获得更加柔韧的口感，也更易于塑形。月饼师傅手持竹筷，在清晨的薄雾中施展滴珠辨糖的绝技——糖珠在清水中瞬间凝结，正是时间与火候缔结的金黄成果。相比酥皮，糖浆皮更不易霉变，比较适合岭南潮湿的气候；也不易松散，因此便于携带和运输，这也是它后来风靡全国的原因之一。

传统饼铺因从业者众，竞争激烈，便如八仙过海，各显神通。有的饼铺通过简化工艺，如减少饼模雕刻工序，以降低成本；有的推出鸡仔饼、老婆饼等低价产品，以求薄利多销，满足劳工阶层；一些饼铺还推出送货上门服务，希望以贴心之举多创利。但归根结底，产品本身才是粤人更为看重的核心竞争力。于是，各家饼铺绞尽脑汁地想法创新，反复试验确立独家的馅料配方，并精心制作，以满足食家的挑剔口味。

1889年，广州西关一家名为连香糕酥馆的饼铺里，制饼师傅陈清俭喝着用莲子煲的糖水，苦苦思索如何改进制饼工艺。碗中莲子散发的清香触发了他的灵感。一番折腾，色泽鲜艳、幼滑清香的莲蓉馅，就此诞生。这在广州饵饼业史上，是个标志性事件。莲蓉馅首先被运用到广府的各式糕饼中，如嫁女饼中尤其金贵的绫酥。不过就种种资料推断，当时的莲蓉馅与如今常见的白莲蓉还有较大差距，在此后漫长的时间中，经由食客们的挑剔与各家饼师的持续改良创新，才得出了如今色泽金黄透亮、口味清甜油润的白莲蓉。

莲蓉

饼铺的口味创新，也为新式的糖浆皮月饼带来了更丰富、更优质的馅料选择。比如绫酥共分为四色，不仅代表了四种口味，而且各有寓意：红绫酥以莲蓉为馅，寓意喜庆、鸿运当头；白绫酥便是五仁馅，寓意新人白头偕老、情意无瑕；橙绫酥则多为椰蓉馅，寓意新人生活金灿灿；黄绫酥则以豆蓉为馅，不仅价格最高，也寓意贵气。有的饼家还在绫酥中加入了咸蛋黄，象征旺丁满堂。而这几种口味，也成为糖浆皮月饼不可或缺的经典口味。每至中秋佳节，庄稼收成之际，金黄飘香的糖浆皮月饼成为联络亲朋好友的重要礼食；操办儿女婚嫁大事的人家也备好了大礼，送亲队伍抬着大盒的龙凤礼饼穿行于骑楼之间……广府的饼铺师傅们愈加繁忙起来。

茶楼饼饵业的崛起

19世纪末，西风东渐，工业化的生产方式影响了广州城市居民的生产生活模式，并迅速反映在日常饮食之中。广州开始出现了基本三餐之外的饮茶时间。在清咸丰、同治以前，广州的食肆均不供应早餐；清末民国时期，广州茶楼出现了早市，或称早茶市，一般以早上6点为界，分为两个主要时段。

6点以前的早茶市一般是二厘馆，招牌都是某某“茶话”，主要顾客是码头搬运工、挑夫、人力车夫等体力劳动者，他们通常在凌晨4点左右便出工或换班，所以必须在上工前补充足够的能量。为了满足他们的需求，4至6点这段时间内供应热茶、糕饼点心的早茶市便形成了。

而无须凌晨上工的第二批茶客，则大约在6点以后前往茶楼，他们主要是各行栏墟市的卖手、商贩，各庄口的商人，以及各行工头、雀友和附近街坊等。茶楼与广州发达的商贸文化密切关联。比如，卖手是行栏的关键角色，既要识人识货，又要谙熟行情，能够在把握当天市场形势的基础上定出适宜的开盘价。卖手们每日清晨前往茶楼饮早茶，也是为了向同行套取当天的新闻

清代，茶楼里的茶客

及行情。

起初，二厘馆只是劳动者们歇脚、饮茶解渴的处所。当时卖得最多的便是大名鼎鼎的王老吉凉茶，其次是竹蔗茅根水、罗浮山云雾茶、八宝清雾凉茶、菊花陈皮茶等。但敏锐的掌柜们很快洞察到，这些往返珠江两岸的劳动者，需要的不仅是解渴的茶饮，还要有能饱腹的食物。于是，广式早茶标志性的“一盅两件”就此诞生：“一盅”指的是一壶茶，而“两件”则是指两份点心。茶铺不仅售卖茶水，还提供炒粉面、包子、米糕米饼等简单点心，茶费仅需二厘，二厘馆之名也由此而来。这铜钱大小的生意经，悄然改写了中国茶饮史。

随着广州的繁荣发展，二厘馆逐渐向更高级的形态演变。在清咸丰、同治年间，广州饮茶的场所便开始多以某某居命名，如第二甫的第珍居、第三甫的永安居、第五甫的五柳居等，因此民众多称这种业态为茶居。限于当时的建筑水平，这些茶居均开设在砖木结构的平房里，规模也不算大。

其中，五柳居率先将茶居变得更加文气、雅致，其“五柳”

之名便取自陶渊明的《五柳先生传》，此举吸引了更多有钱有闲的潜在消费群体。茶居的特点是，在茶水之外售卖更加精致的饼饵：“饼”是指以烤烘方式制成的饼食，比如月饼、鸡仔饼、嫁女饼、老婆饼、盲公饼等；“饵”则是指蒸制而成的米制食品，即如今茶楼各种点心的前身。

茶居的经营者对饼铺、茶果铺产品进行了精心改良：马拉糕、蛋糕代替了米浆制作的松糕；莲蓉、豆蓉或果子做馅料的棋子饼，代替了潮州粉、糖粉作馅的茶果铺饼；还利用烘饼炉（也叫唐炉）制作了不易破碎、能堆叠成形的各色小饼，如杏仁饼、小桃酥、光酥等。由于茶居的食品好吃且美观，又为消费者提供了歇脚、饮茶的便利，逐渐在市场上挤占了饼铺和茶果铺的空

清代外销画中的广州茶居（广州博物馆藏）

间。茶居开始售卖饼饵，在今天看来是纯粹的市场行为，但在当时，却是打破行业壁垒的创新之举，因为先前广州的餐饮业态之间有明确的经营范围、模式和时间规定，不能随意僭越。而茶居的这一勇敢尝试不仅得到了广州饼饵公会的支持，也获得了食客的追捧。

19世纪中期开始，茶居开始从平房搬进了带阁楼的民房，或是三层乃至多层的小楼里，现代粤式茶楼的转型之路就此开始。相比于二厘馆和茶居，茶楼是一个层次更分明，也更具包容性的商业形式：以楼层划分阶层，为不同的社会人群提供不同的餐点和服务，正如当时流传的一句俗谚："有钱楼上楼，冇钱地下踎。"[①]直观的变化是，茶楼在装修上变得更精致雅观，服务和食品质量有了显著提升，成为民国时期广州社交生活的新亮点。

新筑起的茶楼矗立在广州西关一带，相比周围一色的平房，高楼极具视觉冲击力，因此广州人开始"日上高楼"，茶楼也变得家喻户晓了。茶楼的顾客群体随之扩大，其中不乏社会名流、文人雅客、商贾巨富、洋人买办，等等。彼时，广州商业、文化、艺术等各界名流聚会交友，多会选择茶楼。1908年，翰林学士陈如岳（南海人）在莲香楼品尝莲蓉食品后,迷醉于莲香风味,遂提议给"连"字加上草字头，并手书"莲香楼"作为招牌。

而始建于清光绪六年（1880）的葡萄居，经过转手、重建后更名为陶陶居，寓意乐也陶陶，其牌匾则由清末著名学者康有为题写。康有为在万木草堂讲学时，就常到陶陶居品茗消遣。除了文人雅士，陶陶居也是文艺界，特别是许多粤剧工作者往来活动相约的场所，所以时人称陶陶居是"不挂招牌的八和会馆""伶人俱乐部"。

1926年，毛泽东在广州出席国民党二届二中全会，与柳亚子相识，常与之一起到茶楼饮茶谈诗论道，后来还写下了"饮茶粤海未能忘"的诗句。就连有着江南美食味蕾的鲁迅也被吸引了，

① 踎：粤语中指"蹲"，也引申为混日子、讨生活。这句俗谚显示出广府饮茶档次、等级的分类。

康有为像

他在中山大学任教期间，时常到茶楼叹茶，并且评论道："广州的茶清香可口，一杯在手，可以和朋友作半日谈。"在他1927年3月18日的日记中，陶陶居成为他与许广平的情谊见证："18日，雨。午后，同季市、广平往陶陶居品茗。" 名人的推波助澜，让广式月饼在早期便奠定了良好的历史文化基础。

从二厘馆到茶居、茶楼，广府的饮茶习俗和商业发展，也将饼饵行业推向了更加高级的商业形态，逐渐成为广州饮食文化与经济的重要见证。在此环境中生长起来的广式月饼，也因此被注入了强大的商品基因，编写着广州茶楼饼饵行业的"商业密码"。

由于适应了当时的社会需求，茶楼饼饵行业自然兴旺起来。清中期以降，广府茶楼饼饵行业兴盛的背后，正是饮茶风尚的兴起，人们通过规划饮食时间，以适应新的社会生活秩序。因此饮茶与茶楼，实际上映照着社会形态的变迁。

当时多数茶居升格为茶楼后业务逐渐扩大，所供者远不止于茶水和点心，在以茶点吸引各阶层的客人的同时，还开设饼饵柜

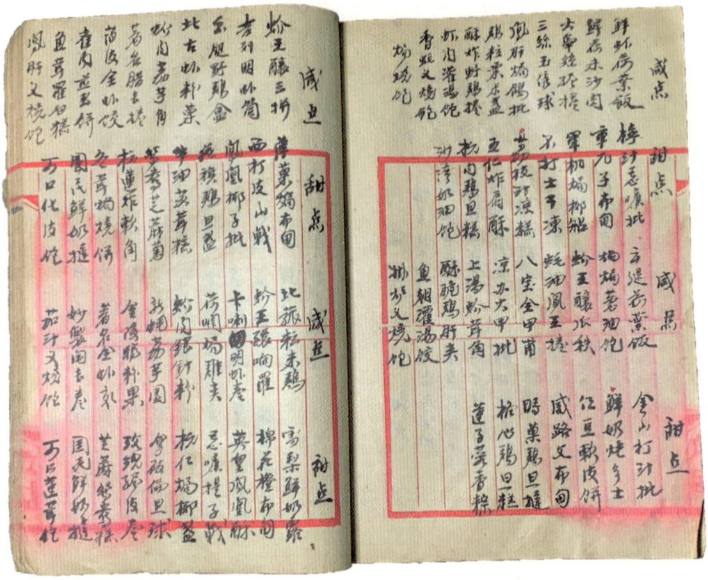

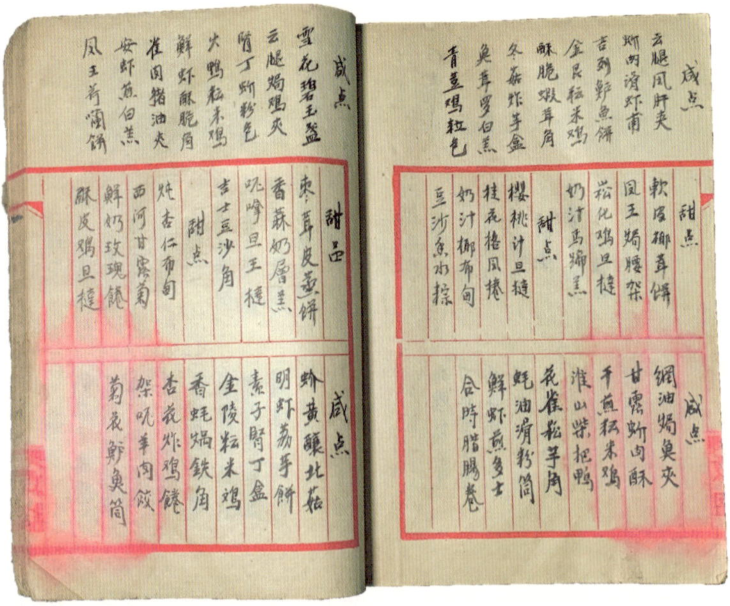

民国时期的点心食谱

民国时期，莲香楼全体股东、司理合照

以增加收益，即“楼下饼饵、楼上茶食”。用现代的语言来说，就是“堂食+外卖”的复合经营模式。这种商业模式大大提高了茶楼的营业额与影响力，也让传统的饼铺、茶果铺等粉面茶点业生存面临着重大挑战。粉面茶点业多是小本营生，老板本人就是主要劳动力，由于利薄又辛苦，一旦资金积累较多，就会开始转为经营茶楼。当时“大鱼吃小鱼”的现象也时不时出现，比如莲香楼，便是当时的茶楼业大亨谭新义吞并了连香糕酥馆之后改组建成的。一般而言，茶楼最高决策人称“司理”，与今天常说的总经理之职大差不差。司理的职权很大，甚至连创办人都不可随意干预其经营管理。司理之外，还有三位主要的辅助人员：一为正柜，其既是铺面龙凤礼饼的主持人，又是司理的助手；其二是买货手；三是大案板。若有茶楼新开，司理绝大多数是从这三个岗位中选拔。

“楼下饼饵、楼上茶食”经营模式的打造者，正是来自佛山七堡乡（石湾镇的大江、大富、魁岗、深村、榕洲、张槎、土炉七处地方合称为七堡乡）的陈、谭、庞、江、区等望族。来到广州后，他们选择带阁楼的民房，意在给予茶客居高消遣之乐。这

中秋月饼花牌（广东省博物馆藏品）

一批入省城的先行者依据“金利其祥”之意，开设了金华茶楼、利南茶楼、其昌茶楼及祥珍茶楼等高级茶楼，在省城广州轰动一时。谭新义、谭晴波及谭杰南等人为了更好地集资和管理茶楼，便成立了协福堂，其原本只是会馆性质，后来成为广州重要的茶居（茶楼）同业公会。

这群茶楼经营者还开创性地定下了两项经营策略：一、将饮茶品茗时所供应的食品称为“点心”（该“点心”由熯炉与蒸炉烹制，后来随着行业发展所需又增加了炸炉）；二、利用熯炉制作婚礼所需的饼饵，以饼柜或饼屋作为茶楼的标识。

当时，为了更好地经营，茶楼一般分为三层。一楼铺面通常较高，有的甚至高六七米，在视觉上营造一种宽敞开阔之感，同时也方便悬挂宣传招牌，尤其是每年中秋节前后，各家茶楼都会悬挂上一块自家特制的月饼招牌（也称花牌），营造出浓郁的中秋氛围。招牌通常采用木制，雕刻上全套古典人物、花鸟、缠枝纹以及粤人最钟爱的龙凤纹样，贴上真金，高度2.5米左右，宽度可达1.5米，簪花挂绸，引人注目。一楼的后半部分则用作制饼工场和仓库。茶楼的二、三层为客座，为客人提供水滚茶靓、落座可食的消遣处所。为了更好地通风透气，避免广州春夏的潮湿闷热，三楼雅座空间通常也有四五米高。

无疑，“楼下饼饵、楼上茶食”的设计，是商人的巧思。楼上的雅座里，食客们正享用着清澈的茶汤，楼下饼柜前已排起长龙；楼上客人在心满意足踱步下楼时，也可顺手从一楼饼饵柜面带走一些饼饵点心，或是称上半斤嫁女酥饼给家人品尝，或者携两盒礼饼孝敬亲人——茶香未散，饼香便已锁住顾客的钱囊。有人形象地将其概括为“以点带面”——“以点”就是用点心吸引顾客上茶楼，“带面”就是顾客下楼时帮衬（光顾）礼饼。这便是岭南商人的精明之处：让茶香与饼香交织，将饮茶与买饼编织成一张精妙的消费网络。

茶楼的生产部门，主要是点心和厨房两部。其中点心部又分为大案、小案。

大案，即大案板，大案师傅主制的是龙凤礼饼，即红绫酥、白绫酥、黄绫酥、冬茸酥(老婆饼)、西樵大饼、皮蛋酥、合桃酥、叉烧酥、福肉饼、杏仁饼、芝麻薄饼之类。大案板每年还有两个重要的任务，一是制作中秋月饼，二是制作年宵品。

小案主制的是茶市供应的食品，清末至民初，主要产品以包点为主，其次才是猪、牛、鱼、肉烧卖之类。甜点主要是鸡蛋散、萨其马、马蹄糕等。当时省港澳地区出现了制作点心的四位大师：欧标、李应、余大苏、禤东凌，号称“四大天王”。此后，茶楼的点心师傅们纷纷开始学习苏式、京式、沪式点心和西点制作，将其融会贯通，点心从原来的几十种逐步发展到数百种。

民国时期，广州“四大园林酒家”——南园、北园、文园、西园，也是以楼上酒食、楼下外卖的经营格局面世。1936年西南大酒家（也作西南酒家，今广州酒家前身）的合同股份册中有述：“本酒家经营酒菜茶面，冷热饮冰，及一切应时食品。”印证了当时对餐饮、食品的分类界定，且这种经营模式至今依旧被不少粤式茶楼、酒家所沿袭。

“楼下饼饵、楼上茶食”的背后，其实是饵饼生产与销售的一体化，也是没有防腐剂、保鲜剂时代的自然选择。但粤人的商业智慧繁荣了茶楼饼饵业，不仅推动了粤式饮食文化的发展，尤其是推动各类茶食点心制作技艺的飞跃，也折射出近代广州社会整体的工商业转型。

茶楼的点心空间，不仅氤氲了粤式点心的香气，也隐匿着糖浆皮月饼制作的秘辛。当秋月再圆时，广州茶楼的后厨正进行着时间与风味的对话。清晨，当第一缕阳光洒进茶楼，后厨已是一片繁忙景象。点心师傅们将寻常食材点化为令人惊叹的美味：米浆在蒸笼中化作晶莹剔透的肠粉，糯米与鸡肉在荷叶的包裹下酝酿出诱人的香气，春卷在滚油中绽放出金黄的酥脆，凤爪在秘制酱汁中炖煮出胶质的鲜美……跑堂托着蒸笼穿梭于红木桌椅间，白瓷盖碗碰撞清脆作响。当食客们心满意足地放下茶杯，楼下饼柜早已备好了琳琅满目的饼食：平日里摆满核桃酥、皮蛋酥等日常点心和龙凤礼饼的地方，中秋时节则化身为月饼的海洋。

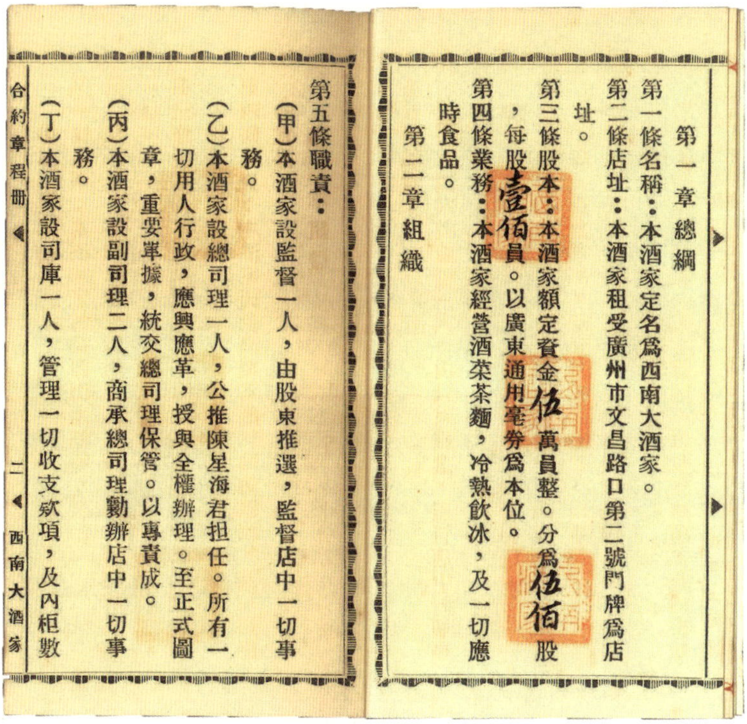

第一章 總綱

第一條名稱：本酒家定名爲西南大酒家。

第二條店址：本酒家租受廣州市文昌路口第二號門牌爲店址。

第三條股本：本酒家額定資金伍萬員整。分爲伍佰股，每股壹佰員。以廣東通用毫劵爲本位。

第四條業務：本酒家經營酒菜茶麵，冷熱飲冰，及一切應時食品。

第二章 組織

第五條職責：

(甲)本酒家設監督一人，由股東推選，監督店中一切事務。

(乙)本酒家設總司理一人，公推陳星海君担任。所有一切用人行政，應興應革，授與全權辦理。至正式圖章，重要單據，統交總司理保管。以專責成。

(丙)本酒家設副司理二人，商承總司理勷辦店中一切事務。

(丁)本酒家設司庫一人，管理一切收支欵項，及內柜數

合約章程冊 二 西南大酒家

● 1936年，《西南大酒家合同股份册》（局部）

名店竞繁华

依托繁荣的茶楼饼饵业，新创制的糖浆皮月饼也获得市场的高度认可。从一开始，制饼师傅所制作的月饼便以高水平的制作技艺征服了同饮一江水的商人。为了招徕那些行走的钱袋子——西关有钱的食客，各大茶楼的大案板使出各自的看家本领，在各式食材和火候之间，碰撞新的美味灵感。正是在这“苟日新，日日新，又日新”的揾食路上，在茶楼制饼师一次又一次的不懈试验中，自带光环的糖浆皮月饼很快成为中秋重要的商品，被人们视为送礼的首选。

以莲香楼、陶陶居为龙头的新式月饼创造者，给“识食”的广州人带来了新鲜的味蕾体验。这些月饼也随着人的流动成为广

州郊区乃至珠三角地区最受欢迎的饵饼。每近中秋，莲香楼、陶陶居等茶楼就将月饼作为节令商品推销，食客们也热烈响应，月饼常常供不应求，如1923年《民国日报》（广州版）就有报道：“中秋前十日，长堤（茶楼聚集区）车马塞途，争购月饼者通宵达旦，尤以莲香、陶陶居为最。”

莲香楼老板是广州第一代“茶楼王”谭新义。当时谭新义已坐拥惠如楼、太如楼等多家茶楼，生意顺风顺水。1908年，他看中了连香糕酥馆之后，果断全盘收购并取名为“连香大茶楼”，也就是后来被誉为“莲蓉第一家”——莲香楼的前身。受到莲蓉馅糕饼热卖的启发，莲香楼在收购连香糕酥馆后不久，便以糖浆皮裹莲蓉馅，制作出莲蓉月饼。这款月饼很快便成为莲香楼的招牌产品。虽有别家仿制，但总难与之媲美。

然而，初入茶楼饼饵行业，莲香楼的整体营业额并未有突出

莲香楼的莲蓉食品广告

表现。当时最负盛名的茶楼，当是富隆茶楼（在今十八甫南）。清末民初的广州，富商多居于西关，富家千金知书识礼、讲究打扮，被称作西关小姐。所谓父母之命，媒妁之言，西关小姐们的婚嫁之事，是富商人家的头等大事，也是售卖龙凤礼饼的茶楼饼饵行业必须把握的重要商机。为多分得这块蛋糕，莲香楼主动出击，四处联系有名的媒人，许以酬劳，请媒人在与人做媒、商定礼饼时，强调要购买莲香楼出品的礼饼。此举大为成功，每逢良辰吉日，广州街巷上便不断出现莲香楼的送饼队伍——两头红、中间绿的扁担，大红的饼盒食箱——在坊间“招摇过市”，达到了扩大宣传的效果。

由于礼饼（尤其是莲蓉饼）获得了很好的口碑，莲香楼的月饼也以莲蓉月为主打产品吸引顾客。那时的富裕人家，在新婚后头一年的中秋节往往会给亲朋送上厚礼，名声日隆的莲香楼月饼甚为抢手。就这样，莲香楼的礼饼和月饼业务逐渐超过富隆茶楼，成为茶楼饼饵业的爆款。

惠如楼的纯正莲蓉月、凤凰贡品月、惠如上月、五仁月等产品都是其拳头产品。特别是凤凰贡品月，是惠如楼生意兴隆的金字招牌。据说此饼原称“贡品月”，本是专门进贡给皇帝赏月时享用的。清末，惠如楼的制饼师傅根据贡品月的配方，用新鲜绿豆退衣后，按莲蓉制法铲成豆蓉，复刻出新的“贡品月”。其饼馅的形状、色泽与味道，大可与莲蓉相媲美，几十年来历久不衰。20世纪30年代，惠如楼的制饼师傅又在贡品月中包入了咸蛋黄，更名为凤凰贡品月。

有着“月饼泰斗”之誉的陶陶居，则充分利用粤地丰富的食材，创制了一款“月饼王”，用料主要有烧鸡、烧鸭、蛋黄、虾米、榄仁、冬菇、柠檬叶等21种，美其名曰“陶陶居上月”。由于限量供应，广州的富商巨贾都以购得“陶陶居上月”为荣，这款月饼身价水涨船高，驰名中外。后来，陶陶居把这个“月饼王”缩成普通型投放市场，“陶陶居上月”便成为市场的抢手货，即使到了今天仍大受追捧。

除了口味出新，莲香楼与陶陶居两大茶楼的“对阵”，更是

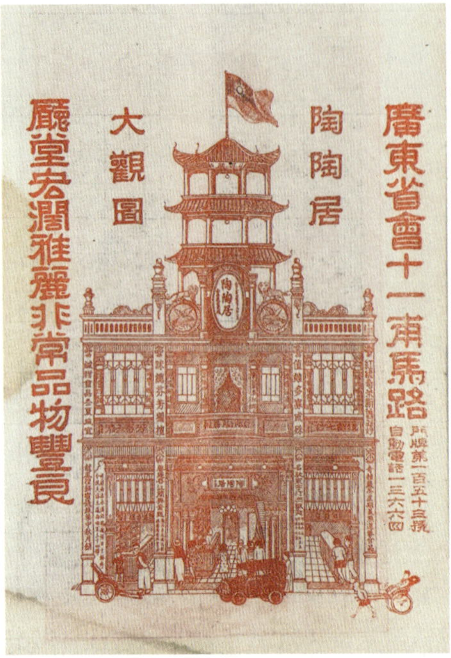

1933年，陶陶居的招贴画

有意识地将月饼打造为当时的“网红”食品。两家老字号茶楼各展其能，同时卖力吆喝，竞相销售新式月饼，借着彼此间的激烈竞争，成功吸引来如潮水般的消费者，掀起一波销售热潮。

见诸史料记载的第一次对阵，发生在20世纪20年代初。那时的广州，商业气息浓厚，人们对于传统节日的庆祝方式也在悄然发生变化。精明能干的陶陶居老板谭杰南知道，要想在月饼市场上长盛不衰，必须有所创新。

这位有头脑的商人，有计划，也有行动。他首先实现了月饼制作上的创新。馅料上，晶莹油亮的莲蓉馅包裹着彤红透橙的咸蛋黄，在切分后犹如中秋的明月一般，十分写意。饼皮采用新改良的轻薄糖油皮，以衬托月饼的画意。更加巧妙的是，饼身由饼模嵌印出玲珑浮凸的花纹图案，月饼由里到外焕然一新，赏心悦目。而后是营销手段的创新。谭杰南找到同样来自佛山七堡乡的同乡、莲香楼老板谭新义协商。在茶香袅袅中，他们谈起了各自的生意经。谭杰南提出了一个大胆的想法：联手搞一场营销，通过对阵的方式来吸引顾客，共同推广新式月饼。

谭新义听后眼前一亮，合作达成。两家茶楼开始秘密筹备，从月饼的制作工艺到包装设计，每一个细节都力求完美。当时莲香楼推出的莲蓉月饼正大受远近顾客的青睐。而陶陶居那边则是打出营销组合拳：一面精心装潢门面，派人在西关一带高声叫唤“高价收购陶陶居月饼”，营造出月饼大为畅销的气势；一面邀请广州名流江孔殷、黄慈博拟写月饼广告；同时还推出七星伴月月饼——即以烧鸭、冬菇、虾干、叉烧、榄仁、咸蛋黄等作馅的上月，围伴七个以莲蓉、咸蛋黄作馅的伴月，并以“月饼泰斗”自居。两家还各自邀请了当地的文人墨客，为月饼撰写广告词，提升产品的文化品位。

在西关第十甫路，陶陶居与莲香楼的对阵一触即发。莲香楼门前摆放了一棵巨大的绯桃树，桃花盛开，如同仙子下凡，引

分立马路两旁的莲香楼与陶陶居

得全城轰动。而陶陶居老板连夜督工，用牡丹花堆起了一座牡丹山，花山中还缀起“花开富贵”四个硕大金字，加上周围环绕的号称“金盏银盆”的水仙花阵，营造了如春节花市一般的氛围，同样吸引了众多目光。

这场对阵营销活动迅速成为广州城的热门话题。两家茶楼，谁的装潢更好看一些，总要去瞧一瞧吧？谁的月饼更好吃一些，总要去尝一尝吧？谁能在这场比试中更胜一筹？实在是让人十分期待呀！人们纷纷涌向第十甫路，一睹这场商业盛事的风采。那一年的中秋，两家的月饼销售量节节攀升，新式月饼进入广州的千家万户，书写了一段茶楼之间的良性竞争、合作共赢之佳话。

商业基因觉醒

当广州的茶楼业进入繁荣发展时期，粤人的商业基因已悄然觉醒，而月饼，则成为饼饵业的新希望。作为重要的节庆食品，月饼不仅承载着浓厚的文化与情感，更具有社交功能。因此，从清末民初开始，月饼不仅成为茶楼饼饵行业的顶梁柱，而且在所有饮食品类中也属精品。商家也会用包括名价表、广告、点心签等形式，向顾客广而告之。

从广州老字号陶陶居1933年印制的《癸酉中秋月饼名价表》中，可以看到当时数十款月饼的价格，最便宜的莲子椰丝月卖0.9元一盒，最贵的陶陶可观月价格为5元一盒，平均售价达到了1.5元一盒。按当时物价，1元大约可购买50公斤稻谷。1935年的《广州市平民生活调查》显示，当时超过93%的劳工没有买房，每月的租房开销在2.9元左右，相当于陶陶居两盒月饼的总价。对比之下，月饼可谓是天价食物了。

尽管相对中国其他城市而言，当时的广州已颇为富裕，但中秋月饼对于大多数普通人家而言，仍是奢侈品。商业头脑极强的经营者首先将月饼产品分类，以期满足不同阶层的消费能力及需求。据《广州商业年鉴》统计，民国之初广州月饼按斤两分档，一种是“足斤”（四个一斤），一种是“加头”（四个重一斤半）。此外，还有其他选择，如普通家庭可选购“四两装”供自家食用；富户则多专门定制双黄莲蓉或七星伴月的礼盒；追求体面消费的商人、职员等群体，则选择包装精美、命名吉祥的月饼当作社交礼品。

由于月饼价格较高，当时广州还流行分期付款与月饼储蓄会两种购买月饼的商业模式。所谓“分期付款”，指在有一定名气的饼铺中立下字据，并在周围的店铺找到一两个保人，即可将月饼拿走，之后分期付款。还清全部欠款后，将字据取回。月饼储蓄会更是一种创举，为满足平民家庭对月饼的购买需求而推出的一种分期预付款模式。月饼储蓄会一般由饼铺主持，入会的会员每日最少缴纳一文钱，每旬或每月交纳费用若干，这样便不必一

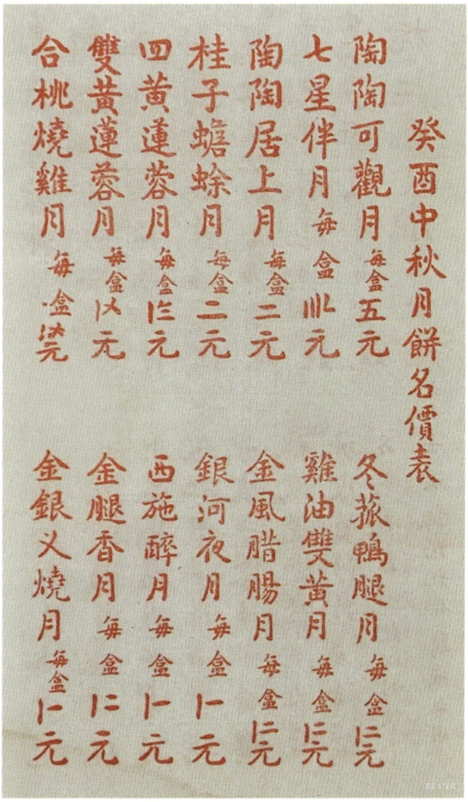
癸酉中秋月餅名價表
陶陶可觀月 每盒五元
七星伴月 每盒卌元
陶陶居上月 每盒二元
桂子蟾蜍月 每盒二元
四黃蓮蓉月 每盒〡〣元
雙黃蓮蓉月 每盒〡〤元
合桃燒雞月 每盒〡〣元
冬菰鴨腿月 每盒〡〣元
雞油雙黃月 每盒〡〣元
金風臘腸月 每盒〡〣元
銀河夜月 每盒卜元
西施醉月 每盒卜元
金腿香月 每盒〡〢元
金銀叉燒月 每盒卜元

1933年，陶陶居《癸酉中秋月饼名价表》（局部）（广州博物馆藏）

次性支付较多现金。月饼可以以一份计，也可以只供半份，一般一份数量为十盒月饼，半份是五盒。到了中秋节，会员便可按照低于市价的价格，从饼铺取走相应数额的月饼。这种商业模式在广东、港澳等地逐渐流行起来。当时，由孙中山先生创办，朱执信、廖仲恺主编的权威刊物《建设》上便有撰文，将月饼储蓄会作为协作制度的范例[①]，分析其政治经济学价值。从文章可以看出，当时粤人擅长经商已是盛名在外，影响力深远。

营销，是商业竞争的关键环节。季节性的月饼销售，时间集中于一个月左右，却几乎左右着一店全年的盈亏，试问谁能不在乎？于是，为了推销自家的金娃娃，饼铺、茶楼各施所长，穷尽一切手段招揽顾客。在民国时期的广州街头，人们推销月饼的每一次街头吆喝，每一回登报广告，都是商业文化在广州的一次浓墨重彩的实践，也是粤人“敢为人先”的演绎。

随着当时大众传媒的兴起，各店家纷纷在报纸上刊登广告，印刷街招、名价表，以及各色包装。月饼的宣传造势，从上市前一两个月便已紧锣密鼓地开始。在报纸上做广告，内容无非是尽展自家月饼的特色，但诉求有所区别。比如陶陶居的主题广告语是“桃花潭水深千尺，不及亲朋馈赠情”，试图以亲情诱客购饼；莲香楼则以“莲蓉香味说莲香”为广告核心，尽展自家的看门功夫；惠如楼则告以“惠如楼老饼家，驰名中秋月饼”，文字直白，朗朗上口；随园食品店则采用了完全不同的设计思路，主要突显其月饼制作工艺的上乘，如“随园专家食谱”“汉唐炉烤制”等，其中“汉唐炉”便是指随园月饼采用了汉代、唐代技法和中式传统炉具烤制，切中了当时粤人对于高品质月饼需求的脉搏。

但也有别出心裁者。比如台山人邝伍臣开在西关第八甫的天元茶楼（现清平饭店的前身）就借打假的名义，登出布告：“本店专办奇雅蜜饯糖果，及龙凤礼饼、中秋月饼，皆务求其真价必算其实。已蒙远近光顾者时向赞赏，谓粤省中糖果茶饼以小店为

① 戴季陶：《协作制度的效用》，《建设》1920年第3卷第5号。

民国时期，显记饼家的月饼广告

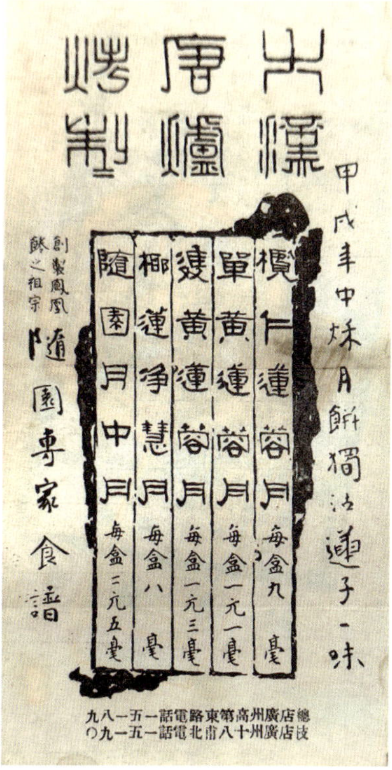

民国时期，随园饼家的月饼广告

最。所以开张以来，日月虽浅，而远迩驰名。香港各庄着办糖果不下数千之多矣。不料近有垄断者流或假冒本店，伪称本店分枝，遍向香港各庄接货，以搀渔利，此等影射，无耻实甚。嗣后富客光顾，欲在本店定办糖果礼饼等物，请函知第八甫本店照办。”①

名价表也是推介新口味月饼的重要形式。表中会列出月饼品名及价格，明码标价，方便顾客选择。位于惠爱东路的利南茶楼于农历庚申岁（1920年）发布的月饼价目一览表，很用心地将月饼分为特等、超等和足斤三类，每类又分数种，并一一注明价格，还特别标注月饼外包装的材质及售价：美术纸盒每个八分。蕴香园的“中秋月饼价列”，则将贵价的月饼列于表头处，同时不忘申明：料真足重、取价从廉、不折不扣。

这种用名价表营销的方式，在当时的珠三角已是普遍现象，如民国初年佛山吉隆昌饼家的一份名价表就写明：烧鸡肉月单盒五钱七分六，鸭穿莲月五钱四分，鸭腿肉月四钱八分……而像陶陶居这样的实力派，更不吝在这上面做文章，将名价表做成可翻页的名价册，看起来更加讲究、体面。至今，名价表的销售形式在广州不少老店中依然可见，只需要到西关或越秀老城的街区上走一走，便能看见许多卖糖水、炖品或肠粉的老店，白墙上赫然印着行列整齐的名价表，吸引着走过路过的老饕们。

当时，茶楼饼饵业的经营者们也开始为月饼进行包装设计。在油纸上印着寓意吉祥的字句，既能满足人们追求好意头的心理，更是对节日的美好祝愿。那时的月饼包装，简约而不失风情，每四块月饼整齐地叠放，用一张方形油纸轻轻包裹，两端巧妙折叠，再以一张印有“××月饼”的红色光纸封口，用麻绳一捆一扎，便成了一份可以随手拎走的中秋礼物。月饼的油光透过油纸，泛出诱人的光泽，让人垂涎欲滴。

而在材料简陋的条件下，人们设计出点心签，将各种广告巧思与时人的主流审美结合，呈现商家的心意和商品的故事，同时

---

① 《天元茶楼告白》，《中西日报》1892年6月4日。

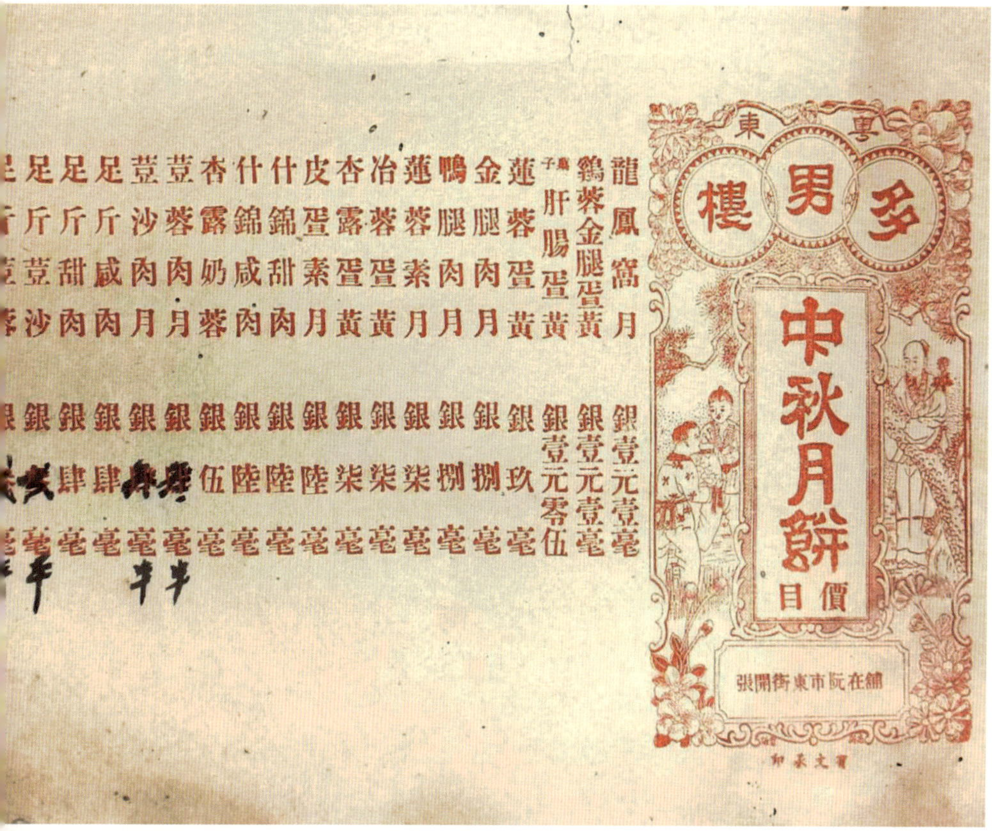

民国时期，粤东多男楼月饼名价表

契合月饼的节庆文化与礼品属性。这一设计也暗藏着经营者们的小心机——提着月饼回家或送礼的顾客们都成了行走的广告，不知不觉中便为商家的月饼做了宣传。当时，陶陶居设计有一款经典的点心签：以油蜡纸制成的月饼包装上，附着一张印有南极仙翁形象的点心签，上书“丰美华贵”字样，喜庆又显奢华。

在月饼的日常推广上，各茶楼主理人也是费尽心机。在清末到民国，通过征集对联与顾客互动的营销方式，是个创新。引领潮流的陶陶居便曾以“陶陶”两字，面向大众征鹤顶格联，并设奖金：头名奖银圆20元，其后依次设有不同数目奖金，凡入围的都有奖。结果，应征者众。还有更出奇的营销手段。某年中秋，陶陶居出售的月饼中竟有一个标价100多元银圆，售价高得

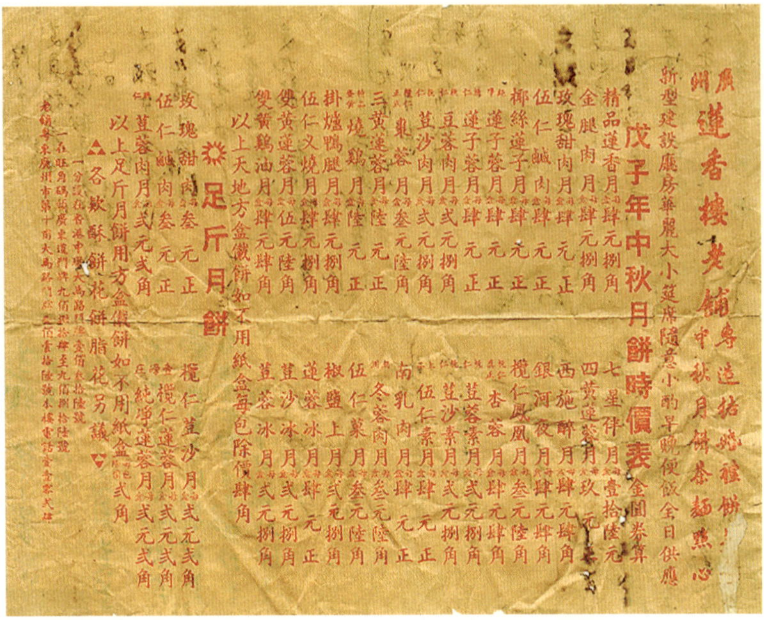
廣州 蓮香樓老舖 粵造結婚禮餅！
中秋月餅茶麵點心
新型建設廳房華麗大小筵席隨意小酌早晚便飯全日供應
戊子年中秋月餅時價表 金圓券算
精品蓮香月 肆元捌角
金腿肉月 肆元捌角
玫瑰甜肉月 肆元正
伍仁鹹肉月 肆元正
椰絲蓮子月 肆元正
蓮子蓉月 肆元正
蓮子蓉月 肆元正
豆蓉肉月 式元捌角
荳沙肉月 式元捌角
棗蓉月 叁元陸角
三黃蓮蓉月 陸元正
燒鷄月 陸元正
掛爐鴨腿月 肆元捌角
伍仁叉燒月 肆元捌角
雙黃蓮蓉月 伍元陸角
雙黃鷄油月 肆元肆角
以上天地方盒儎餅如不用紙盒每包除價肆角
足斤月餅
玫瑰甜肉 叁元正
伍仁鹹肉 叁元正
荳蓉肉月 式元式角
以上足斤月餅用方盒儎餅如不用紙盒 式角
各款酥餅花餅脂花另議
七星伴月 壹拾陸元
四黃蓮蓉月 玖元
西施醉月 肆元肆角
銀河夜月 肆元肆角
欖仁鳳凰月 叁元陸角
杏蓉月 肆元肆角
荳蓉素月 式元捌角
荳沙素月 式元捌角
伍仁素月 肆元正
南乳肉月 肆元正
冬蓉肉月 叁元陸角
伍仁菓月 叁元陸角
椒鹽上月 式元捌角
蓮蓉冰月 肆元正
荳沙冰月 式元捌角
荳蓉冰月 式元捌角
欖仁荳沙月 式元式角
欖仁蓮蓉月 式元式角
純淨蓮蓉月 式元式角

1948年中秋，莲香楼月饼名价表

令人咋舌，顿时引起哄动，围观者众，议论纷纷。一位顾客出于好奇，不惜重金买下。切开一看，原来饼馅中有金首饰，超过饼值。此消息不胫而走，成为街谈巷议的一大新闻，这可算是开了月饼事件营销的先河。

万物皆可作月

面对庞大的月饼消费市场，口味也一早成为各家经营者谋划的赛道。当今人还在为中秋节上那些颇具争议的“黑暗口味”月饼感到惊讶时，民国时期的广州早已出现了韭菜月饼、蒜泥月饼、皮蛋月饼……这没什么奇怪的，如粤菜的广博，山珍海味、飞禽走兽、无所不用，万物皆可作月。

丰富的种类、大胆的用料是商家竞争的核心，但更可贵的是制作者们大开脑洞、心思细腻，美味或可满足一时的味蕾享受，而智慧则更令人难忘。从工艺上看，广式月饼为万物入馅做好了准备。制作糖浆皮的糖浆甜度与油脂比例可灵活调整，为馅料多样化提供了基础条件。而粤人做生意更是讲究实在，月饼做得皮薄馅靓，皮与馅的比例几乎接近2∶8，薄薄的饼皮里裹着的是饱满的真材实料。

粤人的味蕾极其刁钻，制饼师傅们也总是精选来自五湖四海的好食材，裹入风味浓郁的月饼之中。比如鲜香细腻的莲蓉就是来自湖南的湘莲。尽管当时湘莲比湖莲的市价高三成，但以莲香楼为代表的各家所制莲蓉月，无不以湘莲作为原料，后来莲蓉也成为广式月饼的经典风味。

点心签（右为广州博物馆藏品）

更远一些，来自海南和东南亚的椰蓉也在粤式点心馅中占据一席之地，如椰香擘酥角、椰皇挞、椰蓉酥等，飘溢着浓郁的南洋风。当时几乎所有饼家都有椰蓉月饼，相对于荤月、莲蓉月而言，其较为平价，因此为大众所青睐。

也有将西餐食材用来做月饼馅的，比如腊肠月，老菜谱上就明确记载着“柠檬叶三仙”的字样。柠檬叶的使用源自西餐，些许的用量可谓点睛之笔——减了几分油腻，多了丝丝清香。其中的“仙”为计量单位，是香港厨师对英文“cent”（分）的粤语音译，后来传入广州。民国时期的月饼制作采用四级重量单位，分别是斤—两—钱—仙(分)，一斤等于十六两，一两等于十钱，一钱等于十仙。这不仅是广式月饼“洋为中用”的见证，也是粤菜粤点博采众长的表现。

当然，岭南本土的好东西也不会被遗忘，西山榄仁（榄白）、广式腊肠、叉烧、蜜橘、陈皮等，都成为月饼馅料的主角。而那些以山珍海味、飞禽走兽入馅的月饼，则常给食客们带来意外惊喜。精选的食材，配以充分的创造力和想象力，使月饼的名价表不断加长，也令顾客们目不暇接。当时的月饼馅，几乎达到了粤菜食谱里有什么，糖皮里就裹什么的程度——粤菜广博杂奇，月饼也就花样百出：荤食有以烧鸡、板鸭、火腿、乳鸽、金腿等入馅的，成品琳琅满目，既有金凤腊肠月、烧鸡月、板鸭月、火腿月、金银叉烧月、水晶肉月、蟠龙肉月等名目，还有以生蚝等海产品入馅的蚝豉肉月、蚝黄夜月、鱼翅贡酥月等；荤素双拼的则有南乳香肉月、鸡蓉蘑菇月、莲子腊肠月、椰蓉肉月、莲蓉肉月、豆沙肉月等；纯素食月饼，包括单种馅料的莲蓉、豆蓉、冬蓉、椰蓉、（芝）麻蓉等，以及复合馅料的陈皮豆沙、蜜桂花豆沙、花生芝麻等。

制饼师傅们确实思路活泛，食材的搭配和运用匠心独具。以烧鸡月为例，其馅料中其实没有烧鸡，制饼师傅用榄仁、杏仁配以肥肉制成馅裹入糖浆皮中，吃起来咸甜兼备，略似传统的椒盐口味，但又让人难辨其中关窍。能够用巧手化出如此多种口味的搭配，不得不说，在西洋风熏陶下且不忘中国传统的粤人，创意和想象力实在令人叹服。

对于茶楼来说，每年中秋推出二三十种月饼不过是小试牛刀。1928年刘万章所写的《广州月饼的名称》一文，便记录了7家月饼铺的70余款月饼名目，仅永汉路的涎香茶楼一家便推出了31种。

这些月饼的命名方式也颇有讲究。一些较为生动有趣，兼有意象化的文学色彩与美好寓意。如应景之名，烘托浓郁的中秋氛围感：银河映秋月将中秋夜色凝于方寸之间，绘就繁星洒落银河的动人之美；又如合桃丹凤月则让人仿佛能看到中秋之夜的花团锦簇；珠圆玉润月让人想起“大珠小珠落玉盘”的古典意境……还有东坡腾皓月、七星伴月、五彩凤凰月、云开明月、唐皇燕月、胭脂花月；等等，无不饱含诗意。还有一些名字则寄托了人们的美好祝福，如蟾宫吐月、珠海团圆月、珠江同赏月等。更有与时俱进者，将民族历史的风云幻化纳入月饼名中，由此烙上了时代印记。例如五族共和月、中山高月、共和定月、文明月、拱北光明月……也有直接将口味和食材标出，名称相对简单直白者。

根据时人的分析，命名思路的不同体现着月饼产品的不同等级。那些极具意境、难辨其中所裹馅料的月饼名称，大多为饼家推出的特别款式，也是雅致的送礼佳品。而那些相对易于辨认口味的月饼名，则意味着其是更为平易亲民的常规款式。

在商业竞争之外，广式月饼也成了文化的载体、时代的注脚。它那薄薄的糖浆皮里包裹世间万象，既与粤菜文化一脉相承，又是对广州通江海的便利和粤人开放自主、兼容并蓄精神的现实回应。万物皆可作月，不仅是粤人的生意经，还蕴藏着一种开阔无垠的宇宙观。

经典口味永流传

“千淘万漉虽辛苦，吹尽狂沙始到金。”广式月饼的一些品种在时间的洗礼下，经历了保存运输的考验、市场的检验，不但

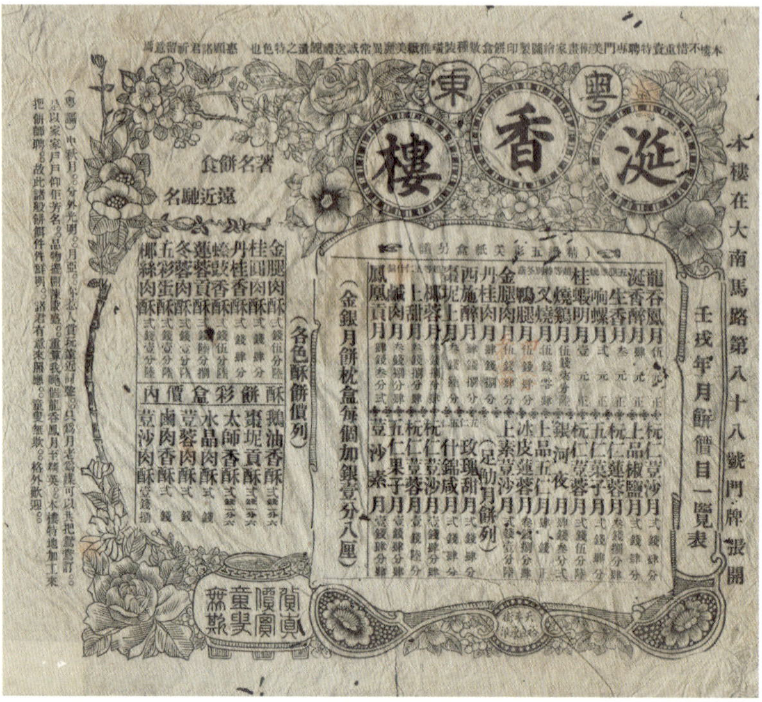

● 民国，涎香楼月饼名价表（广州博物馆藏）

成为最受消费者追捧的大单品，也成就了经典口味的流传。

莲子，又名莲实、藕实，被称为“水中灵芝”，养生功效不容小觑，自古以来被认为是滋补上品。中国南方湖多的地方，多有莲子产出，著名的有建莲、湘莲、湖莲、赣莲等。“湘莲”一词，最早见于南朝江淹《莲花赋》：“著缥菱兮出波，揽湘莲兮映渚，迎佳人兮北燕，送上客兮南楚。”赋中不仅提到“湘莲”，而且还提到“南楚”，这正是包括湖南地域在内的称谓。由此可知，湖南在南朝时期即已广泛种植湘莲。

湘莲一直为众多广式月饼厂家所追捧，它究竟有什么魔力？1982年9月，国家商品检验局对湘莲进行了严格的科学测定，结果表明，湘莲是一种低脂肪、高蛋白的优质品种；1985年武汉市商检局也对湘潭寸三莲、福建建白莲、江西赣白莲、湖北湖莲进行了一次养分对比测定，10项指标中，湘莲在糖分、淀粉、蛋白质、脂肪等7项指标上均优于其他莲种。但早在此次检测之前，广州人凭着刁钻的味蕾，先科学一步，用美食家的本能，在诸多的莲子中做出了最优选择。

莲子的香气内敛，需要经过特定的处理方法才能真正激发出来。去掉色赤红而味涩的莲子衣和味道清苦的莲子芯，是正式制作莲蓉前最难的工序。去衣时需要用碱水洗脱干净，否则会大大影响成品的色、香、味。去衣的碱水也需要把关，碱水少了难以脱净，碱水过多又会影响香味。在早期，碱水绝大部分是土法制作的草木灰碱水，质量极其不稳定，这便需要制饼师傅在制作过程中时刻观察细节变化，以及时调整。此外，去莲芯也是一道烦琐工序。在手工生产的时代，最能保证质量的方法便是请人一颗一颗的将莲芯挑出。

去衣后的湘莲与白糖、猪油或生油混合制成的莲蓉，本来应该是素白色的，但作为点心，白色显然不够诱人。制饼师傅们经过不断试验，得出了一套独特的炒莲蓉技法，将莲蓉馅变成金黄莹润的模样。制作莲蓉时，工具、火候、手法等都十分关键，比如应当用铜制的锅而不是铁锅，避免蓉馅在高温中氧化变黑；长时间的蒸炒中，火候并不是一成不变的，需要先猛火、后慢火，其间不断用木铲搅拌，直至蓉馅中的水分收干。正所谓慢工出细活，质量上乘的莲蓉月饼有赖于制饼师傅们夜以继日的辛劳。

莲蓉馅自诞生以来，便成为粤式饼饵中的主角。它曾与许多食材搭配，翻看以前的月饼单，就能够看到莲蓉冰月、莲蓉肉月、莲蓉椰子、莲蓉榄仁……历经反复尝试、时间沉淀、市场检验，莲蓉才最终找到了最佳拍档——咸蛋黄。

咸蛋黄的油脂如丝绸般滑过莲蓉的清雅，莲蓉的细腻则温柔地包裹着蛋黄的浓烈，咸与甜在舌尖交织，仿佛一场精心编排的双人舞，最终化作令人心醉的完美平衡。美食界将这种天作之合称为“对味组合”。它们的味道与口感相辅相成，仿佛天生就是为了成就对方的完美。正如咸蛋黄的浓郁与莲蓉的清香，看似对立，却在唇齿间碰撞出令人战栗的美味火花。咸蛋黄与莲蓉

的相遇，铸就一段奇缘，也成就了人们口中的最为经典的广式月饼——蛋黄莲蓉月。

广式月饼的另一经典之作——五仁月饼，亦可见广式月饼师傅的匠心。五仁馅料中的每一颗果仁，实际上是对“仁义礼智信”五德的诗意诠释，这份深远的寓意也让五仁月饼在中国大地上遍地开花。五仁的具体组合也有不同，根据各地物产而调整。最为常见的配方是核桃仁、南杏仁、花生仁、瓜子仁、芝麻仁。各地特色组合也多，风味各异，如东北某地的五仁月饼，就用了该处盛产的松子仁。

广式月饼则将目光投向了岭南独有的珍宝——榄仁，以替代上述配方中的花生。广式月饼的榄仁，主要采用的是乌榄仁。与常见的青橄榄相比，乌榄的果肉更涩，难以直接食用。但在粤人的眼中，乌榄全身都是宝。潮汕人将乌榄果实进行复杂的加工制成了榄角，是无数两广人儿时白粥的最佳伴侣，榄角蒸边鱼（鳊鱼）更是粤菜中的经典。乌榄核可以制成炭，这是传统工夫茶炭火炉最上等的燃料，据说与潮汕人引以为傲的凤凰单枞最为相配。而乌榄的核仁，正是广府饮食文化中最隐秘的瑰宝。

在粤人眼里，乌榄仁是顶级的果仁，其品质和价格都远胜于其他果仁。乌榄树的种植范围相对较窄，受到气候、土壤等自然条件的限制，无法大规模种植，在中国主要分布在广东、广西、福建等南方地区。其中，公认品质最佳、最适合用于五仁月饼的乌榄仁，是出自广州增城的独特品种——西山榄仁。要想辨认西山榄并非难事，每颗西山榄的果身都俏皮地翘向左边，故也被称为“左尾”。

西山榄仁的果胶含量低而油脂含量高，相比其他品种的榄仁，口感与香味殊为独特。一口咬下去，松脆多层的口感令人瞬间惊艳；而后，极其饱满的油脂带来绵密细腻的味觉体验；正当食客心满意足之际，一股松香味在口鼻腔内缓缓流淌，在人尚未反应过来时，便已完成了它的表演。尾韵悠长，令人回味。

而榄仁的获取，更是一场与时间赛跑的艺术：暴晒、米汤淋烫、手工破核……每一步都凝聚着匠人的心血，任何一个环节出现问题，都可能影响榄仁的质量。榄仁质地松脆，想要取出品相良好的榄仁极其考验手工艺者。即使有足够的乌榄果实，其出仁率也非常低，通常100斤乌榄核中仅能取出6～8斤榄仁。因此，增城出品的乌榄仁通常要卖到二三百元一斤。若是西山榄仁则要进行更加精细的分类标价，顶级的西山榄仁甚至能达到上千元一斤，其大小、厚薄均匀，颗粒完整，通体洁白中有着自然的纹路，在阳光下泛着莹润的光泽。低调，却身价高昂。

更重要的是，由于每颗乌榄核的形状、大小不同，榄核内部核仁的数量也不同，即使到了今天，还难以机械化、自动化破核取仁。在增城，榄仁的加工作坊主要还是小规模、零散化的手工

广州增城麻车村，百年西山榄古树

（乌榄鲜果图为刘汉周摄，其余为梁博年摄）

生产，并且生产主力是50～70岁的女性。

西山榄仁是广式五仁月饼的标志物。民国时期，便有不少饼家、茶楼在其广式五仁月饼广告上特意标明，采用了来自广东西山的榄仁。

无论是广式的莲蓉月或是五仁月，都承载着岭南人对美食丰富的想象力、创造力和极致的追求：不惜以最珍贵的原料入馅，用最繁复的工艺雕琢，只为在中秋之夜，让食客品尝的每一口都成为对传统的致敬，对匠心的礼赞。可以说，广式月饼是茶楼文化与精湛美食工艺的结晶。当秋风初起，无论是茶楼大案，或者饼铺里的制饼老师傅，都会抓住消费者求团圆、求吉祥的心理，从佛山或广州的饼印作坊购入新式饼模，让饼皮有玲珑浮凸的祥瑞图案；又精心调配独门糖浆，精选各种食材，试图将祭月古礼的庄重与岭南商业的繁华揉进那金黄油润的月饼之中。他们其实也深谙世道：一枚完美的月饼，不仅是味觉的享受与维系人情的甜蜜纽带，更是节庆经济的硬通货。当月饼带着“双黄莲蓉”“五仁”等标志性的印纹新鲜出炉时，遍布世界各地的粤商便会将这家乡滋味随身携带，睹物思乡，以待归期。

走进黄金时代

当珠江潮水拍打十三行码头，广州茶楼饼饵行业的传奇也随着广式月饼的诞生展开了新篇章，伴随着往来的商船汽笛声渐而声名远扬。可以说，广式月饼天生便带有极强的商业价值。它切中了当时广州商业繁荣之下饮食观念与消费水平升级需求脉搏，被视为必备的应节食品，也是联络亲友的送礼佳品。商业嗅觉敏锐的粤人发现了月饼的高利润，“一造月饼可顶半年茶市”，甚至可帮助经营者回笼一年的本金，还能带动店号影响力的提升。整个茶楼饼饵行业争相扩大月饼业务，市场也反应热烈，一时间“购者盈门，以赠亲友为荣”。

不久，月饼就成为茶楼饼饵业中与龙凤礼饼并驾齐驱的大宗

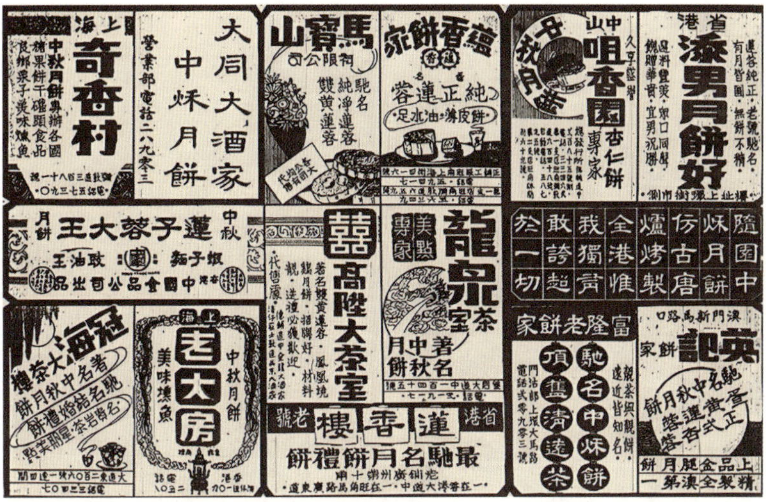

1941年，报刊上的粤港澳中秋月饼联合广告

生意，甚至远在北方的天津人也关注到广式月饼的商业价值，报刊上有文章分析：“粤省饼食营业每年以八月中秋节最为畅旺，盖各家皆购月饼为馈送物，各人到中秋节亦以吃月饼为应时佳品，各饼店内营业盈亏皆以此届月饼能否畅销为标准。”[①]

以广州为中心的粤港澳地区，各地的茶楼饼饵行业纷纷参与产销月饼，广式中秋月饼消费的第一个黄金时代拉开了序幕。

毗邻广州的佛山、顺德一带，是当时广府美食同频共振的地区。位于佛山福贤路8号公兴隆饼家始创于清光绪六年（1880年）前后，初创时便已经开始实行预约送货上门的形式。佛山地区流传着这样一句俗语：“没有公兴隆饼家的礼饼就不上轿，吃了公兴隆饼家的礼饼就快抱孙。”可见公兴隆在佛山人心中的地位。还有始创于清光绪二十四年（1898）的天园饼家，本是以佛山南海区传统小吃西樵大饼为招牌。这些佛山饼铺与广州相同，在龙凤礼饼和其他各色广式糕饼之外，也在中秋时节产销广式月饼，更因其质量上乘，民国年间便已经出口销售给海外华人，为日后广式月饼的地域拓展提供了不小助力。

① 《粤中之凯旋与罢工》，《大公报》（天津版）1921年9月6日。

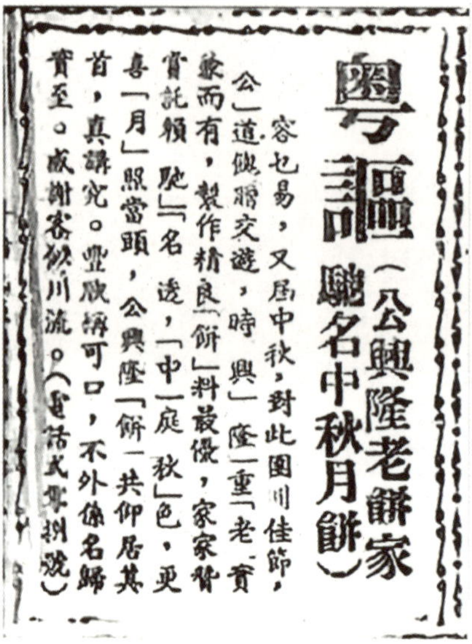

粵謳（公興隆老餅家 馳名中秋月餅）

容乜易，又屆中秋，對此團圓佳節，「公」道做得交遊，時「興」「隆」重「老」實，家而有，製作精良「餅」料最優，家家皆實託賴「馳」「名」透，「中」庭「秋」色，更喜「月」照當頭，公興隆「餅」共仰居其首，真講究。豈欣稱可口，不外係名歸實至。咸謝客似川流。（電話弍零捌號）

1949年9月10日，《南海日报》刊登的公兴隆老饼家的月饼广告

从清末民国之际开始，中山逐渐成为广式月饼的重要产区。彼时中山饼家几乎无不产销月饼者，如位于隆镇（今沙溪镇）象角陂下街的锦盛号饼家，以经营龙凤礼饼、油糖杂食等为主，但其每年中秋推出的月饼品类达30余种，其中不乏含榄仁、金腿等较不易得的上乘食材的品种，可见当时中山的中秋月饼市场已达到较高的消费水平。

距广州稍远的新会，是陈皮产地，颇有市场竞争力的均安饼家就位于新会古井（今古井镇）墟头。民国时期，均安饼家所产的鸳鸯麻蓉月——由黑芝麻与白芝麻混合馅制成的月饼，至今仍然备受欢迎。还有成益饼家，位于新会岭背墟（今新会区罗坑镇），也是一家经营各式龙凤礼饼、月饼、包子、饺子的杂食铺。永丰号饼家位于台山海宴沙栏墟，主营糖油杂食海味，老板专门在月饼包装纸上打出自家特色：“特聘名师巧造”，“配置特色，调味得宜”。

中山、新会两地的月饼产销旺盛，一方面是接受了广府饮食风尚、新式糖浆皮月饼技艺，另一方面则是由于两地都是重要的侨乡，移民集中在香港、澳门以及东南亚、美国等地，密切的人情往来托起了中秋月饼市场的蓬勃发展。

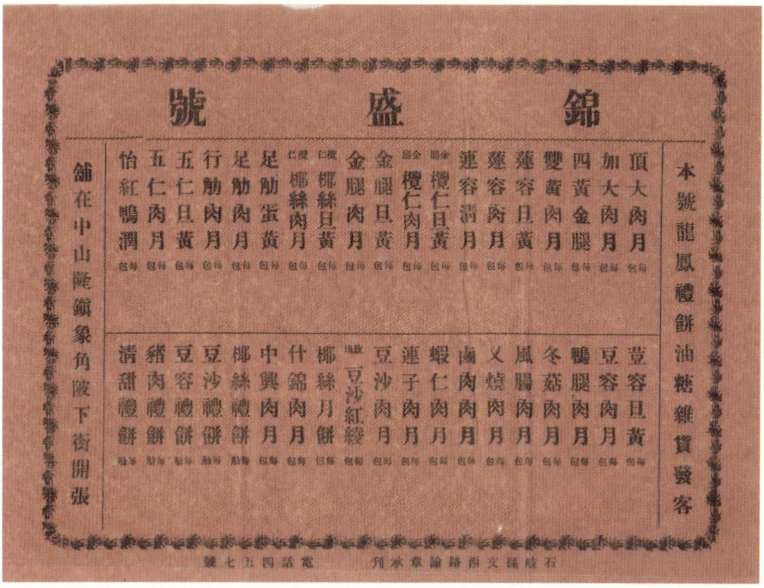

錦盛號

本號龍鳳禮餅油糖雜貨發客

頂大肉月 每包
加大肉月 每包
四黃金腿 每包
雙黃肉月 每包
蓮容旦黃 每包
蓮容肉月 每包
蓮容清月 每包
金腿欖仁旦黃 每包
金腿欖仁肉月 每包
金腿旦黃 每包
金腿肉月 每包
欖仁椰絲旦黃 每包
欖仁椰絲肉月 每包
足觔蛋黃 每包
足觔肉月 每包
行觔肉月 每包
五仁旦黃 每包
五仁肉月 每包
怡紅鴨潤 每包

荳容旦黃 每包
豆容肉月 每包
鴨腿肉月 每包
冬菇肉月 每包
鳳腸肉月 每包
义燒肉月 每包
鹵肉肉月 每包
蝦仁肉月 每包
蓮子肉月 每包
豆沙肉月 每包
玫瑰豆沙紅綾 每包
椰絲月餅 每包
什錦肉月 每包
中興肉月 每包
椰絲禮餅
豆沙禮餅
豆容禮餅
豬肉禮餅
清甜禮餅

舖在中山隆鎮象角陂下街開張

石岐孫文西路錦章承刊　電話四五七號

民国时期，中山锦盛号饼家月饼名价表

民国时期，台山义昌饼家（左）与新会均安饼家（右）的点心签

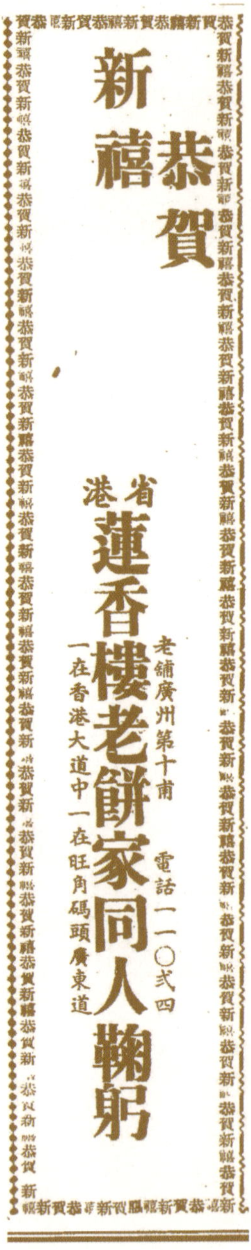

1947年1月1日，《岭南日报》刊出省港莲香楼广告

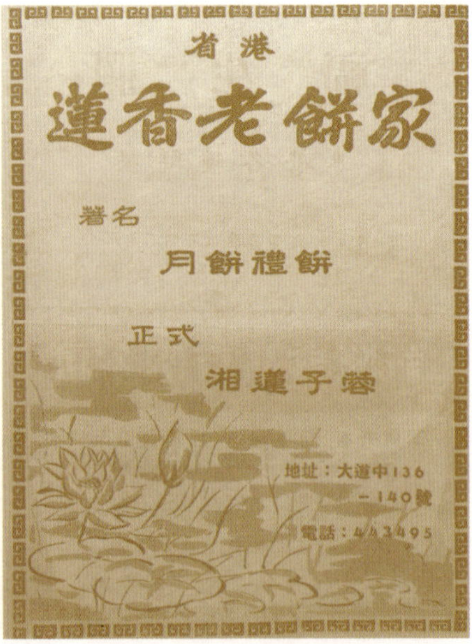

民国时期，省港莲香楼广告

香港得云大茶楼

与广州隔岸的香港地区，复制了广州的中秋月饼文化与饮茶习俗。几乎掌握了广州茶楼饼饵业的七堡乡人，更将其商业版图扩展到了香港地区。在1918—1928年间，广州莲香楼股东筹集资金，先后在香港九龙地区最繁盛的地段皇后大道中、旺角开办了两家分店，取名省港莲香楼，全部由广州莲香楼老店管理，并提拔老店的得力员工充任新店要职。

1949年以后，省港莲香楼与广州莲香楼分家，但仍然延续着粤式茶楼的经营传统，在茶市点心之外仍以“老饼家”作为卖点。中秋佳节，除了大受欢迎的经典莲蓉月及后来出现的双黄莲蓉月，还有一款应节的猪仔饼，色泽金黄，栩栩如生，以特色的编织小篮盛着，颇为讨喜。

英记饼家点心签

比莲香楼更早的得云大茶楼[①]屹立于香港过百年（1880—1992年）。楼高三层的建筑，曾是上环文咸东街的一大地标。得云大茶楼的经营模式延续“楼下饼饵、楼上茶食”的模式，首层铺面为礼饼部，悬挂着几个巨大的中秋月饼灯笼。除了老婆饼享誉四海，得云月饼也是镇店之宝。

开业于1928年的香港半岛酒店，其所产的号称100%纯手工秘制的鉴赏家月饼，是香港市场上有钱也未必能吃上的抢手货。半岛酒店集团坐拥全球最大的劳斯莱斯车队、全球十大知名酒店之一、米其林星级餐厅等名头，不少名人到香港时都会选择在这里入住。由此，其溢出的效应就是所产的月饼影响力不断扩大，被

① 梁广福：《再会茶楼岁月》（增订版），中华书局（香港）有限公司，2015年7月初版。

时人称为“月饼中的劳斯莱斯”。

澳门的月饼生产历史同样悠久。民国时期，澳门的饼家生意颇旺，最负盛名的老牌饼家英记饼家，成立于1928年，其产品线主打手工制作的各色饼食，如杏仁饼、蛋卷、榄仁猪油糕等，尤以月饼最为畅销。早年，英记每逢中秋都会在店外搭建牌楼，与街坊共度佳节。由于店铺选址临近码头，吸引到不少访澳旅客光顾，他们会购买月饼及其他饼食作为手信馈赠亲友。

在澳门当时最繁华的十月初五日街上，还伫立着另一家老字号——品芳饼家，至今它仍是这片街区最长寿的店铺之一。十月初五日街一度是澳门最长的街道，这里所处的内港昔日是澳门海上交通的枢纽，往来内地和香港的客货运船只都集中在这里，也是渔船湾泊之地。品芳的老板原为广东中山籍，自1936年开业至今传承了三代，中秋月饼也成为不少澳门人的原乡记忆，并且随着各国商船、游人而走向世界。

正所谓一方水土养一方人，一方人也成就一方美食。粤港澳三地的中秋文化、饮茶习俗同根同源，月饼即可为证。得益于省港澳茶楼饼饵从业者的苦心经营，民国时期，月饼已在粤式美食江湖中稳占一席之地，并且暗暗积蓄着向外扩展的巨大势能。清末民初之际，粤商们纷纷离开舒适圈到外地闯荡，广式月饼亦随着他们迁徙的印迹越南岭之阻，一路北上，所向披靡，终至名满天下。

酒楼入局月饼赛道

据广州市饮食服务公司的原顾问冯明泉所述，清末民初广州饮食相关的行业十分发达，包括酒楼、茶楼、茶室、粉面茶点，以及西餐室、冰室，以及专卖油器（油炸类小食）、白粥、甜食的小食业等。这些行业都各有其业务范围和经营特点，尤其在酒楼业、茶楼饼饵业、粉面茶点业这三个主要行业中，存在一定的区分标准：一、酒楼业，业务以筵席、午晚饭市为主，门面以设立低柜（烧烤卤味柜）为标志；二、茶楼饼饵业，主营早、午、夜茶市，供应点心、粉面、龙凤礼饼、月饼，门面以设立饼食饰柜为标志；三、粉面茶点业，主营早茶、午茶、夜茶市，供应糕点、油器、炒粉炒面，门面以设立炒粉炉为标志，二厘馆、茶果铺就属于这一类[①]。

起初，茶居（茶楼）与酒楼两大行业的公会之间，一直存在利益矛盾和行规陋习，因此在业务上划定了边界：饭市宴席与茶市饼饵两类经营不可相互插足。

一些饮食业经营者窥察到当时饮食行业中酒楼与茶楼两大行业公会之间的行规界限，以及营业时间上的空隙与市场需求，从1924年起陆续经营起了茶室。当时广州城内可谓是“十步一酒楼，五步一茶室”。茶室在茶楼上午9点半结束茶市后才开始营业，也供应点心茶饮，但不像茶楼一样叫卖；中晚市也像酒楼一样开设饭市，但只提供小菜，没有设席宴会的场地；到了夜市，又供应一些粉面小食，可以说业务甚广。茶室业创制的星期美点，到20世纪30年代逐渐成为广州市各茶楼酒家共同的卖点。后来经过商讨，茶室业被并入酒楼业公会，1921年，广州市酒楼茶室商业同业公会成立。

1925年，陶陶居老板谭杰南曾尝试打破行规界限，既做茶市饼饵，又办饭市宴席，但遭到了茶楼公会理事的反对，声言若陶陶居仍雇酒楼公会的会员，则坚决不准其经营茶市与饼饵。

由于社会环境的混乱无序，1936年以后广州的酒楼、茶楼饼饵、粉面三个自然行业之间的差别已逐渐消失，几乎所有的酒家（楼）开设早茶、午茶市，成为茶点、饭市、宴席兼营的综合体，装修设备、生产工具也日趋现代化。由于月饼常常供不应求，售卖月饼又是一笔大生意，除了茶楼饼饵行业，各大酒楼也纷纷加入中秋月饼的市场，并且很快成为有力的竞争者。

事实上，行业公会的约定限制，并不能阻止手艺与灵感的

---

① 冯明泉：《漫谈广州茶楼业》，载《广州文史资料》第36辑，广东人民出版社，1986年。

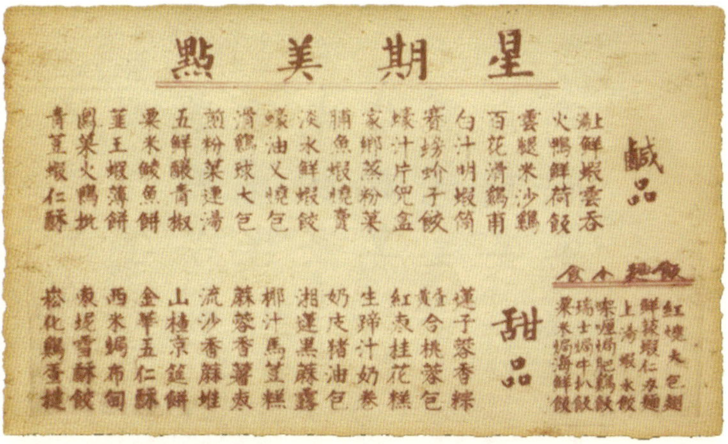
星期美點
鹹品
上湯鮮蝦雲吞
火鴨鮮荷飯
雲腿米沙鷄
百花滑鷄甫
白汁明蝦筒
蠔汁片兜盒
家鄉蒸粉菓
淡水鮮蝦餃
蠔油叉燒包
滑鷄球大包
五鮮釀青椒
青荳蝦仁酥
甜品
蓮子蓉香糭
紅棗桂花糕
奶皮豬油包
湘蓮黑蔴露
椰汁馬荳糕
流沙香蔴堆
金華五仁酥
棗泥雪酥餃
飯麵小食
紅燒大包翅
上湯蝦水餃

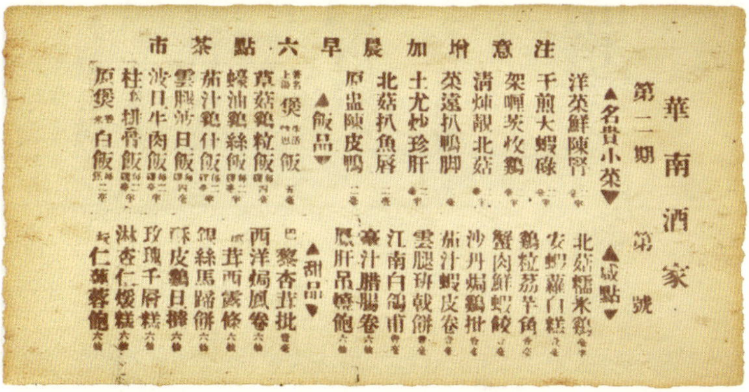
注意增加晨早六點茶市
華南酒家
第二期 第 號
名貴小菜
飯品
鹹點
甜品

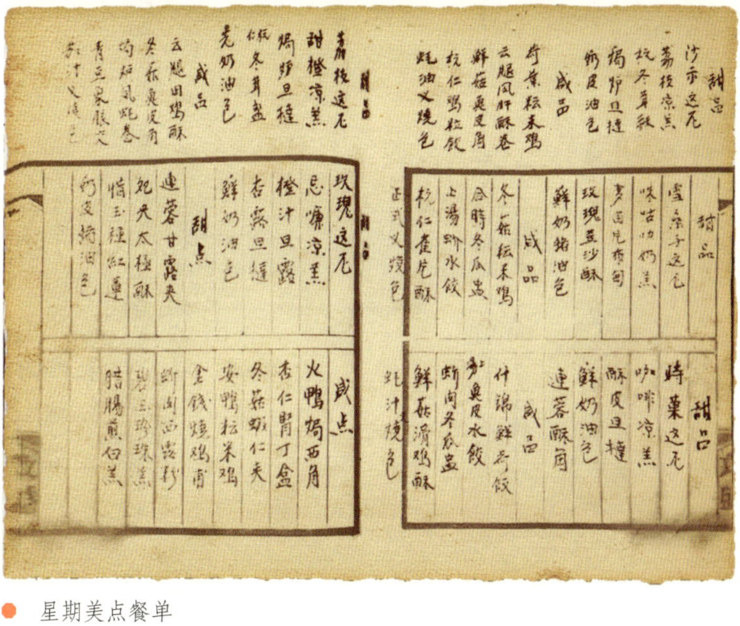
甜品
咸品
甜点
咸点

星期美点餐单

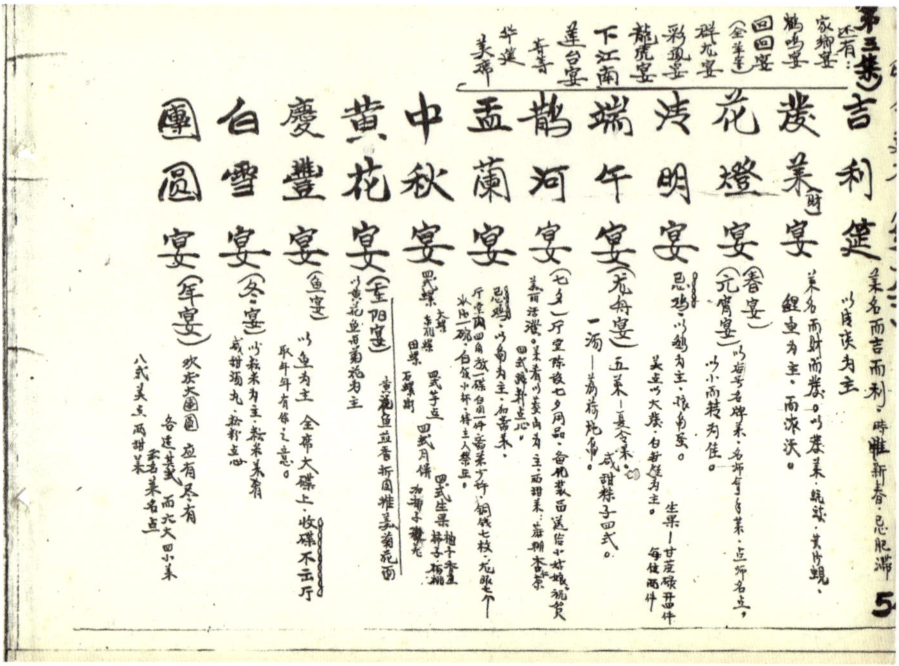

● 《食经缝趣录》记载“中秋宴”内含四式月饼

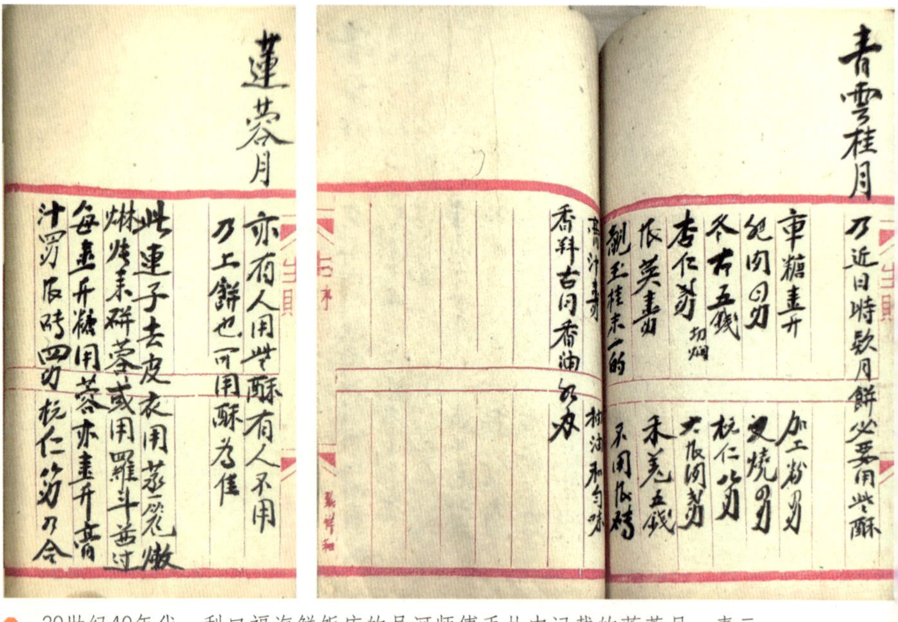

● 20世纪40年代，利口福海鲜饭店的吴河师傅手札中记载的莲蓉月、青云桂月等广式月饼食谱

对话。美食本就是无界的，早在制饼师傅们将各种粤式菜肴入为饼馅时，这一汇流的趋势便已注定。广州酒家成为较早制作售卖广式月饼的酒楼。1944年，广州大酒家（今广州酒家）的第一代点心名师欧标师傅就在《食经缝趣录》中留下了月饼入餐饮宴席的记录：民国寿宴菜单上记录着一道七星伴月，并说“乳猪、油鸡、鹅鸭（片皮）均可作月”；中秋宴下记有四式月饼：五仁月、蛋黄莲蓉月、双黄莲蓉月、豆沙月。

当时，以顺德菜闻名的利口福海鲜饭店，其点心部也会制作月饼。人们常说“食在广州，厨出凤城”，“凤城”指的就是顺德。过去，它与南海县、番禺县统称“南番顺”，属广州府（现广州、佛山两市核心腹地）管辖，是粤菜三大组成部分中广府菜的发源地之一。顺德厨师手艺了得，擅长将普通家常食材精工巧烹。清末民初之际，凤城厨师挟技出外闯世界，在穗、港、澳，以至东南亚及欧洲、美洲、非洲等地经营餐饮业。到了民国，制作广式月饼“最得粤人信仰，且调味是正确者，则推广州府顺德县大良乡的出品”[①]。

因此，当行业之间的人为限制被逐渐打破，这些厨艺高超的粤菜粤点师傅便成为月饼行业中值得尊敬的对手。由于制作月饼技艺高超，在人手富余时，利口福也帮大三元等其他酒家代工做月饼。所制作的五仁月、双黄白莲蓉月、豆沙月、椰丝月等，用朴素的油纸四个一筒包装好，让客人们在宴席后，也能顺手带上几筒赠给亲友宾客。这种经营模式，也是茶楼饵饼外卖模式的延续。

① 冼冠生：《月饼研究》，《食品界》1933年第5期。

北上之路

广州，岭南之心，饮食文化的辐射之源。有清一代至民国，特别是北伐战争之后，广东商人、政客等一直向北流动。随之，岭南特色的茶居茶楼以及月饼，如花般绽放于江湖。商贾云集，则消费力旺盛，食不厌精。在这样的环境里，北上的广式月饼愈发雍容华贵，其商品基因再度被激发。依托茶楼商业和广府的节庆食俗，这种独具地域特色的月饼，便随着走四方的粤人越五岭、通四海，广为人知，终于升华为中华民族饮食的一个代表性符号。

当我们今日说起“广式月饼”四个字时，仿佛在念诵天经地义的味觉箴言。但回溯百年，正如“食在广州”的美誉源自民国上海报馆文人的生花妙笔，广式月饼的鎏金之名，正是在1920—1930年那场浩荡的文化迁徙中淬炼而成的。

广式月饼之名，源于其从岭南北上进入上海、天津等地之后，与各地不同派系月饼，如苏式、京式、潮式的区分。在各派系云集的月饼江湖中，用料考究、皮薄馅靓、价格不菲的广式月饼，可谓是后来居上者。在市场经历数番的激烈较量后，广式月饼以黑马之姿横空出世，在黄浦江畔掀起飓风，脱颖而出，一时风靡南岭以北之地。

粤人北徙

1881年，40岁的广东香山人郑观应很忙，他受命出任刚成立不久的上海电报分局总办。作为上海滩的四大买办之一，他负责从洋人那儿买电线、机器；与丹麦大北电报公司联络交涉；安装收、发报机；翻译《万国电报通则》《测量浅说》等电报知识……

彼时，距上海开埠已有38年。在这38年里，无数像郑观应一样在上海谋生的粤人，已在上海虹口、闸北等地落脚生根，而后来者还在持续涌入。据估计，1853年前，在上海的广东籍人口已达8万人（彼时上海人口20万）；1885年，公共租界开始有正式的人口统计，广东籍贯的有21013人；1905年，增至54559人。1935年，在上海华界和租界的粤人达10.8万人。而在19世纪60年代初的天津，粤商人数已达5000多人，且像上海一样，人数仍在持续增加，他们多来自珠江三角洲以及潮汕地区。

这些人之所以背井离乡，与鸦片战争后，中国在经贸领域所发生的重大转折有关：十三行败落，中国对外贸易重心从广州转移至上海。这一转移过程持续了十来年，到1853年正式完成。也就在这一时期，大量原服务于广州十三行的外国商人、广东商人以及从事翻译、学徒、会计、厨师等工作的粤人买办阶层人员为了谋生，带动家族及同乡，旅沪、旅津，或成为京漂。数数分布中国乃至世界各地的广东会馆或唐人街数量，就可以知晓那时粤人越五岭北上、渡南海下南洋的浩荡历程。1907年，《广东七十二行商报》的发刊词更是不无骄傲地宣称："各行省无不有粤商行店，五大洲无不有广东人足迹。"

在这些地区中，位于长江口的上海，因便利的交通、开放的政策和相对宽松的商业环境，成为广东庞大的商人群体的目的地。他们早期接触洋务和海外贸易，积累的成熟的商业网络、跨文化沟通能力以及雄厚的资本，成为其北迁重谋商业版图的保障。他们利用上海的特殊地位，与华南、南洋以及欧美各国开展贸易，成为联结上海与上述各地市场的桥梁。当代学者宋钻友在其专著《广东人在上海》中总结道："旅沪粤商的经营空间，北至日本神户、横滨，国内的营口、大连，南至新加坡、印尼的棉兰、孟加锡等地，东至美国的檀香山、旧金山。通过以家族成员和同乡为主设立的联号网络，粤商适应了长途贸易和跨国经营所带来的不便。"

在那个风云激荡的时代里，粤人宛如一群精明的舵手，成为上海政界、经济界、文化界的主导力量。开埠以后，晚清上海四大买办汇中，郑观应、徐润、唐廷枢都是广东香山县（今中山市）人；清末官督商办的四大企业上海轮船招商局、上海机器织布局、开平矿务局、电报总局（始设天津，后改上海），都是以广东商人为主干设立起来的；永安、先施、新新、大新四大百货公司，以及南洋烟草公司等，皆为广东籍商人创办；在文艺界，导演蔡楚生、郑君里、黄佐临，演员阮玲玉、胡蝶、郑正秋、谢添，作曲家萧友梅，《良友》创办人伍联德等，也都是粤人。

外出的粤人喜抱团结帮，热心带携同乡同族。当时那些堪称大型的企业，招聘了大量粤人。比如，有人估计，当年四大百货公司以及永安纺织公司所雇用的中山同乡总数不下2000人，他们多居于永安里。除了那些大型企业，在沪的粤人经营中小企业的也不少，据《上海碑刻资料选辑》，1866年，为建潮惠会馆，出资的潮阳、惠来商家计有75家，由此可见一斑。另外，还有诸如发昌机器厂、建昌机器厂等，都以招粤人为主。

很快，上海形成壮观的粤人聚居地。19世纪70年代，《申报》就刊有粤人聚居虹口的报道。粤人社区南至天潼路，北至横浜桥，同乡组织但凡有公告，都张贴在天潼路附近的三元宫和横浜桥。到了20世纪30年代，虹口已被公认为粤人的社区：弄堂里都是粤人，弄堂里厢都讲广东话。

清末民初，为满足子弟就学启蒙，粤人在虹口创办了大量小学堂，史料有记载的就有10余所。这些学堂主要集中在粤人所居住的区域，如新广路、塘沽路、武昌路、北四川路、海宁路、吴淞路和峨眉路等一带。后粤人卢颂虔在广肇公所的支持下，将原来的培德小学交由广肇公所接办改为广肇公学，并购进北四川路福德里32号地产新建校舍，以解决大批小学毕业的粤人子弟上中学的问题。但广肇公学的生源不断增加，粤人又广募资金，于1932年购入水电路三百余亩农田建立全新的校舍，次年竣工。因学校的募资款项皆来自粤人，所以众人提议将校名改为“广东中学”或“粤东中学”，今附近留有地名广中路。

粤人集聚上海，不仅推动了上海商业的繁荣，也带来了岭南独特的地方文化，如粤剧、骑楼等。更重要的是，善吃的粤人聚集到了上海，念念不忘的还是家乡的滋味。于是，中国近代史上最浩荡的饮食文化迁徙大幕徐徐展开。主角当然还是粤人，他们在距广州1000多千米外的上海开设广邦茶食铺或粤式茶居、茶楼等。一年四季，他们与远在岭南的亲朋们同步喝上了早茶、吃上了粤菜、品尝到了广式月饼。

峥嵘初露

行走于上海滩的粤人，将粤式饮食风尚带到了这座东方新兴的都市。这种口味独特、博采众长，且讲究品质与创新的饮食给当时的上海人带来了不小的震撼。糖浆皮月饼也正是乘着这阵春风，香飘于上

在上海的粤人代表（从上至下）：郑观应、唐廷枢、徐润

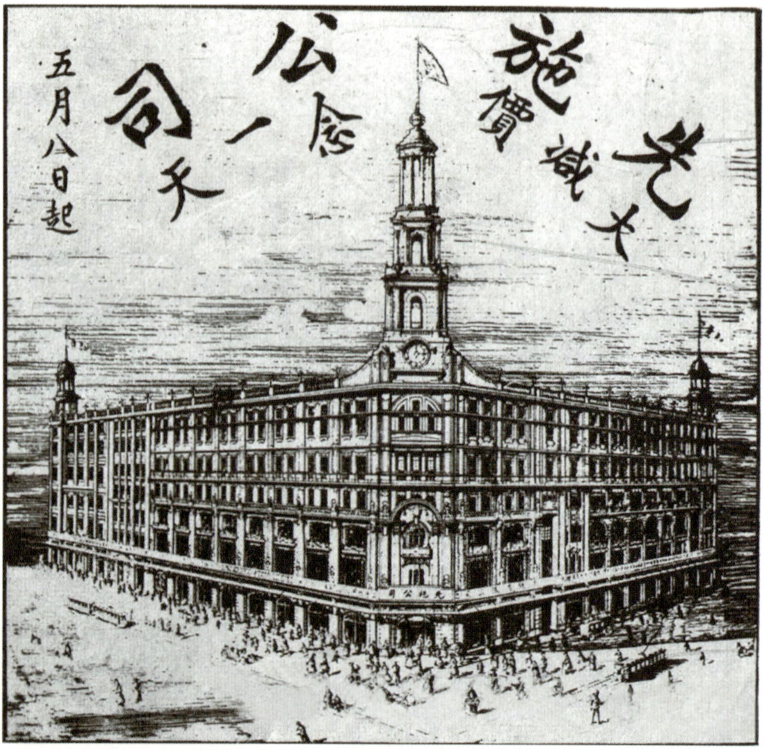

粤人在上海开办的先施百货公司（上）及新新百货公司（下）发布的广告，它们是广式月饼名满上海滩的推手

海这片同样重视商业的土地上。

当时，在上海与粤人同场竞技的，还有来自苏南、宁绍、闽南等地者，沪上因此出现了一种茶食铺（号）的经营业态，按照地域，可分为苏帮、宁帮、广帮、潮帮等。这些茶食铺制作和售卖各地特色的杂货，兼营北方没有的各类食品，如绍兴黄酒、南京盐水鸭、宁波海产干货、岭南干果点心等，有时也被称为杂货店、南货店。

据现有的史料，粤人在上海开设饼饵茶食铺，最早的是1839年开业的潮帮元利食品号，但潮州茶食店在上海较少，只有元利、勃朗林、富珍等几家，大多也销售潮式月饼（即“朥饼”）。

而最早在上海制作广式月饼的则是1862年开业的广帮锦芳食品号。在这些售卖广式茶食饼饵的店铺中，大宗产品与广州的无异，仍是龙凤礼饼与中秋月饼。当时内地人不如粤人重视节庆所用的礼饼，因此这些食品店的顾客，大多是在沪的粤人。广邦茶食铺承载了粤人的思乡情怀，也见证着广式月饼在上海、天津等地的风云传奇。当然，后来对广式月饼贡献更大的，还属生产水平更高、消费群体也更庞大的茶居、茶楼，这种情形与广州几乎如出一辙。茶居在广州带起的饮茶风尚，很快就传播到上海。从19世纪末开始，粤人开设的粤式茶居、茶楼便逐渐成为沪上有影响力的饮食和社交场所。

从19世纪60年代起，伴随着中外贸易的增长，租界商业在上海日益兴旺；到70年代，上海已成为全国最大、最为繁盛的通商巨埠，中外商家林立的上海租界地区以洋场而闻名全国。商业的繁盛带来了休闲娱乐业的发展，尤其是上海的茶馆、茶楼行业。

上海也是一座移民城市，经营茶馆的除了上海本地人外，还有江苏、浙江、广东人等。其中，茶楼业发达的广东为上海茶馆带来了独特别致的南国风味。最初粤商主要在虹口开设茶馆，1876年在棋盘街新开同芳居，之后怡珍、福安、同安、易安、全安等广东茶馆陆续在商业中心地段开设。广东茶馆入驻上海后，以其精良装修和美味的粤式点心收获了本地人的青睐，且其点心由店主聘请专门的点心师傅制作，这在江南式茶馆中是没有的，因此有竹枝词唱道："专供过客息游踪，茶馆精良算广东。即使相如疗渴疾，点心又可把饥充。"①

随着城市的发展，租界茶楼愈益趋新，资金雄厚、风味独特的广东茶馆脱颖而出。从洋泾浜北岸、宝善街（今广东路东段）到大马路（今南京路）、四马路（今福州路）、五马路。五马路，即现今上海的广东路，是粤式饮食风尚和广式月饼风行上海滩的起点。1865年，英租界当局定名全路为"Canton Road"，俗称五马路。Canton在英文里既可作"广州"，又可作"广东"，后在中文中译作广东。今河南中路至福建中路一段的广东路，曾被称为宝善街，19世纪中期以后的宝善街到处是戏园、茶楼、酒楼，甚至京剧名角谭鑫培、孙菊仙、杨月楼、夏奎章、熊金桂等都曾在此演出。19世纪70年代，戏园、茶楼的开设带动了这里各业的兴旺。

1876年，同芳茶居在五马路开业，这是现在有证可查、有具体名称记载的第一家开设于上海的茶居，但它广告主打的却不是茶水，而是饼饵糖果。此外，同芳茶居还在早上提供鱼生粥，晚上售卖莲子羹、杏仁酪，整体的经营模式与饮茶习惯都与广州的茶居一致。其实，茶居的开设本就是为了满足在沪粤人的需求——品尝家乡的味道，维持自小养成的生活习惯。因此，茶居在商业之外，也为同乡人搭起了一隅"心安之处"。

11年后，在同芳茶居的对面开设了一家怡珍茶居，后者除了供应点心饼饵，还兼售烟酒。这是首家在报刊上公开力推广东月饼的茶居，1888年9月2日，该商号登载于《申报》上的广告中明确出现了"广东月饼"一词，这条广告上同时推出了40余款月饼：

金腿肉月、椰丝肉月、莲子肉月、枣泥肉月、飘香桂月、芽蕉酥月、玫瑰酥月、菩提酥月、桂花酥、金腿福酥、如意寿酥、

① 叶仲钧：《上海鳞爪竹枝词》，载顾炳权编《上海洋场竹枝词》，上海书店出版社，1996年。

● 1915年，五马路的同芳茶居（克拉普摄）

鱼翅贡酥、蚝豉肉酥，以上每盒四个，洋二角五分；五仁甜肉、五仁咸肉、蛋黄肉月、豆沙肉月、豆蓉肉月、五仁素月、椒盐素月、梅菜素月、五仁上品、白肉月饼、冰皮锦月、莲子肉酥、丹桂圆酥、白绫鹤酥、五彩蛋酥、红绫肉酥、豆蓉肉酥、一品高酥、鱼云肉酥、枣泥卷酥、金钱肉酥、麻脆香酥、大菊花酥、玉环实酥、蛋黄肉酥、粟子松酥、茶薇肉酥，以上每盒四个，洋二角；豆沙素月、豆蓉素月，以上每盒四个，洋一角八分。[1]

这不仅让远在异乡的粤人欣喜若狂，还给本地人带来了不小的味觉冲击。此后不久，四马路上又开设了一间奇芳茶居。奇芳茶居刊登了一则广告，宣称自家月饼是专门从广东聘请而来的名

① 《怡珍茶居中秋月饼》，《申报》1888年9月2日第6版。

师制作，口味正宗、质量上乘，并且被“各邦人士送节礼者视为特别上品”，强调广式月饼作为中秋礼品的社交价值，某种程度上也提升了产品定位。

为争夺客源，几家广式茶居在异乡打起了擂台，标志着广式月饼在上海进入到更火热的商业推广阶段。当时，本地人虽然也会在中秋购买月饼——主要是苏式、宁式的酥皮月饼，但是在月饼的制作技艺、口味的创新以及商业的推广营销上，他们显然没有粤人这般的繁多花样。粤人所售卖的月饼在上海滩打响名号之后，也带动了上海中秋消费市场逐渐成形，本地人开始意识到中秋节不仅得吃月饼，且要吃好月饼。

五方辐辏的上海，不仅是当时中国新的文化中心和传播枢纽，更是远东最大的经济重镇。作为移民的汇聚之地，上海的口味几乎成为中国口味的风向标，其影响力辐射全国，引领着时代潮流。风味独具的广式月饼，经由在沪粤人口口相传，先是迷倒上海众生，然后风行天津、北京各地。

广式月饼在天津引发关注，主要推动者也是广帮茶食铺。1905年，广万和号在天津法租界设立分号，专营广洋杂货，兼营月饼。在当年8月15日《大公报》天津版第4版上，广万和号打出了中秋月饼广告：“本号开设天津法界，自办广洋杂货、藤椅皮箱、外洋罐头、飞鸟食物，各色海味兼全，中秋月饼并重……”其中“中秋月饼”以大字置于广告正中。

位于天津法租界梨栈的广吉祥号糕点店也大胆尝试，以西洋为名头，为糖浆皮月饼做起了市场推广。1906年，他们在《大公报》上刊登了一则广告，称自己“以西式饼之材料制造中秋月饼，不独适口，而且花样新奇，至于一切人物花草，均用以外国糖浆推凸，玲珑异常，食之既见爽心，观之更觉悦目，独开生面，与众不同，诚为饼中之特别也。并有洋广杂货，海味腊味，送礼品物，一概发行，定价格外公道……”在晚清的西风东渐之下，西餐的饮食文化令时人耳目一新，这种广告宣传可见经营者对大众心理的敏锐洞察，而以广式月饼为连接中西饮食文化的桥梁，其地位不言而喻。

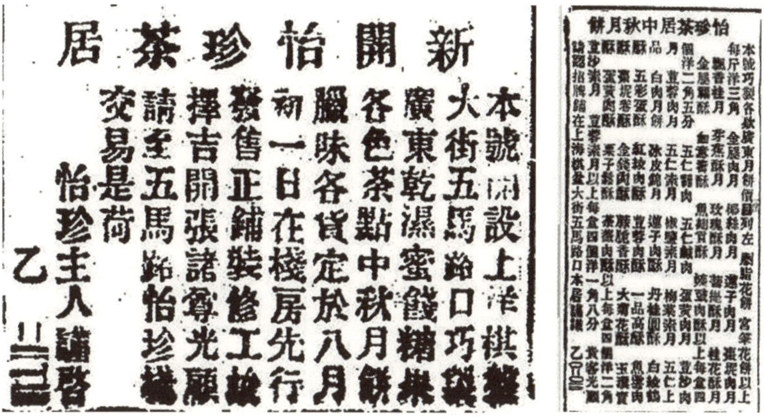

新開怡珍茶居

本號開設上洋棋盤
大街五馬路口巧製
廣東乾濕蜜餞糖菓
各色茶點中秋月餅
臘味各貨定於八月
初一日在棧房先行
發售正鋪裝修工竣
擇吉開張諸尊光顧
請至五馬路怡珍棧
交易是荷
怡珍主人謹啓
乙三

怡珍茶居中秋月餅

本號巧製各款廣東月餅價目列左 劇脂花餅 宮笨花餅以上
每斤洋三角 金腿肉月 椰絲肉月 蓮子肉月 蛋泥肉月
飄香桂月 芽蕉酥月 玫瑰酥月 蓄棋酥月 桂花酥月
金腿雞酥 血蓄蓄酥 燕翅頁酥 蜂豉肉酥以上每盒四
個洋二角五分 五仁鴨肉 五仁鹹肉 蛋黃肉月 豆沙肉
月 豆蓉肉月 五仁素月 橄欖素月 梅菜素月 五仁上
白肉月餅 冰皮飽月 蓮子肉酥 丹桂圓酥 白綾餅
品 五彩蛋酥 紅綾肉酥 豆蓉肉酥 一品高酥 燕窩肉
酥 蛋泥卷酥 金錢肉酥 驛腿香酥 大霸花酥 玉環寶
酥 蛋黃肉酥 棗子卷酥 茶薇肉酥以上每盒四個洋二角
豆沙素月 豆蓉素月以上每盒四個洋一角八分 我客光顧
請認招牌鋪在上海棋盤大街五馬路口本居謹識
乙三

1888年9月3日，《申报》怡珍茶居广告

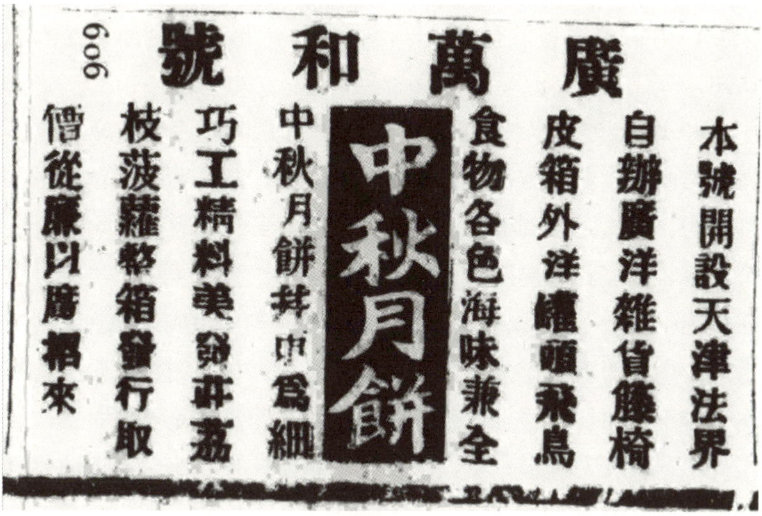

廣萬和號

本號開設天津法界
自辦廣洋雜貨籐椅
皮箱外洋罐頭飛鳥
食物各色海味兼全
中秋月餅
中秋月餅幷中爲細
巧工精料美發弃荔
枝菠蘿整箱發行取
價從廉以廣招來
906

1905年8月15日，《大公报》（天津版）上刊登的广万和号广告

“广式”百舸争流

在广州，糖浆皮月饼占据了主流市场，因此茶楼饼铺所售的月饼无须强调“广式”“广东”，通常以“××月”为名。当时为凸显地方风味而冠以“广式”之名，是在粤人将月饼带去北地之后才有的。起初，人们只是以地域“广东”冠名糖浆皮月饼或潮州朥饼，与本地的酥皮月饼简单区分。但随着广帮茶食铺与粤式茶居引发的商业热潮，以及广告激起的巨大社会反响，当地人逐渐关注和研究这种品相明艳、口味新奇，且价格高昂的糖浆皮月饼，并逐渐以“广式”之名称之，以区别于其他月饼。

后来，又有人提出广东月饼应当分为广式和潮式，相对的，苏式、宁式则为“本地月饼”①。从“广东”到“广式”并不是简单的称名之变，而是表明广式月饼已成为极具影响力的现象级产品，它以一己之力带动中国中秋月饼消费市场的升级。自此，人们对各种月饼的制作技艺与口味，也对中秋月饼市场的不同产品、销售主体等，有了较广泛的探讨，形成更全面、深入的认知。

20世纪20年代，由于广式月饼的商业价值逐渐凸显，更多在沪粤商的商业细胞被充分激活，一时间，从广帮茶食铺、饼店到茶居、茶楼，再到粤式酒楼，甚至粤人开设的食品公司、百货公司等，都竞相入局广式月饼的产销中。“食品大王”冼冠生曾在自述中描绘了茶楼、酒家两大主体对广式月饼成为爆款起到的重要作用：“粤菜馆开创广式月饼新时代，传统饼饵店升级为茶居，楼下卖饼饵，楼上饮茶吃点心；再进一步就是茶楼茶室，一楼外卖地位相对降低，堂饮堂食相形重要；再后来是茶楼酒肆合流。所以，饼饵茶居之后，菜馆酒肆经营月饼渐擅胜场。”②

清末民初，受制于行业之间的约定，广州的茶楼饼饵业与酒楼业的业务有着明确界限，但上海则没有这样的约束。当

① 秦福基：《月饼》，《常识周刊》1928年第89期。

② 冼冠生：《三十年来冠生自述》，《食品界》1933年第4期。

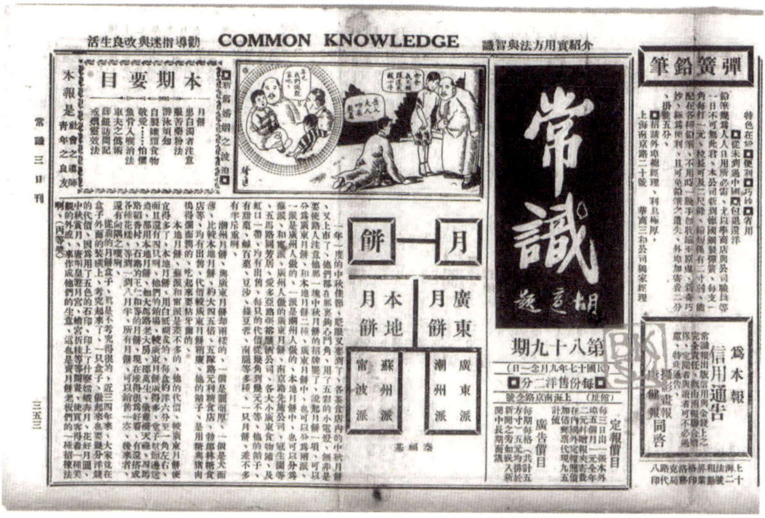

民国报刊上，时人对上海中秋市场上常见的几大月饼派式分类已经明确

时，加入广式月饼战团的粤式酒楼，有新雅粤菜馆、杏花楼、安乐园等。

新雅粤菜馆是至今依旧具有影响力的老字号，由南洋华侨蔡建卿创立于1926年8月（一说1927年夏），原址在虹口四川路534号（今四川北路1600号）。初名为新雅茶室，以经营茶市为主。到20世纪30年代初，上海的商业重心已向南京路转移，蔡建卿凭借粤商在沪的广泛人脉，迅速在南京西路上标得一块地，1932年，新雅更新翻造并更名为新雅粤菜馆，它是当时全市设备最好、式样最新、规模最大的第一流广帮菜馆，仍采用楼上堂食、楼下饼店的粤式经营模式，一楼的新雅饼店现做现卖，除中式饼点外，还有西点蛋糕等。

新雅的杀手锏，是挖来当时被称为“月饼泰斗”的广帮糕点名师宋泰来。当时，新雅有一口镇店之宝紫铜锅，宋泰来正是看准了这一点才应允前往。宋泰来深知紫铜锅的奥秘——上好的制作各种广式馅料的利器。比如广式糕点中广泛使用椰丝制作椰蓉，当时生产广式糕点、月饼的店家，没有一家拥有紫铜锅，只能采用铁锅炒制，导致椰丝容易发黑。宋泰来运用他研制的独

1932年9月10日，泰康月饼在《申报》刊登的广告上有『广州月饼』『苏式月饼』之分

特配方，将椰丝生拌，改用花生油加椰丝、炼乳放在紫铜锅中炒制，使椰丝保持淡黄色泽，香味、口感都更出色。此后，新雅的椰蓉月饼成为上海人情有独钟的岭南味道。

虹口的安乐园酒家，是当时报刊上常见的月饼广告主。这家酒家不仅主打莲蓉月饼，更强调自家月饼采用唐炉（中式炉具）制作。强调以唐炉制作广式月饼，相较于沪上流行的以番炉制西点，体现了粤菜馆对于传统的看重。

而与奇芳茶居同处于四马路的杏花楼，原是粤人于1851年开设的饮食店，1883年才迁址落户四马路上。当时，四马路上的餐饮店大多是广州人开的，以消夜闻名。杏花楼起初就是一家夜消店，仅有一间门面，为深夜觅食的行人提供些广东甜品、粥，白天则出售广州风味的小吃菜点。1928年，杏花楼的掌舵人李金海洞察到广式月饼的商机，在经营传统龙凤礼饼之余，也开始大力产销月饼。他的经营思路是粤式的，要求原材料直接来自原料产地，杏仁来自新疆北山，赤豆选用海门大红袍，椰蓉从海南岛采购，玫瑰从苏州购进，琥珀桃仁来自天津。为了优化月饼口味，他不惜高价购进优质碱，还增加了杏仁、榄仁等上等果料比重，减少各种肉膘用量，适应消费者的口味变化。很快，杏花楼月饼

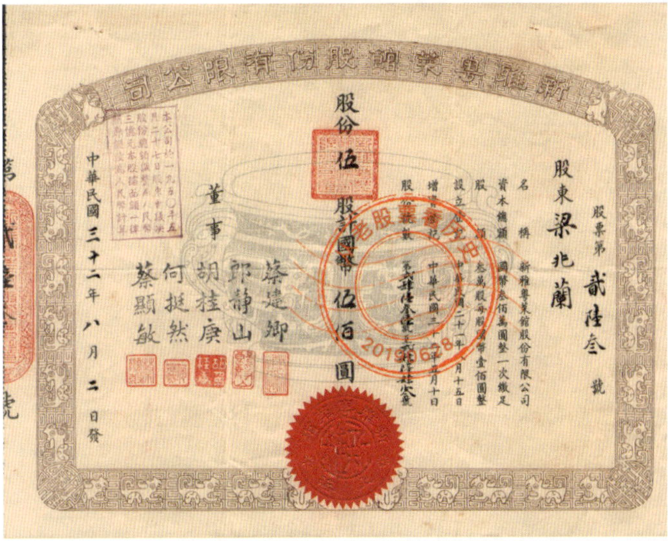

民国新雅茶室门面（上）和1943年，新雅粤菜馆股份有限公司发行的股票（下）

以其独特的配方和精湛的工艺迅速占据了市场，成为上海滩脍炙人口的品牌。其广告语“借问谁家月饼好，人人都话杏花楼”颇含巧思，也广为流传。据当时新闻，杏花楼广式月饼“每届中秋节所售者，其数达十余万”[①]，由此看，购买者应当不只在沪的粤商，更有许多上海本地和江浙的食客。

在众多饼家竞争的广式月饼市场，杏花楼老板看到了月饼品种创新的重要性：如果不能适应顾客的需要，自己的市场就可能被别人取而代之。从1934年开始，杏花楼陆续创制了自己的特色月饼。他们借用民间神话传说、名胜古迹的名称，取用优质原料制作了嫦娥奔月、月中丹桂、银河夜月、三潭印月、西施醉月等一批特色月饼。例如嫦娥奔月，用精白面粉、绵白糖、生油、五仁、鸭肉、咸蛋黄等原料精制而成。其色泽金黄，质地细腻，饼皮酥香，口味甜咸适口。三潭印月是杭州西湖名胜，亦是著名的赏月胜地。该店便用莲蓉、椰蓉、豆蓉包裹蛋黄，以“三蓉”为三潭，蛋黄为月，令来自江浙一带的顾客颇感亲切，因此在市场广受欢迎。

由于在沪上经商的粤人众多，涉及的行当更是形形色色，与饮食有关的就已经能列出酒家、茶楼、茶食铺、夜消店等近十种。月饼的商机很快在他们之间传播开来，那些在上海开办食品公司的广东企业家也乘势而来。最具市场影响力的当属冠生园、泰丰、泰康、马玉山等几家公司。

冠生园是广东佛山人冼冠生于1918年开办的食品公司。1928年，随着总部迁至繁华的南京路，冠生园的月饼生产与销售开始在市场上独领风骚。报纸上，冠生园的软广告自豪宣称：“冠生园月饼，盛名之下，每年中秋佳节，特制科学焙炉，改良月饼，年产数十万只，仍供不应求。”“年产数十万只”之语，昭示了冠生园庞大的生产规模，也映射出上海广式月饼的畅销景象。

1927年9月7日，《申报》刊登了一篇《欢迎泰丰月饼大王》的广告：“近年以来，对于点食一道，日新月异，即以中秋月饼

---

① 《谈谈月饼》，《申报》1933年9月21日。

民国时期，上海杏花楼门店

一种而论，已不胜数，然能以大王自居者，具有个数，此所以敝公司得独占月饼之盛誉也……色香味之佳，可算得大王；种类之特多，可算得大王；焙制之精洁，可算得大王；装潢之美丽，可算得大王；货品之真实，可算得大王；售价之公道，可算得大王；经久之不变，可算得大王；受众之欢迎，可算得大王。”这个自称“大王”的上海泰丰罐头食品有限公司，由祖籍广东的南洋华侨、知名实业家王拔如与人合资创办。它与冠生园、杏花楼后来都成为沪上广式月饼制售的重量级商家。

除此之外，当时粤商开办的上海四大百货公司也陆续开始经营广式月饼生意。1917—1918年，先施和永安两家百货公司相继开业于南京西路段，大新、新新此后也在附近开张。这些百货公司如同全面升级版的南货店，经销商品种类繁多，洋货国货、南货北货兼有，且兼顾不同顾客的消费需求，成为引领大都市摩登时尚的重要业态。1919年，先施百货公司为自家广式月饼打出广告，自称“包罗万象，无美不臻”，被消费者“推为海上第一”。此后，一直与先施竞争的永安公司也开始了月饼生意，并且在1925年增设月饼部，以提高中秋节的供应量和销售额，尤其是增加各种精致的月饼礼盒产量，满足各界赠礼之需求。

当时中国历史上第一个葡萄酿酒公司——张裕酿酒公司甚至也开始产销月饼，这家公司的创始人张振勋出生于广东省大埔县，是清末著名的华侨实业家。张裕加入月饼市场，除了公司本身具有来自岭南的商业基因，更因广式月饼在彼时被视为高品质的礼品，与葡萄酒有着相似的产品属性及定位。

1928年的《常识周刊》上的一篇文章描述了广式月饼在上海的畅销：“广州人做的广东月饼，南京路先施公司、冠生园等，五马路同芳居，爱东亚路张裕酿酒公司，各大小广东食物铺及虹口一带均有出售，每只的代价从几角到几元不等。”

从五马路上的同芳、怡珍、群芳几家茶居开始，越来越多竞争者加入，广式月饼的市场也越来越庞大。1930年9月29日的《申报》上，开业近40年的群芳茶居刊登了一条广告：“初粤人开设月饼肆于春江者（上海滩），只有三，有群芳居、同芳居、怡珍居是也，其后同、怡二家以经营失佳相继闭歇……当此节届中秋，各月饼店竞卖，本店性能称雄于商战中也。”不过数十年

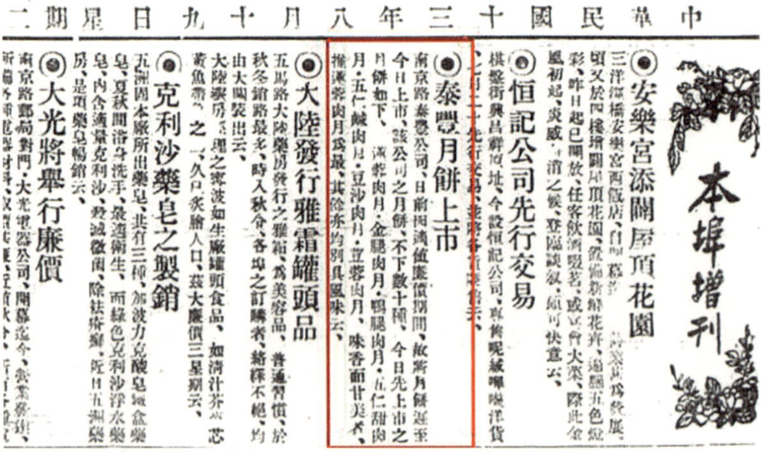
中華民國十三年八月十九日星期二

本埠增刊

安樂宮添闢屋頂花園

恒記公司先行交易

泰豐月餅上市

南京路泰豐公司，日前因適值應價期間，故將月餅遲至今日上市，該公司之月餅，不下數十種，今日先上市之月餅如下，滷[illegible]肉月、金腿肉月、鴨腿肉月、五仁甜肉月、五仁鹹肉月、豆沙肉月、豆蓉肉月、味香而甘美者，推蓮蓉肉月爲最，其餘亦均別具風味云、

大陸發行雅霜罐頭品

克利沙藥皂之暢銷

大光將舉行廉價

● 1924年，泰丰公司月饼上市广告

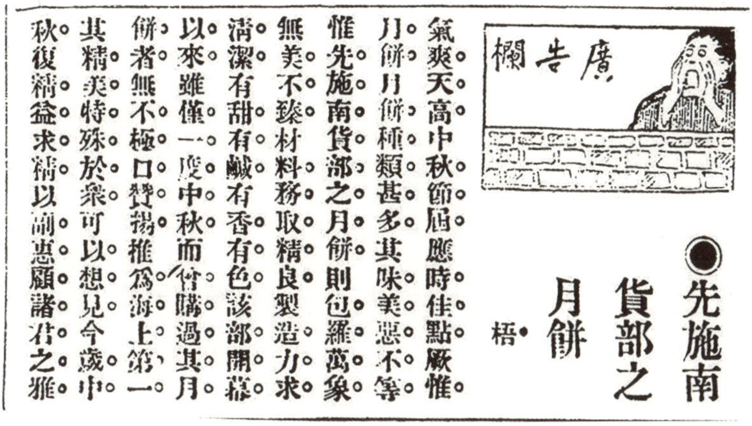

先施南貨部之月餅

梧

氣爽天高中秋節屆應時佳點厥惟月餅月餅種類甚多其味美惡不等惟先施南貨部之月餅則包羅萬象無美不臻材料務取精良製造力求清潔有甜有鹹有香有色該部開幕以來雖僅一度中秋而曾購過其月餅者無不極口贊揚推為海上第一其精美特殊於衆可以想見今歲中秋復精益求精以副惠顧諸君之雅

1919年，先施南货部月饼广告

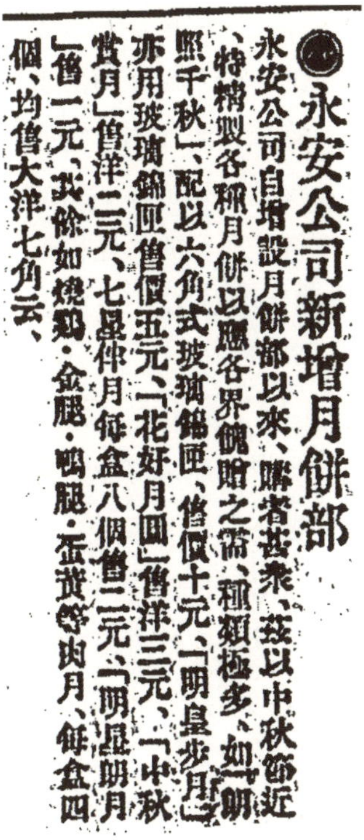

永安公司新增月餅部

永安公司自增設月餅部以來、購者甚衆、茲以中秋節近、特精製各種月餅以應各界餽贈之需、種類極多、如「明照千秋」、配以六角式玻璃錦匣、售價十元、「明皇步月」亦用玻璃錦匣售價五元、「花好月圓」售洋三元、「中秋賞月」售洋二元、七星伴月每盒八個售二元、「明星朗月」售一元「其餘如燒鷄・金腿・鴨腿・蛋黃等肉月、每盒四個、均售大洋七角云、

1925年，“永安公司新增月饼部”广告

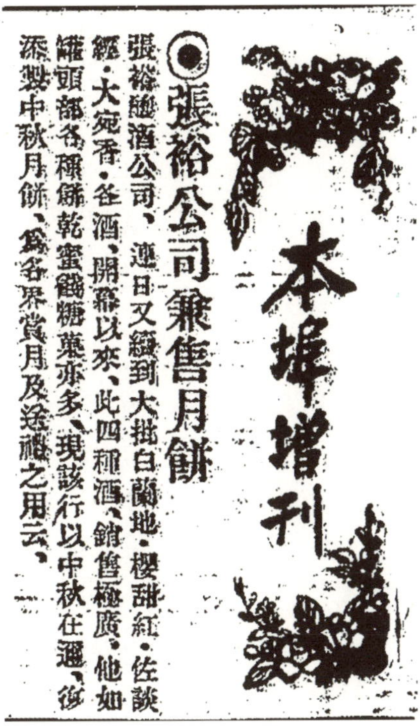

張裕公司兼售月餅

張裕釀酒公司、連日又續到大批白蘭地・櫻甜紅・佐談經・大宛香・各酒、開幕以來、此四種酒、銷售極廣、他如罐頭部各種餅乾蜜餞糖菓亦多、現該行以中秋在邇、復添製中秋月餅、為各界賞月及送禮之用云、

1924年，“张裕公司兼售月饼”广告

间，同为竞争对手的同芳、怡珍两家茶居都已相继闭店，足可见当时广式月饼市场的竞争激烈。

广告大战

区别于广州本地的月饼经营者，沪上的广式月饼生产者已经将广告作为主要营销手段。广式月饼在南岭之南开花，却飘香于岭外的北地，广告起了很大的作用。

千年的商业氛围浸润，粤地商人形成了重视市场的传统。人们不仅努力把产品做好，还学会去钻研市场、读懂市场，从生产到包装到销售，都围着市场转，研究各种战略和方法。当时，冼冠生描述道："我们在这中秋节的数天内，真是做文章的紧要关头，丝毫不肯松懈，每天我的司令台上，要守着五个人……一个是专管广告的，一个是专司店外调查的，一个是专司门市调查的，一个是专管工场制造的，一个是专管统计研究的。譬如店外调查员回来报告说今年各店月饼，以莲蓉为最畅销，那么，门市部多准备莲蓉月饼，工场中加工赶制。统计研究的，连忙把所得分别报告，叫各部分注意起来。广告员也变换方法，别出心裁。"①

这一时期，广式月饼的营销在广告上有了重大突破，这给它的商业化发展注入了强大动力。最初，广东本地饼饵业经营者设计的点心签和包装，便是一种简单的广告；而在上海，竞争对手更多，不仅有粤人，更有江浙等地者，因而，推销商品的广告纷繁夺目，这也与上海作为近代中国广告的发源地有很大关系。开埠后，上海逐步演变为一座国际化大都市，成为中国近代早期经济、商业的中心，尤其是商店、旅馆、银行、餐饮、理发、修理、浴室、游乐等社会服务性行业大兴，与之密切相关的广告行业也尤为发达。近代上海广告的崛起彻底改变了中国古代酒旗、

① 《谈谈生意经：文章费经营妙手自得之》，《申报》1933年10月26日。

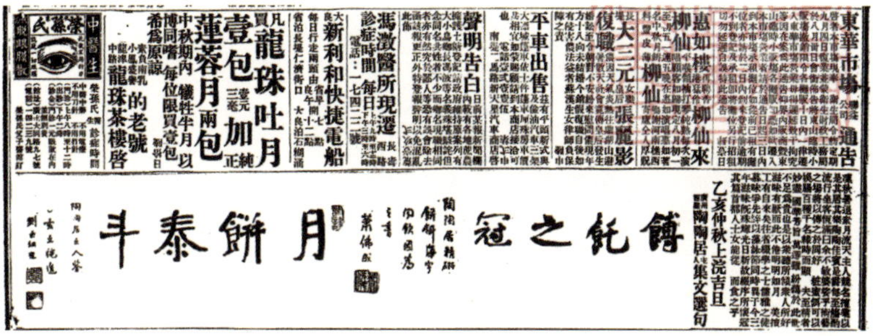

1935年9月3日，《越华报》同一版面出现多家月饼广告

幌子、招牌等形式的零星促销手段，无论制作技术还是美学设计，都发生了历史性的质变。

商业嗅觉敏锐又善于学习的粤商，迅速从当时的各类商业广告中汲取精髓，巧妙地化为己用。比如冠生园的老板冼冠生就曾说：“广告宣传是工商经营中的一项重要手段，里面有不少做生意的学问，值得一学。”当时的广式月饼广告也以冠生园最为突出，引发了其他商家的借鉴与竞争。

上海泰丰罐头食品有限公司一早便在广告中自信宣称“沪上无双”：“中秋月饼，推广东为第一，沪埠虽广东月饼出者不鲜，然其能于色香味，以及烹制装潢等，面面尽善，实事求是，舍本公司外，可谓无第二家堪与媲美。”借助广告话术（即现在所说的广告文案）巧妙地将广式月饼的特色放大。当消费者在品尝后，愿意向周围的人推荐，这份口碑便成为最有力的营销。

在十九世纪六七十年代之后，《上海新报》《申报》《汇报》等近代报刊带动了平面印刷广告的腾飞。每到中秋，上海的各大报刊便成为各家广式月饼广告的竞技场，常常一个版面上便有好几家月饼广告一较高下。

当时，各商家不仅在报刊上登出包含巧思的话术，而且还开始借助彩色印刷和摄影技术，创作了更为生动的月饼广告图，使广告的感染力大为提升，具有更加丰富而深层的表意能力。比如冠生园在《礼拜六》刊物上的广告，就为花好月圆礼盒拍摄了一个雅致的产品图，配以“愿花常好愿月长圆，愿人人食冠生园月饼，常庆团圆”的文案，还巧妙地以嫦娥之名义落款，引发人们共情的同时，也激起了他们的购买欲。

当时的广式月饼广告不仅登载于报刊上，更衍生出多样化的户外广告，媒介包括橱窗、路牌、招牌、广告栏和霓虹灯等。每到中秋佳节，各个月饼商家便各出奇招，用灯光把招牌装饰得美轮美奂，宛如夜空中闪烁的星辰，吸引着路人的目光。一些店铺还会将刚出炉的月饼在店铺前垒起，或搭摆出各种造型，以吸引顾客。位于南京路口的马玉山公司，在门首右边橱窗四周布满月饼，中间置一大月饼，名曰“七星供月”。泰丰公司店则另有一番韵味，堂内外张灯结彩，左右门窗分别装饰着三国古城相会、貂蝉拜月的戏剧故事。在店铺布置上费尽心思，将传统与创意完美融合，为顾客呈现出一场场视觉与味觉的双重盛宴。

商品的包装也是竞争的一部分，商家们同样铆足了劲。包装既要妥善保护月饼，又要赏心悦目、提升品牌的辨识度，间接承担起广告宣传的重任。民国时期，雍容华贵的广式月饼礼盒式包装尤为流行，这不仅表现出粤商对于月饼和中秋赠礼的重视，也是对消费者心理的精准把握。

当时的广式月饼包装，除一般美术纸盒、美术铁金、小木箱外，更有独特的玻璃锦盒，其有定胜式、扇形式、七星式、六角式等不同样式，所盛放的月饼价格从数十元到百元不等，以满足不同社会阶层的需求。冠生园的创新精神，不仅仅停留在包装上，他们还推出了中秋套装礼品，将月饼与其他节日食品巧妙组合，形成不同价格的礼品套装，拓宽了市场。这种策略不仅满足了消费者的多样化需求，也反映出冠生园对市场的深刻理解和精准把握。

此后，越来越多经营者加入到包装盒的选美竞赛中。1926年，某期《时事新报》上便有一篇文章夸赞安乐园月饼的内外兼美：“所制各式月饼，五光十色，美不胜收。兼以装潢美丽，至宜送礼。”而新新百货公司也在《新闻报》上为自家打广告，自豪地展示了玻璃锦盒、美术彩盒等设计。这些精美的包装吸引了消费者的目光，更铸就了广式月饼的商业之路。

1936年，冠生园中秋月饼广告之花好月圆

1928年，冠生园汽车游行队伍经过西藏路[1]

① 潘君祥：《近代中国国货运动研究》，上海社会科学院出版社，1998年。

在市场迅猛扩张之时，一些广式月饼的制造商仍保持冷静，珍视自己的品牌声誉。他们不仅开始注册商标，也有了打假、维权的现代商业意识。1934年《申报》上的一篇文章便提到了这样一种现象：一过中秋这一日，全市就一律停歇，不再销售广东月饼了。这是因为粤商爱惜羽毛，宁愿承受短期的销售压力，也不愿意因为质量问题而损害长期的品牌信誉。而在中秋前期，各大公司也会特别暂停生产其他产品，把大部分生产力放在制作月饼的业务上。种种措施，确保了广式月饼的品质，也赢得了消费者的信赖。

后起之秀

不仅粤人开设的茶居、茶楼、酒家之间竞争激烈，作为过江龙的广式月饼，也不可避免地要与本地的苏式月饼短兵相接。在广式月饼出现前，上海可是苏式月饼的天下。但竞争的结果却是，强势崛起的广式月饼逐渐与苏式月饼平分秋色，甚至后来居上。为何？清末学者陈作霖的《金陵物产风土志》中便有盖棺定论之语："中秋月饼，以广东人所制为佳。"

事实上，沪上的广式月饼在起势之时，便有人洞察到中秋月饼市场的风向变化："上海地方的月饼，约可分为三种，就是广式、苏式、宁式……从前销路，推苏宁两帮为巨擘，广帮只少数粤人嗜之而已。现在则不然，要算广式最时髦……所以我料不久苏宁两帮月饼，或须同归淘汰，而要让广帮独占鳌头了。"[①]苏式、宁式月饼起源于苏州一带，在长江流域盛行，以其酥脆的外皮和香甜的馅料而著名。常见的苏式月饼有肉松、鲜肉、百果、椒盐等口味，酥皮层层松化，一经碰撞便容易破碎，非常影响品相。因此，当时酥皮月饼主要是现做现售，在苏式的饼铺、茶食

① 《月饼》，《上海常识》1928年第41期。

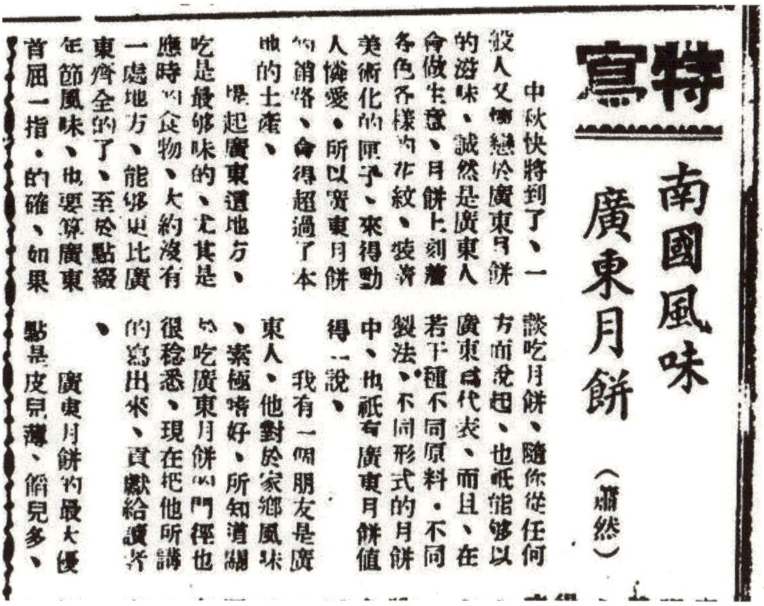

特寫

南國風味

廣東月餅

（蕭然）

中秋快將到了、一般人又懷戀於廣東月餅的滋味、誠然是廣東人會做生意、月餅上刻着各色各樣的花紋、裝潢美術化的匣子、來得動人憐愛、所以廣東月餅的銷路、會得超過了本地的土產、

提起廣東這地方、吃是最夠味的、尤其是應時的食物、大約沒有一處地方、能够更比廣東齊全的了、至於點綴年節風味、也要算廣東首屈一指、的確、如果談吃月餅、隨你從任何方面說起、也祇能够以廣東爲代表、而且、在若干種不同原料、不同製法、不同形式的月餅中、也祇有廣東月餅值得一說、

我有一個朋友是廣東人、他對於家鄉風味、素極嗜好、所知道關於吃廣東月餅的門徑也很稔悉、現在把他所講的寫出來、貢獻給讀者、

廣東月餅的最大優點是皮兒薄、餡兒多、

● 1938年，报刊文章提及广东月饼的销路“超过了本地的土产”

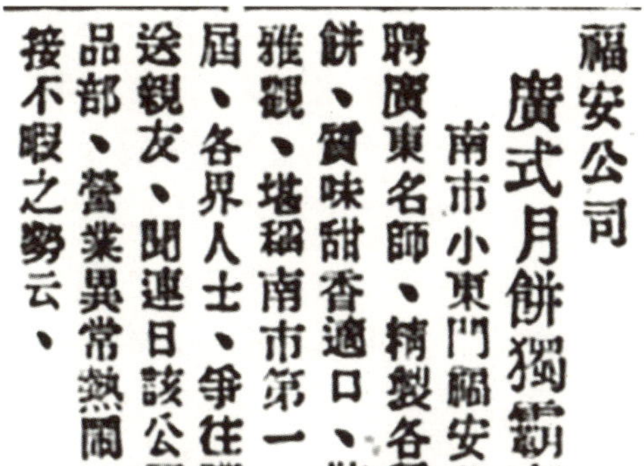

福安公司

廣式月餅獨霸南市

南市小東門福安公司、特聘廣東名師、精製各種廣式月餅、質味甜香適口、裝璜美麗雅觀、堪稱南市第一、中秋將屆、各界人士、爭往購買、餽送親友、聞連日該公司罐頭食品部、營業異常熱鬧、大有應接不暇之勢云、

● 1935年，福安公司的广告，言及『广式月饼独霸南市』

铺柜台上摆开售卖。

相较之下，广式月饼的糖浆饼皮色泽金黄，皮薄馅丰，口味多样，同时，糖浆皮裹馅可拥有更长保质期，也更便于携带，加上广东商人还特别会做广告营销，包装也漂亮，在中秋市场竞争中往往出奇制胜。这些都给当时上海的人们带来了焕然一新的消费体验，广式月饼因此在南北月饼之争中胜出，在各个派式月饼中后来居上，获得了市场的普遍认可。

当时，上海的广式月饼不仅粤人爱吃，江苏人也爱吃。民国时期，祖籍江苏的著名法学家张一鹏于《也算是老上海》中回忆儿时在上海的往事，提及广式月饼：清光绪六年（1880），他父亲金榜题名，全家由苏州赴上海，再北上。在上海，他和妹妹对广东月饼念念不忘，缠着父亲带他们到棋盘街的广东茶馆品尝了那令人难忘的美味。

后来，连苏帮茶食铺老大房也开始销售广式月饼，本地人不禁感慨道："南方月饼以广东月饼最有势力。"更令人惊讶的是，素以制作苏式月饼而声名远扬的苏州稻香村，也上演了一场惊天倒戈，在广告中祭出"正宗广式"战旗："送礼请到森记稻香村去买：特备广东月饼、改良月饼、金华火腿、洋酒罐头"，还特别强调，"严禁假凤虚凰滥竽充市：想买真正地道广东月饼，请到绿牌电车道"[①]。苏式老牌饼铺竟扛起广式月饼的大旗冲锋陷阵，仿佛只有广式月饼才是正宗月饼，仿佛只有稻香村月饼才是正宗广式月饼，令人实在不得不佩服广式月饼的江湖地位和号召力。

广式月饼不仅在江浙沪一带拔得头筹，在京津地区的京式月饼覆盖区，同样所向披靡。如开设于天津法租界4号的广货店广隆泰称，自家所产的广东月饼大受华北人士欢迎，每到中秋便大量上市，销路甚广。

① 《稻香村广告》，《大公报》（天津版）1947年9月27日。

打造“高贵月饼”

1889年9月16日，《申报》上有一则关于宁波地区的报道，名为《四明秋景》，其中写道：“中秋佳节，各项手艺中人皆停工游玩，居民小户人家往往购办月饼等类，互相馈遗，以致茶食店生意甚为热闹，十六日午后，南郊西郊及江东张斌桥等处又有龙舟竞渡，一时兴高采烈观者甚众……”可见，当时江浙沪的中秋，家家户户购买月饼，相互馈赠，已渐成风气。

不过，这种情形说的是苏式、宁式月饼。当时广式月饼价格奇高，购买者大多数是在沪粤商，他们是当时的有钱阶层，此外，它的顾客也只有上海的上层名流、少数中产家庭。以1933年为例，上海普通的工薪阶层月收入在二十元左右。而根据《申报》广告，当时一盒七星伴月就要两元，对于上海的工薪阶层而言，每月的收入只能买到几盒月饼。因此，广式月饼不过是有钱人家的一种应时点缀品。

而且，广式月饼素以大而重著称。据当时的记载大约可以推断，一个广式月饼重三至五两，有些特制的大月饼重达一斤或几斤，更有超级庞大的七星伴月大礼饼，要两个大汉才能搬动，这恐怕是如今粤西吴川、茂名等地的大月饼都难以与之相比的。广式月饼如此大，加上外表金黄，视之庄重华贵，无怪乎有人大叹其为“贵族化的食物”。

1935年《民生报》上刊登了一篇有趣的散文，描述了这位作者中秋节时的奇遇：他首先经过泰康公司门店前，被一个直径二尺有余、售价达一百元的超大广式月饼所震撼；再往前走到永安公司，又看见装月饼的匣子高高摞起，一些小姐、太太正忙着采购节庆礼品；过了马路到先施公司去，月饼售卖部特别搭建了一个形似月宫的亭子，其上装饰的小电灯泡不停闪烁着，亭子里还有几位女售货员。

更加令人咋舌的是，冠生园的貂蝉拜月礼盒价值百元，马玉山食品公司有一种中西融合的白帽果子蛋糕月饼更是一个就价值百元。相较之下，苏式、宁式月饼每个不过二三角钱，价格相差

1930年，大三元和陶陶酒家的月饼广告打出了『高等广菜』字样

甚远。当时有人发文感叹道：“这种大价钱的月饼是专供上海富翁购买，送人节礼的……人家拿月饼送礼，至少要送四个，一百元买一个，那么送一回礼就要四百元之巨……”①广式月饼在当时被视为一种奢侈消费品，被称为“高贵月饼”。这与粤商的经营思路是密切关联的。由于当时粤商在上海势力庞大，交往之人也多为政商、新闻、文化、电影、教育等各界文化名流。经营者们于是想方设法举办各种活动，联动当时有影响力的社会阶层。这种主动营销，无疑有助于提升广式月饼的市场定位。

比如1926年，安乐园酒家便举办了一场月饼大会，在《民国

① 芙孙：《上海之月饼》，《星期画报》1925年第4期。

日报》上提前做了宣传，指出这场月饼大会就是推动广式月饼的普及化，吸引更多外省人士前来购买。这次大会的形式其实类似于“茶话会”，不以销售为主要目的，而是邀请了文艺界人士到店品尝、评论各种口味的广式月饼，兼有各类歌舞表演。

在民国时期，报刊新闻、文化教育界对社会观念有着极其重大的影响，不仅是商业销售，甚至是五四运动、北伐战争等社会变革都需要依靠他们。这些文艺界人士品尝到口味新奇、甜香油润的广式月饼，自然会忍不住在报刊上发表只言片语，这与当年广州的陶陶居、莲香楼利用文人题匾扩大影响有异曲同工之妙。可以说，安乐园举办这一活动确实打开了广式月饼的消费圈层，从粤商扩展到诸多有影响力、消费力、品鉴力的外省人群。

当时，冼冠生也利用自己的广泛人脉，邀请沪上各界名流参加冠生园的各种大型月饼活动，誓要让广式月饼家喻户晓。1930年8月5日，《申报》在《上海市场》栏目中为冠生园刊发了一条资讯：“本公司素有月饼大王雅号，近以炎暑将去，对于月饼之制造刻已积极筹备。本年之计划范围益较往年为广，在宣传方面将有月饼茶会之组织，其办法或有赠送之举，以资食者研究。”这是冠生园组织大型活动的开端，以后连年妙招迭出，招招大手笔，引起社会轰动，万众瞩目。

这些活动盛会既常设歌舞表演，也通常与当时的娱乐明星挂钩。在近代上海发达的电影业环境中，这些电影明星的追捧者覆盖了各个阶层。因此，邀请电影明星为广式月饼做推广，更能全面地提升广式月饼的品牌知名度，这种做法与如今的明星代言无异。

1934年，冠生园为推广其银河影月月饼礼盒，在上海大世界游乐场（现西藏路一带）举办了一场轰动全城的中秋月饼展览会。冼冠生特别委托明星影片公司的布景师精心设计制作了一个直径三丈二、厚度一丈一的月饼型场景。大月饼中间镂空，设有三层旋形木梯，可供人鱼贯上下。饼面上缀有“银河月饼”四个大字，冠生园的“生”字商标跃然其上；场内一侧还搭起了戏台，放映皮影戏。在场内周围安放的大橱窗内，陈列冠生园生产

杭樨英绘制的冠生园广告画，以袁美云为模特

的各色月饼与精致的月饼礼盒，如雕刻镀金玻璃盒、绣花织锦礼盒等，令人目不暇接。

展览会开幕当天，冼冠生邀请了广东同乡、“电影皇后”胡蝶剪彩，电影明星袁美云献歌。冠生园还特制了一只宝塔形状的大月饼，让胡蝶在大门口与之合影。随后，这些影像便转化为一张张精美的彩色宣传画，配以“唯中国有此明星，唯冠生园有此月饼”的广告语，传遍上海的每个角落，引起了巨大的轰动。袁美云后来专门为冠生园拍摄了广告图，还亲笔写下“冠生园月饼科学炉焙，风味隽妙，人人欢迎”。冠生园月饼一时间名声大振。

趁热打铁。次年中秋节，冠生园又利用新闻界资源，让多

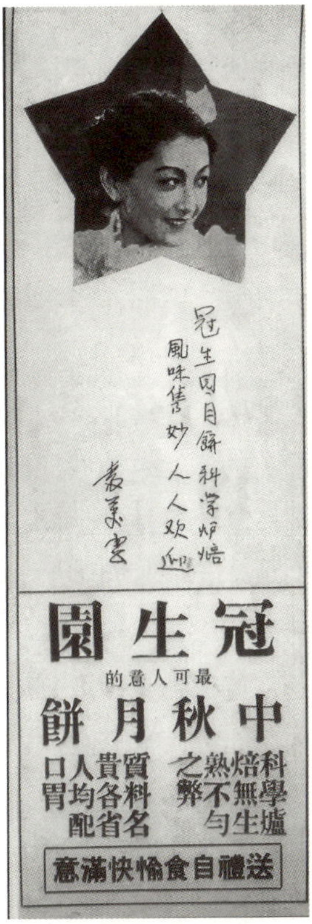

袁美云手书广告语：『冠生园月饼科学炉焙，风味隽妙，人人欢迎』

家报媒为其宣传银河映月礼盒，且推出了买一盒月饼赠送一张赏月游览券的活动。在中秋之夜，四五百位沪上名流或凭券免费搭乘冠生园租用的渡轮，驶向吴淞口赏月，或凭券乘包用的火车去青阳港赏月。据说经此一战，当年冠生园售出的月饼在十万盒以上。这种利用名流、明星来推广产品的做法，在当时可谓是颇具创新意识的营销手段，无形之中，也赋予月饼高贵的形象。

事实上，无论是豪华的包装盒、广告牌，还是明星代言和名流荟萃的月饼展销会，凡此种种，都在不断强化着广式月饼作为送礼佳品的形象和定位。由于广式月饼的巨大社会影响，每年中秋节报刊上都会出现大量探讨广式月饼的新闻、杂文，某种程度上，令其成为社会舆论的漩涡中心。从营销的角度看，这无疑是巨大的成功。

在近代中国西风东渐的社会环境下，广式月饼也出现了西式月饼、欧化月饼之风，或是从广告上强调如何融入了西点技法，或是直接对广式月饼进行西点化改造。比如1927年，快活林酒家宣传自家发明了西式月饼，虽然没有明确说出具体如何“采用西法”[①]，但这样的话术显然勾起了当时人们对于一切西洋事物的好奇心与追捧。

当时，上海人颇以为时髦的便是过洋节、吃西餐西点。比如西方人有在圣诞节吃白帽蛋糕的习惯，沪上的洋行、西餐厅便会在此节庆推出“圣诞大餐”。为了让中国民众更好地理解和接受，商家便将圣诞节比作国人的冬至，将白帽蛋糕称为“冬至蛋糕”进行推广。1935年《申报》上刊登的东亚酒楼圣诞大餐广告：“每客一元五角：美式冷盘鸡蓉燕窝汤，奶油桂鱼，纸杯鹌鹑，罗伦牛柳，野味派，烧火鸡片，烩卜耶布丁，明治派，白帽蛋糕，干果格式，鲜美生果，咖啡，牛奶。”冠生园、马玉山等引进了西式糕点设备的食品公司，也会在冬至推出“白帽蛋糕”。例如前面提到的马玉山白帽果子蛋糕月饼，就是欧化月饼的典例。

事实上，广式月饼本就是结合了中西点心技艺的产物，在其上再叠加西式奶油，显然是为了迎合时人洋化的心理需求。1946年，当时有人关注到食品商店出售一种所谓美利坚广东月饼，便撰文讽刺道：“月亮既然是美国的好，那么月饼当然亦是美国的好。”

这种欧化月饼的出现，可能是为了迎合部分人对西方文化的热衷。但另一方面，也隐含着部分经营者让中秋和月饼走向世界的野心。一如冼冠生曾在后来的回忆中自述道：“如果我国糕饼同业，有深远的眼光，把月饼的制法及装潢加以改革，使它能够迎合西洋人的胃口，再加上有力的宣传，不久的将来，月饼必能

---

① 《快活林发明西式月饼》，《时事新报》1927年9月6日。

成为世界的食品。”[1]

如今看来，广式月饼本就蕴含了独特的魅力，不必迎合，只需坚守本心。在此后漫长的岁月中，广式月饼承载着古老的中华民族记忆，随着近代民族工商业起步与现代产业转型升级的时代大势砥砺前行，一步一个脚印，必将以实力勾画出纵横南北中外的商业版图。

① 康兰：《食品界权威冼冠生先生谈中秋月饼》，《礼拜六》1946年第11期。

叁 发展·从食品到产业

工业化雏形

自清末以降，岭南茶楼蒸腾的烟火气浸润了广式月饼的糖皮，上海百货公司的霓虹灯映照着广式月饼的鼎盛辉煌。时代的浪潮正裹挟着机械的轰鸣翻涌而来，历史的车轮已悄然驶在近代工业发展的路途上：一家家民族企业崛起、一座座工厂在粤沪等地拔地而起，为广式月饼的工业化生产播下了一颗种子。

矗立于中西、古今文明的交汇点，面对西方先进科学技术的进击与商品的倾销，广式月饼如何能够打破传统的局限，突围而出？这不仅是面团与钢铁的博弈，更关乎文化记忆在现代化进程中的存续。

如今，广式月饼品牌遍地生长，香飘寰宇。这一地域特性鲜明的食物缘何有这般灿烂光景？缘何可以在全国上下乃至海外广为生产、销售？缘何能发展成为供应链齐全的食品产业？

要回答这些问题，还得将时光的指针拨回到民国时期。

手工时代

清末以降，广式茶楼、酒家、饼饵等行业的实力相当出众，不仅“食在广州”，更是“实（力）在广州”。广式月饼集聚了中国南方、北方与西式糕点的技艺和食材，聚合了浓厚的中华礼食文化内涵，与老百姓的节庆礼赠、嫁娶习俗紧密关联，成为广式茶食、糕点中极具代表性和影响力的大单品。随着粤商的脚步，广式月饼以独特的南国风味，在各大城市风靡一时。从广州

饼模，手工时代制饼的重要工具

至上海、香港、澳门，乃至北方“重港”天津等大城市，生产和销售广式月饼者如雨后春笋般涌现，形式也异常丰富。

总体而言，无论是茶食铺、饼铺、杂货店，还是茶楼、酒家，当时广式月饼主要采用的仍是旧式生产方式，组织模式较为松散，生产设备也十分简陋。从饼皮到馅料，里里外外主要依靠手工制作，每一道工序都会耗去制饼师傅们大量的时间与汗水。

譬如，制作莲蓉馅料，铲蓉这道工序是影响月饼口感的关键。制作时，需要手工一直铲动，以防糊底，到水分蒸发至成蓉起沙的状态，异常耗力。用于制作糖皮的糖浆在慢火熬制的过程中，同样需要不断用铲子搅拌，直至锅中的大泡变成小泡，糖浆完成关键的转化。这一铲，可能就是持续不断的3个多小时。在高热的场地里，师傅们还经常会被溅出的糖浆烫伤。

月饼坯的初成，也有赖于师傅们的手工。他们手握木质饼

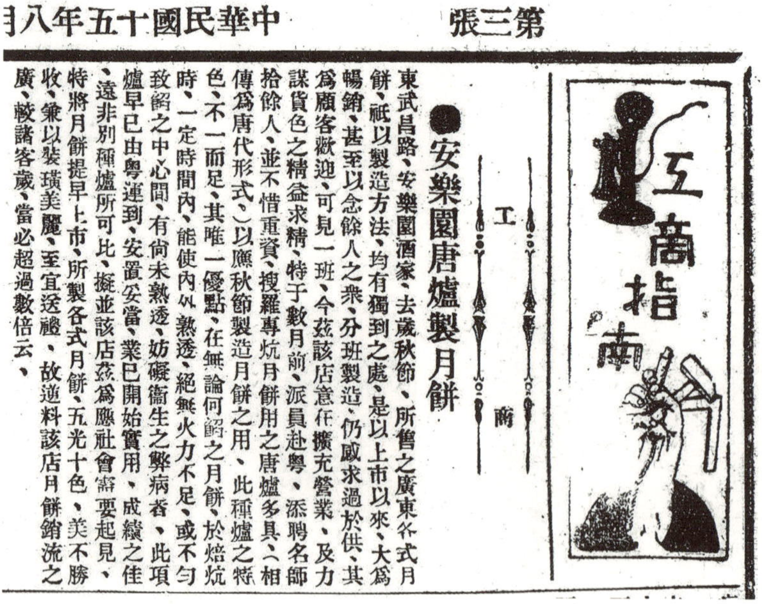
第三張　中華民國十五年八月

工　商

安樂園唐爐製月餅

東武昌路、安樂園酒家、去歲秋節、所售之廣東各式月餅、祇以製造方法、均有獨到之處、是以上市以來、大爲暢銷、甚至以念餘人之衆、分班製造、仍感求過於供、其爲顧客歡迎、可見一班、今茲該店意在擴充營業、及力謀貨色之精益求精、特于數月前、派員赴粵、添聘名師拾餘人、並不惜重資、搜羅專炕月餅用之唐爐多具、（相傳爲唐代形式。）以應秋節製造月餅之用、此種爐之特色、不一而足、其唯一優點、在無論何餡之月餅、於焙炕時、一定時間內、能使內外熟透、絕無火力不足、或不勻致餡之中心間、有尚未熟透、妨礙衞生之弊病者、此項爐早已由粵運到、安置妥當、業已開始實用、成績之佳、遠非別種爐所可比、擬並該店茲爲應社會需要起見、特將月餅提早上市、所製各式月餅、五光十色、美不勝收、兼以裝璜美麗、至宜送禮、故逆料該店月餅銷流之廣、較諸客歲、當必超過數倍云、

1926年，安乐园的广告特别强调不惜重金从广州搜罗来专门烘烤月饼的唐炉

模，压皮裹馅，然后再将月饼一个一个地扣出来。“啷！”槌头震落模具底盖；“啷！”侧敲震松粘连边缘；最后一声“啷！”如惊堂木定音，震得案板青砖共振。当模具如蚌壳般掀开，带着清晰浮雕纹的月饼便裹着面粉滚落，恰似月宫坠入人间的玉璧。这一时期，是文化和传统与商品化的广式月饼取得平衡的时期。再往后，半自动化时代到来，月饼商品化增强，文化属性和传统属性退隐。但其所含的团圆这一核心寓意，从未消失。

当时，烘烤广式月饼主要采用烘饼炉，其又被称为唐炉。唐炉之名，表明其与汉唐以来的中华饼食文化一脉相承。在香港地区，中式糕饼一般也被称为唐饼，以区别于西方点心所统称的西饼。当时，人们普遍认为，唐炉比西式炉更适用于广式月饼，它能双面烘烤，成品色泽更佳。还有一点，唐炉能先熟饼内、后熟饼外，使内馅尤为厚重的广式月饼内外熟成度更接近一致。因此，当时售卖广式月饼的广告都爱标榜其是唐炉月饼。

当时，广州茶楼中经营甚为得法的莲香楼，其营业场所设在二、三楼，楼下数百平方米铺面除作经营饼食外，其余部分为制饼工场和货仓。老板谭晴波原设想重点经营饼饵，便置办了当时全市最大的唐炉。

唐炉采用砖头砌成圆筒状，一般高约75厘米。中间空着的部分放燃料，主要使用木柴、煤炭，称为底火。偶有使用榄核制成的炭，无烟且燃烧均匀、稳定。饼炉的中间则放置一个生铁铸造的厚饼锅。饼锅的上面是一个铁底泥面的烘炉，泥面中有一孔，用四条铁枝做支柱，中间空着，四周放上木炭生火，称为面火。四周上下以大量木炭碎、玻璃等作为夹层，起到保温隔热的作用。炉侧还有专门用于清除炭灰的出口，以保证炉内洁净。

负责烘饼的岗位称为烧炉。在烘饼时，炉内十多个锅饼需要不断交叉换位，以保证火候均匀。由于炉内高温，师傅们只能用一条状似船桨的饼挑逐锅铲起、换位。这一过程相当辛苦，易受伤，且烘饼的火候、温度等全靠经验，因此除了大案板之外，茶楼对烧炉这个工种也颇有倚重。以1934年为例，制饼的大案板每月可得毫银（也称毫洋）[1]80元，烧炉、正打杂每月25元，打杂20元，学徒工则只有8元。

尽管人们付出良多，但产量并不高。以5斤规格的饼锅计，一炉可同时烘烤20个月饼。如果用9斤规格的饼锅，1天以8小时计，也只能生产200斤左右的月饼。而且糕饼的生产有明显的季节性，如广式月饼就多在中秋节前半个月集中赶制。旺季，糕饼工人每日甚至要劳作超过12个小时。因此，餐饮、糕点行业都称为勤行，也应了那句“背脊有条坑，朝朝起五更”的俗语。

初代工厂

在20世纪20—30年代，一批近代化的食品企业，如广州的玉山机制饼业公司，上海的冠生园、泰康、马宝山、泰丰等相继涌现。这些以经营饼干、糖果、中西糕点等为主的食品公司，引进了西方的机械化生产设备，而且以较为集中化、规模化的组织形式生产作业。作为兼具礼俗文化价值与商业价值的中式糕点之一，广式月饼毫无意外地在食品工厂的生产线上有了一席之地。

1926年，玉山机制饼业公司在广州文昌路成立。“机制”二字，已点明了这家公司在生产上的先进之处。该公司采用美国的饼干生产技术与机械化设备，主要生产饼干、糖果、中西饼点。其所创制的白莲蓉月饼在当时深受欢迎，还率先推出月饼的精品包装，采用硬纸板制作四方形的月饼盒，每盒装饼4枚。这些成果使其成为当时中国的月饼生产大厂之一。

值得一提的是，玉山公司的人员和资金均来自马玉山所创办的糖果饼业公司。该厂因工潮关闭后，部分股东转而在广州投资，利用香港马玉山的名气组成了玉山公司。

---

① 从民国初年到抗战前夕，广州流通最广泛的货币是毫洋，即清朝末年广东造币厂铸造的银币。毫洋含银量较低，购买力不如大洋，1933年4.2元毫洋大约可购买100斤大米。

在上海，与玉山公司有着兄弟关系的马宝山糖果饼干公司，也是重要的广式月饼生产工厂。马玉山、马宝山兄弟为广东香山（今中山）人，是南洋著名华侨商人。1916年，马玉山在香港成立香港马玉山饼干糖果有限公司，并在香港湾仔道开设了一家糖果制造厂。1919年又在上海南京路37号开设了上海马玉山糖果饼干公司。当时，孙中山亲自到场庆贺，并题赠了一块"脍炙人口"匾额。1926年，其胞弟马宝山在上海成立了马宝山糖果饼干公司，注册的商标为马头牌。马宝山本人亲自担任工程师研发食品配方，工厂设备全部引进自德国。

上海的另一家食品大厂——于1923年完成改组的冠生园股份有限公司，也通过引进德国、美国的先进设备，建成了一个四层高的厂房。不仅安装了直达天台的升降电梯，用于原料与货品的运输，更实现了流水线生产，各生产工序相互衔接，大大提升了产品质量和生产效率。

这些食品工厂的饼干、糖果、西点等生产设备和技艺直接引进自西方，因此较早地建成了机械化流水线，甚至可能已实现自动化生产。但广式月饼不同，它是中西点技艺相融合的独特产物，其生产技艺是绝无仅有的，从铲蓉、熬制糖浆到包馅，再到模具成型、烘烤等工艺，国外不可能有直接对应的机械设备，因此无法直接"拿来"，这就导致广式月饼的机械化生产转型难度巨大。在冠生园的工厂里，使用一种所谓科学焙制法，在当时或许已经是先进的广式月饼生产线。

为此，冼冠生不无自豪地专门撰文，描绘冠生园工厂的广式月饼生产改革：

"以前，我们用唐炉焙制（现在除冠生园外，大半仍加应用），燃料是青炭，很明显有三种缺点：（一）火力太大，月饼易焦。（二）炭灰有碍卫生。（三）防止火力过强，而盖以纸板，热度发至不足，所以饼馅的白膘肉，往往有不熟的弊病，这是广帮月饼共同的缺点。几经改良……关于制法，系采用科学焙制法，在烘饼干的炉底，铺以生盐混合碎玻璃的泥质，燃料采用木柴，上述的泥质，有保持标准温度的功用，绝无生熟不匀的

民国时期的冠生园

弊端，这是我们的小发明，希望同业能群加模仿，以标准月饼供应市场……冠生园月饼，每炉每半小时焙熟一次，可出大月饼五六百只，每天出产，大小月饼，统计最多有十万只，几经改良的小成绩如此。”[①]

相比常见的唐炉，冠生园的广式月饼生产的确有所不同。当然，冠生园作为当时最具广告意识的食品企业，“科学焙制”这一说法，广告宣传的意图明显，是否科学尚待商榷。但不可否认的是，冼氏这种积极创新改革的信念，在一定程度上推动了广式月饼的工业化转型。当时已有人慧眼如炬地看到了这种食品工厂的价值，认为其带来了不同于茶居时代的新式风味。

当时，冠生园、泰康、马宝山等食品公司不仅建成了机械化工厂，也开始实践一种颇具现代性的企业经营模式，原料、生产、销售三大体系连成一体，堪称科学管理。

在广州以外的城市，获取广式月饼及其他粤式食品的食材

① 冼冠生：《食品研究》，《食品界》1933年第5期。

● 冼冠生像

● 冠生园工厂内的美式饼干烘焙炉

民国，上海泰康公司的广告，远景可见泰康工厂面貌

原料并不容易。但粤人基因中的创新因子，足以克服这些水土不服。冠生园、泰康等上海公司开始在郊区建设自己的专属农场。随着民国铁路系统的完善，这些食品公司逐渐得以从其他地方购入原料。如冠生园1933年成立了武汉分店之后，便专门派人从苏州收购应季的黄桂花，用于保证广式月饼这一拳头产品的品质。在分散于各地的粤人的努力下，不同水土孕育出的优质原料聚于各处，一同碰撞出享誉各地的广式月饼滋味。

随着这些近代化企业的扩张，广式月饼的销售网络也逐渐变得广阔而清晰。仅仅是冠生园一家，在20世纪30年代便已在上海、香港、天津、汉口、杭州、北京、南京与武昌等地开设了多家分店、工厂，还有一些特约经售商店。到了抗日战争时期，冠生园又先后在重庆、昆明、成都、泸州等地开设了工厂、分店和经销处50余家。可以说，广式月饼自诞生以来，便集聚地域特色、传统文化底蕴及商业属性于一身。依托粤人把控的食品工厂的产造销体系，出于岭南的粤味不仅独步于全国各地食品界，也大大活跃了外地的中秋消费市场。

在民国时期，广式月饼的销售不仅深入内地市场，也已拓展到了香港、澳门，甚至还跨越山海，抵达新加坡、美国等海外华人聚集之处。1927年，冠生园的月饼出口已是盛况空前。报纸上以“冠生园月饼大批出口”为题，报道了冠生园月饼在海外市场的热烈反响。

据冼冠生回忆，20世纪20年代前后，广州、香港的饼家将莲蓉月饼销往南洋、美洲等地，年收益竟能高达一百多万元毫银。当时，冠生园、泰康、泰丰、马宝山和安乐园等几家大型食品公司的招牌产品，在1926年美国费城的世界博览会上获奖，让中国的传统食品与企业品牌展现在世人面前。

但是由于生产设备、包装及保鲜技术的落后，当时的广式月饼外销之路实际上困难重重。据《新闻报》1927年的一篇《广东月饼出口的小交涉》记载，广州和香港的商家试图将月饼销往西方国家，尤其是美国。然而，美国以月饼中的核桃肉可能含有细菌为由，禁止了广式月饼的进口。尽管香港商人多次提出抗议，但都未能改变局面。

1928年，广式月饼又因为“包装恶劣、不合卫生”“月饼馅中发现虫迹”等问题，被禁止销往美国。尽管出口商已经改用密封性较好的铁罐包装，但由于烘焙技术不成熟，馅料厚实的广式月饼时常出现内馅未熟透导致发霉、蛀虫等问题，广式月饼再次面临出口禁令。

在食品工业救国运动中成长

相比手工作坊，初代工厂以其更强大的生产能力，促成了广式月饼往来穿梭于四海之地，缓解了粤地游子的乡思之渴，也向世界展示了中华传统礼食文化，初现国产食品的惊艳之姿。而当我们以广式月饼为切入点，深入历史的罅隙，便会发现掩藏在繁荣表象下的危机与困顿，感受到夹缝中图存的坚韧与生命力。

事实上，广式月饼的初期工业化发展，在很大程度上是与整

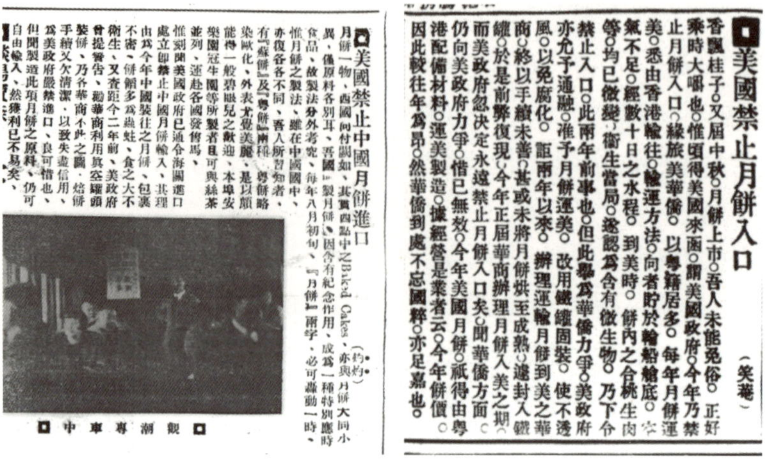

□美國禁止月餅入口（笑菴）

香飄桂子。又屆中秋。月餅上市。吾人未能免俗。正好乘時大嚼也。惟頃得美國來函。謂美國政府。今年乃禁止月餅入口。緣旅美華僑。以粵籍居多。每年月餅運美。悉由香港輸往。輪運方法。向者貯於輪船艙底。空氣不足。經數十日之水程。到美時。餅內之合桃生肉等。均已黴變。衛生當局。遂認爲含有微生物。乃下令禁止入口。此兩年前事也。但此舉爲華僑力爭。美政府亦允予通融。准予月餅運美。改用鐵罐固裝。使不透風。以免腐化。詎兩年以來。辦理運輸月餅到美之華商。終以手續未善。甚或未將月餅烘至成熟。遽封入鐵罐。於是前弊復現。今年正屆華商辦理月餅入美之期。而美政府忽決定永遠禁止月餅入口矣。聞華僑方面。仍向美政府力爭。惜已無效。今年美國月餅。祇得由粵港配備材料。運美製造。據經營是業者云。今年餅價。因此較往年爲昂。然華僑到處不忘國粹。亦足嘉也。

□美國禁止中國月餅進口（灼灼）

月餅一物，西國向付闕如，其實西點中之Baked Cakes，亦與月餅大同小異，僅原料各別耳。吾國之製月餅，因含有紀念作用，成爲一種特別應時食品，故製法分外考究，每年八月初旬，『月餅』兩字，必可轟動一時。惟月餅之製法，雖在中國國中，亦復各各不同，吾人所習知者，有『蘇餅』及『粵餅』兩種，粵餅略染歐化，外表尤覺美麗，是以頗能得一般碧眼兒之歡迎，本埠安樂園冠生園等所製者且可與絲茶並列，運赴各國發售焉。

惟刻聞美國政府已通令海關進口處立即禁止中國月餅輸入，其理由爲今年中國裝往之月餅，包裹不密，餅餡多爲蟲蛀，食之大不衛生，又查距今二年前，美政府曾提警告，勸華商利用真空罐頭裝餅，乃各華商不此之圖，焙餅手續又欠清潔，以致失盡信用，爲美政府嚴禁進口，良可惜也，但聞製造此項月餅之原料，仍可自由輸入，然獲利已不易矣，

□觀潮專車中□

民国时期，报刊登载的月饼出口遇阻消息

个中华民族的近代化转型历史相契合的。从制作饼皮的蔗糖与面粉，到各类工具、设备，以至于包装月饼的铁盒，每一样原料，每一道工序，无不见证着近代民族工业的曲折发展历程。

现如今寻常易得的优质小麦面粉，在20世纪初的中国可谓是稀罕货。土法生产的面粉产量低，颜色发灰，导致月饼脱模成形的视觉效果难言美观。冼冠生曾感叹道："倘使我国农人，能应用科学改良麦种，能供制造全国食用的面粉之用……可以堵塞外国面粉在华的销场……也可以制造价廉质美的饼干和各种食品，与外货争一日短长。"

随着西方资本的涌入，廉价面粉、糖类、铁器等大宗商品占据了中国市场。广式月饼的生产也用上了精制的原料，规模化生产也更上一层楼。当时，广州、上海等地的食品企业、饼铺，甚至家庭制作月饼，基本上都采用价廉质优的进口面粉。

但这些食品工业家们并没有为此欣喜，反而显得忧心忡忡。冼冠生本人也是如此。在这位"国产食品救国论"提出者的眼中，食品工业是关乎国运的，"救国方案是多面的，教育可以救国，实业可以救国，实业中的食品业当然也可以救国"。万物皆可为馅的广式月饼中，何尝不含着一丝忧国忧民的苦涩。

早在1905年，以广州为原点，爆发了一场全国性的抵制美货

运动。彼时，超过九成的在美华工来自广东省。因此，当上海商界酝酿要应对美国商品倾销时，广东省各行各业、各个阶层纷纷响应，上至时任广州总商会副会长的郑观应，下至普通的家庭妇女，大都参与到这场运动中。甚至在节庆时，有不少广东主妇用米粉制作米糕以取代月饼，只因为所制作的月饼大多使用美国进口的面粉。

当时，从美国进口的面粉横扫了中国市场，被广泛应用于中式糕饼的生产中。甚至有一款由美国开森制造厂生产的月牌发面粉，在其宣传册上赫然写着中秋月饼的生产步骤，并配上了广式月饼的图样。以外国商品教中国人制作月饼，可不怪乎？

在抵制美货（特别是美国产面粉）运动中，流传着不少家喻户晓的歌曲，以铿锵有力而令人警醒的歌词，敦促人们不要使用美国生产的面粉：“时将秋节，庆贺明月；千户万家，香饼

1905年，广东宣传反美爱国运动的纸鸢

民国时期，美国月牌发面粉广告及月饼制作材料、方法

盛设。倘用美面，饼自不洁；花旗之面[1]，中华之血……赠李投桃，改弦易辙；宁制米饼，最为快捷；味高价廉，魄团体结；此物此志，吾食吾力；日月重华，先睹吾粤。”

还有更接地气的《中秋歌》唱道：“中秋饼，委实系行时（流行），但要用油糖面粉，边（谁）个唔（不）知。制造虽出自唐人，材料有来自异地。睇（看）下饼皮面粉，就系（是）货办花旗（美国）……我索性美面丢埋（掉），帮衬别处。或者用回土货，更觉相宜……呢（这）阵我哋（们）饼行，唔（不）用美面咯，不愧个爱国男儿。”

当抵制运动的消息传扬开来时，新加坡、马来亚等地的华人也争相加入其中。每年中秋佳节，新加坡华人都会从广州订购大量月饼，这是异国游子的思乡情与团圆梦。但在1905年，这项习俗却一度中断，只因新加坡华人听闻当时制作的广式月饼，大都使用的是美国面粉。

1908年，抵制日货运动紧接而来。在此后一次次抵制洋货的运动中，民族工商业的火种被一次次点燃，最终在五四运动震

① “花旗”指的是美国。

天动地的喧声中喷薄而出。广州、上海等重要的城市之间，掀起了一股实业救国的浪潮。北洋政府推行鼓励民族工商业政策，与此同时，列强放松了对华的经济侵略，加之井喷的民众消费需求，民族工商业迎来了一段短暂的春天，面粉厂、榨糖厂、铁罐厂……一座又一座工厂拔地而起，展现出惊人的生命力与文化韧性。其产品不仅逐步占据了国内市场，更出口到周边的各个国家，改变了清末以来中国作为列强商品倾销地的身份。

事实上，当时国产面粉并非没有，只是太少，品质优良者更少，值得一提的大概只有荣氏所建立的面粉厂了。当上海外滩海关的钟声穿透了深秋的薄雾，福新面粉厂里，从德国引进的钢磨以每分钟150转的速率碾磨小麦。面粉袋上兵船牌商标旁特意加印“挽回利权”四个魏碑体红字，与苏州河上悬挂米字旗的洋行货船形成刺目对比。在1923年，荣宗敬、荣德生兄弟已拥有茂新、福新两大面粉公司共12个机械化工厂，分立于无锡、上海、济南、汉口等城市。借助先进的生产设备和技术，荣氏面粉厂可日产面粉96000多包，占当时全国面粉总产量的32%。

还有广式月饼的关键原料——制作糖浆皮的蔗糖，其实也在这一时期实现了机械化生产，一定程度上保障了月饼的生产。清朝至民国初年，甚至在陈济棠主粤初期，我国制糖工业整体上落后于西方，白糖全靠进口，其价格比土糖高出近一倍。当时就算

福新第三面粉厂旧照

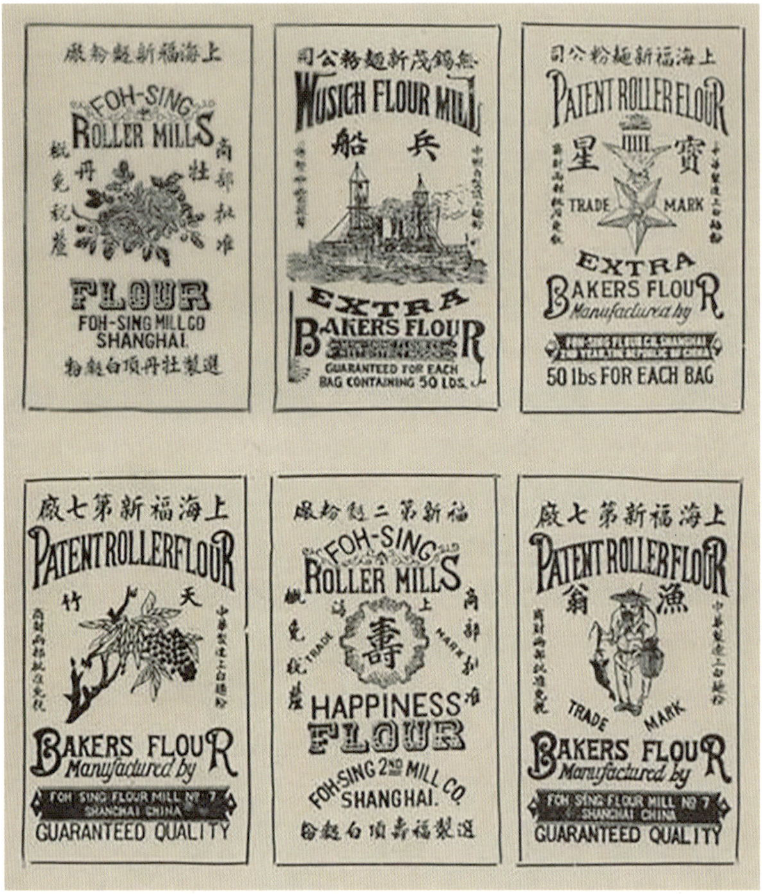

茂新、福新面粉厂面粉商标

较好的土糖惠州白，也是糖色赤黄、桔水味重，不宜用于广式月饼这样定位较高的产品。

1921年末，马玉山与沪商集资筹建了中华国民制糖股份有限公司，并于1925年建成工厂投产。当时，马玉山向德国格雷芬厂购买了最新式制糖机，可日产白砂糖300吨。这座工厂也是当时中国第一家大型机器制糖厂。

广州的制糖工业发展略好于其他地区。早在明清之际，广东手工制作的土糖就在全国市场备受欢迎，甚至远销海外，粤糖在坊间已成为品质臻选。当时广东的糖寮“牛拉石辘榨蔗，锅灶熬糖，瓦器分蜜”。但20世纪初，洋糖的大举侵入使得广州土糖面临重大打击，一时间，广东周边的糖寮陷入死寂。

从海外求学归来的冯锐于1934年创办了广州首家机制糖厂市头糖厂。冯锐曾在自传中提及，一想起广东每年要进口价值上千万两白银的洋糖，他就深感羞愤。1933—1936年，广东共建成六间现代化的蔗糖工厂，分别是市头糖厂、新造糖厂、顺德糖厂、惠阳糖厂、揭阳糖厂、东莞糖厂。这六家糖厂所产的糖几乎独占了当时国内蔗糖的市场，也标志着我国的蔗糖生产从手工作坊转入现代机械化阶段。

置办糖厂时，冯锐前瞻性地认识到科学技术的重要性，不惜花费大气力从外省引进技术人才。他乘上海中华国民制糖股份公司结束经营之机，将曾在清华求学时的同学周大瑶、沈镇南等美国海归制糖专家请到广州，又通过在香港太古糖房工作的族人冯秋湘，从太古聘请了陈尔显、张冠成、黄俊初等制糖技师，广东糖厂一时间人才济济。

在广式月饼那琥珀般的糖浆皮中，凝聚着民族企业家们的心血与智慧。而现如今人们习以为常的广式月饼铁盒包装，同样见证着西学东渐下近代民族工商业的起步。回溯至18世纪，当捷克工匠将金属薄片锻造成罐头容器时，人类食品包装史便掀开了全新篇章。这种被后世称为马口铁的镀锡钢板，自19世纪30年代经澳门港进入内地后，其译名便烙刻着岭南地域的印记。然而，其真正与广式月饼结缘，尚需跨越百年光阴。

19世纪下半叶，入广州、上海陆续出现了手工打制的马口铁罐，主要用于茶叶的包装。到了20世纪20年代，广州一些饼家开始采用洋铁罐将广式月饼运往海外，更为简陋的方法是用大量白糖包裹，以防腐贮藏。当时，在市面上流行的月饼包装主要有纸皮、纸袋、纸盒和铁盒。饼铺、杂货店等所售卖月饼多用纸简单包裹；纸盒、铁盒则是大型食品企业才有的，广式月饼在出厂的一刻就已是穿戴考究。

与冠生园几乎同一时期发展起来的上海康元制罐厂，是中国第一家制罐厂，也是国内最早生产经营印花铁罐的工厂。这家公司与冠生园密切合作，并在1933年相互入股投资，成为冠生园

1934—1936年广东建成的甘蔗制糖厂一览表[1]

序号	厂名	设计日榨蔗量（吨）	实际日榨蔗量（吨）	每日产糖（吨）	投产时间	机器来源
1	新造糖厂	1000	500	50	民国二十三年（1934）	美国檀香山铁工厂
2	市头糖厂	1000	2750	175	民国二十三年（1934）	捷克斯柯达
3	惠阳糖厂	1000	1000	100	民国二十四年（1935）	美国檀香山铁工厂
4	揭阳糖厂	750	750	75	民国二十四年（1935）	美国檀香山铁工厂
5	顺德糖厂	1000	1000	100	民国二十四年（1935）	捷克斯柯达
6	东莞糖厂	1000	1000	100	民国二十五年（1936）	捷克斯柯达

食品包装环节的主要供应商。这家制罐厂完美匹配了广式月饼天生带有的商品基因，使之成为众多月饼派系中最具商业价值的一类。不幸的是，康元在1937年的八一三淞沪会战后一蹶不振了。

20世纪20—30年代，国货运动声势浩大。广东省政府于1928年通过了《广东省国货陈列条例》等法规，强制要求百货公司提升国货陈列高度至1.5米。到1930年，省建设厅还设立了专项资金，对通过认证的国货企业给予5%～10%的税收减免。当时，先施、永安等著名百货公司均有销售各种国产轻工业日用品，如广东地区的名牌商品利工民线衫、虎头牌手电筒等；老字号国产食品，如稻香村京式糕点、上海杏花楼和泰康的各色广式月饼，还有苏氏的云片糕等。

马玉山兄弟、冼冠生等食品企业家的成就，无一不借力于时代的洪流，但同时又受限于这股力量的微弱。抗战时期，这些食品工厂几乎遭受重创。冼冠生不得不将工厂迁至重庆、昆明等西南地

① 李克义，何思晴：《“甜蜜”的回忆——广州的甘蔗制糖工业遗产》，广州考古_南汉二陵博物馆官网。

区，以保全生产设备。广州的市头糖厂在遭受了多次空袭后，机械设备被日军拆卸掳走。市头糖厂的经营者之一冼子恩回忆，1948年他重新接管这个厂时，其几乎被夷为平地，满目萧条。

抗战胜利之后，百业待兴，全国各个领域均面临着产能不足的情况。美国商品再次大举倾销。彼时，作为中国最大港口的上海，情况最为严峻。南京路上，四大百货的霓虹灯依旧闪烁，但其中所售的商品八成是美货，马口铁也在美国贸易的垄断下价格飙升。冠生园、泰康、梅林等大食品企业纷纷濒临停产。这样的困境，一直到中华人民共和国成立之后才得以解脱。

在这段峥嵘岁月中，广式月饼借各方之力，于夹缝中求生存，从手工工场到机械工厂，从南到北，从中国走向世界，逐渐走出了自己的工业化路径。

1932年，康元制罐厂宣传画标有『生产救国』字样

新时代的工业序曲

1949年的中国，如千溪折戟的入海口，淤积着旧时代的碎银与锈铁。黄浦江漂着战时沉船的油污，珠江口搁浅的货轮载满霉变的蚕丝，松花江畔的老机械厂沉默如礁石。当新生的红日从东方升起，潮声里传来历史的低语：散落的江河，该汇成同一片海。这场静默的巨浪，将把百年商帮、千年行会的孤岛连成一片新大陆。当百川终归于海的怀抱，每一滴水珠都在潮声中找到了自己的史诗。

从民国食品工厂的余晖中，广式月饼积蓄了充足的势能，最终在新时代的公私合营政策下，真正开始了更具规模化、体系化的工业新纪元。

这场蜕变并未完全被冰冷的机械所取代。从半机械化生产线上的手工填馅，到车间里坚守的糖浆古法慢熬，工业化浪潮中的广式月饼始终追求质与量的平衡。当踏实肯干的劲头撞上敢闯敢拼的锐气，那些曾经沾满面粉的双手，最终在钢铁齿轮间写就了传统与现代共生的产业诗篇。

百川归海　工业序曲

据老行尊萧显源回忆，直到1949年前，广州大大小小的饼铺都属饼饵业同业公会管理，从事广式月饼生产的工人都属广州市茶楼饼食业工会，其资方则属于广州市饼饵业同业公会，由敬义信饼家的老板谭棣池主持会务。茶楼的资方另有茶居(茶楼)同业公会。而西式饼干、西点生产则属于饼干业同业公会管理。相较于饼干、西点，更多的饼铺、茶楼仍以传统的手工工场形式生产广式月饼。

抗战结束之初，广州市内尚存140余户饼铺，其中经营尚可的包括敬义信、趣香、显记、年记、聚香园、萨棠记等。彼时，广州物价飞涨，货币贬值，米面、盐糖、布匹等生活用品匮乏，有不少商店悬挂着“不二价”的牌子，人们的基本物质保障面临着很大的困难。

1946年秋，上海茶食商业同业公会也专门刊发了一篇与物价有关的文章。当时，有不少民众指责茶食商人哄抬物价。因此，茶食业公会不得不定下规矩：将原料价格和月饼价格一一呈报“主管机构”，并且在报纸上公示，鼓励消费者“指控”价高者。而就在同天的报纸上，冠生园公司照例打出“首创科学炉焙”的月饼广告，但标注了“小月饼”“折扣优厚”字样。这的确使得广式月饼有了

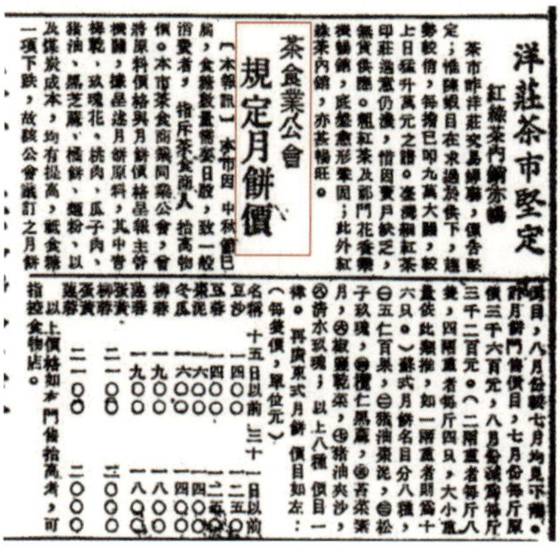
洋莊茶市堅定
紅綠茶門銷亦暢
茶食業公會
規定月餅價

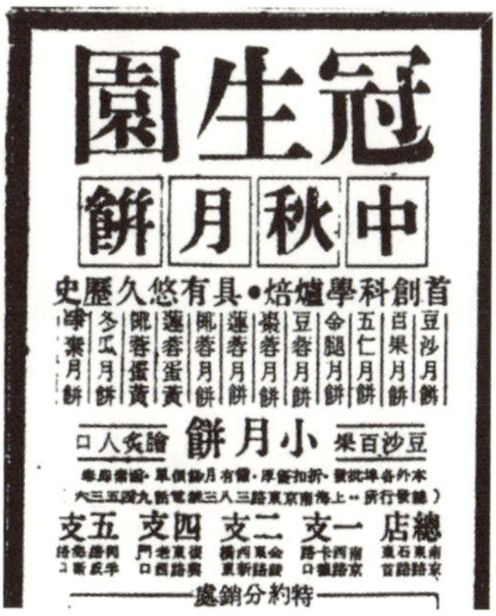

《新闻报》1946年8月31日刊登的《茶食业公会规定月饼价》消息（左）及冠生园月饼广告（右）

公私合营后的陶陶居招贴画

大众化的可能，成为普通民众也能吃得起的中秋食品。但另一方面，这何尝不是经济危机中的不得已而为之呢？

由于连年烽火，就连冠生园这样全国性的工商业大户都只能勉强支撑，何况那些本就力量薄弱的个体生产者？萨棠记的经营者曾回忆，在1945—1949年国民党统治广州时，社会秩序异常混乱。他要日夜防备匪盗抢劫，还接二连三收到匪盗的勒索信和恶棍的敲诈，平白耗费了不少钱财。本就经营艰难的小店更加雪上加霜，惶惶不可终日[①]。

所幸，新时代的春风唤醒了埋藏已久的生命力。1954年开始，国家对私营手工业逐步进行社会主义改造，实行“公私合营”，把传统分散经营的饼铺聚拢在一处，改由专业主管公司成立机构统一管理，并建成了集约化生产的工厂。

在广州，饼饵业合营初期由零售公司接管，不久移交百货公司，再后来成立了糕点公司负责管理，设立北区、中区、西区三

① 萨汉强：《我是怎样经营萨棠记的》，载《广东文史资料（第56辑）——广东工商经济史料》，广东人民出版社，1988年7月。

间饼饵区分店[1]，对全市饼饵行业的生产与零售统一管理。糕点公司成立后，饼饵行业进行了大规模改造，并厂并店，调整商业网点，装修门面，开展采购、联购、分销等。1958年，饼饵行业与烟酒专卖公司合并，又称专糕行业。饼饵零售商店兼营烟酒，后来又改称为糖烟酒业。此一时期，最有影响力的合营，无疑是1958年，趣香饼家与显记、中国、适宜、四美斋合并成立趣香糕点厂，地点在广州第十甫路。

公私合营政策使原本分散于各家的原料、资金、人力等在一定程度上实现了集聚，因此具备了规模化生产的能力。在一座座集约化生产的工厂里，干净明亮的厂房取代了狭窄工场里的烟熏火燎；生产设备也因有资金保障而得以改造升级，提高生产效率和保障生产卫生，也变得切实可行。

20世纪70年代，广州酒家所使用的炉具是早期的隧道炉

此一时期，生产工具的变化最为明显。在烘制环节，平炉、方炉等炉具相继出现，让传统的土造唐炉被搁置一旁。方炉是在炉角烧柴或烧煤，靠掩炉口铁门焗底火。到20世纪70年代，又

① 肖显源：《广州饼饵业》，载《广东文史资料（第56辑）——广东工商经济史料》，广东人民出版社，1988年7月。

改用了远红外线电长炉、电转炉、可移动电柜炉（或称“柜筒炉”）等。广州酒家的点心师傅还研发出一种形似猪笼的炉具，也就是早期形态的隧道炉，长约10米，以煤炭为燃料，突破了传统方炉、柜筒炉这种固定式单体炉具的局限。工人将月饼放入炉口后，还可以从侧旁的小窗观察炉内情况，随时调整炉温。这种炉具平时可以烘烤面包、点心，中秋时则用来烤月饼。

当时趣香、海珠等经营条件最好的饼厂，主要采用一种多层旋转式烤炉，也被工人们形象地唤作风车炉。这种炉具占地面积远大于旧式的方炉和双层的柜筒炉，展现了大规模工业生产的特征。工人们站在炉门前，用专门的大铲将脱模成型的月饼坯放入烤盘。饼在烤炉内旋转起来，烤盘宛如一个载着月饼的小型旋转木马，生产效率与产品质量提升良多。

在其他的生产环节，还出现了拌粉机、打蛋机、蛋卷机等。

尽管这时采用的仍然是半机械化、半人力的生产方式，但集约化的组织形式，机械设备的持续更新，为后续广式月饼更加系统进行工业化、现代化发展打下了坚实的基础。

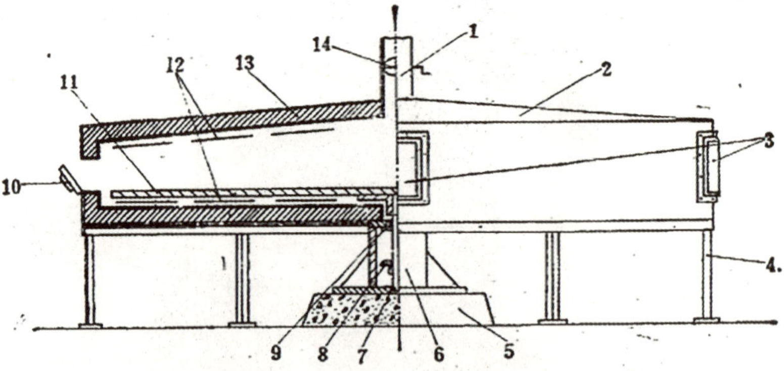

图 3　电转炉示意图

1—排气管；2—炉体；3—维修门；4—炉架；
5—基础；6—机座；7—轴承；8—伞齿轮
9—轴承；10—炉门；11—转托盘；12—电热源；
13—保温层，14—活动挡板

电转炉示意图①

① 广州市糖业烟酒公司编：《广式糕点》，轻工业出版社，1984年。

华侨糖厂生产车间[1]

① 广州市地方志编纂委员会编：《广州市志》卷五（上），广州出版社，1998年10月第1版。

公私合营改革也发生在其他工商业领域，工业化发展的趋势明显。与广式月饼生产相关的面粉厂、机械厂、制糖厂等，也在这一时期革旧鼎新。于1948年将部分设备迁至广州的荣氏武汉福新面粉厂，顺应公私合营改革的浪潮，在1960年转为国营企业，更名为广州市南方面粉厂。广州通用机器厂在工业大道沙园建成，在1956年得到国家大量投资，扩建为生产成套制糖工艺设备的专业厂，改变了我国制糖机械依靠进口的状况。

天时地利人和，广东省的制糖业也一扫阴霾，重见曙光。被战火中摧毁的市头糖厂，1950年重建，称广东市头糖厂。此外，全省另有100余家大、中、小型糖厂，如江门甘蔗化工厂、广州华侨糖厂、湛江广丰糖厂等，与南沙、番禺、顺德、江门、湛江等地产量高而稳的甘蔗基地连成一片，从田间地头的甘蔗到白色砂糖，规模化生产产业链条延伸已初步实现。“凝结如石，破之如沙”，蔗糖在制饼师傅的铜镬中，成就广式月饼最独特动人的风味。

最震撼人心的是，广州河南（今海珠区）成为广州市重要的工业基地，鳞次栉比的厂房、昼夜运行的生产线、如火如荼的生产车间，传唱着当时广州的工业序曲。在生活物资稀缺的时代，这些工厂不仅在一定程度上满足了人们的需求，同时，也托举广式月饼乃至广州食品轻工业行稳致远。

红火岁月　匠心存续

一定程度上，广东如火如荼的工业化建设，为广式月饼的生产提供了许多便利条件。但这枚出身粤地的饵饼，不同于那些已实现了工业化生产的食品。如前所述，作为中华文化衍生出的食品，广式月饼原料多样，工艺各异，具有特殊性。因此，它的生产不可能如饼干、糖果等其他食品一般直接引进国外生产设备，甚至直接建成生产流水线，而是需要针对每一个工艺，匹配相应的生产设备。同时，月饼是节令食品，不论对茶楼、饼铺、杂货店等生产主体，还是对已具备工业化雏形的食品工厂，它都只是多样的产品之一。想要单独为月饼研发一条机械化甚至自动化的生产线，在当时的条件下实在难以实现。

在20世纪50—70年代，从熬糖浆、做饼皮、和馅、包馅到成形，广式月饼的生产主要还是依赖于手工，只是在某些环节，如和面、烘烤，可借助机械设备。而广式月饼的生产步骤又较为烦琐，需要大量时间，例如制作糖浆皮所需要的转化糖浆，并不是一朝一夕便能大量产出的；即使生产出来，也还要经过至少一个月的储存放置之后，才可用于制作月饼。

不得不提的是，广式月饼工艺得以完整赓续，还有赖于时代的眷顾。1958—1961年，正值国家经济困难时期，生产糕点的原材料奇缺，难以供应中秋月饼的生产所需。由于实行计划分配，在统一规格、统一配方、统一价格、统一安排市场的管理体制下，企业的活力受到了抑制。北方地区因物资匮乏，传统月饼工艺几乎面临失传。比如，本就口感偏硬的北方提浆月饼被省去了糖和油，简化成面粉+青红丝的硬质形态。无怪乎当时有人调侃，北方月饼硬得被车轮碾过都不会碎。但广东凭借着外贸口岸的地位，获得了各种食材原料的优先供应保障，在月饼生产上具备了无可匹敌的优势。广式月饼因此得以完整保留下关键的糖浆皮工艺及配方，也维系了广式糕点技艺与品质的传承。虽处物资匮乏

20世纪80年代，趣香饼家广告

年代，制饼师傅们仍愿将巧思倾注于方寸饼饵之中。

1961年，国家为了回笼货币，对部分商品实行高价供应，广式月饼就位列其中。而岭南老字号趣香成为生产高价糕点的重点厂家之一。1964年的中秋，趣香在招牌四喜月的基础上大胆创新，推出了福寿康宁四喜月。每枚月饼都承载着对家国昌盛的祈愿："福"以金黄油润的烧鸡包裹咸香蛋黄，"寿"取椰浆乳香浸润莲子清甜，"康"将杏仁的微苦化作养生甘味，"宁"则延续广式最为经典的蛋黄莲蓉。寻常糕饼升华为寄托家国情怀的节令符号，这份匠心至今仍在月饼纹样间隐隐生辉。

当时生产广式月饼的材料仍然十分匮乏。据广州酒家的制饼师傅回忆，当时除了国家配给的原料外，厂家还得派员到湖南湘潭采购莲子，但莲子的种植和产量非常少，难以满足月饼的需求。巧妇难为无米之炊，没有馅料便算不上是皮薄馅厚的广式月饼了。在为难之际，师傅们灵机一动，将广州罐头食品厂的香蕉、苹果等水果罐头融入月饼的馅料中，既能保持一定的甜度和细腻口感，又缓解了无料可用的困境。在特殊的年代下，万物皆可作月似乎有了一种新的诠释。

还有一种看起来十分别致的无馅月饼猪笼饼，制作的原料其实是做广式月饼剩下的边角料。制饼师傅们不愿浪费这些面粉和糖油，便将其和成面团，用巧手捏制成可爱的猪仔形状，并用一个小竹笼装起。每到中秋前的一个月，限定版的"猪笼入水"便会成为市面上喜庆的装点。在物资不富裕的年代，这已是令人垂涎的食物了。

尽管身处困难年代，但中秋的家庭聚会仍是人们所期待的。而月饼，作为祭月之供品，赏月之美食，自是必不可少的。这样的社会需求也为广式月饼工艺的延续提供了机会。为了在中秋前赶制出足够多的月饼，各商家屡出绝招。比如，广州酒家采用了人海战术——点心部、厨房部都一起加入，可谓全军出击。工序被仔细拆分，分别由不同的人完成。人们进进出出、忙里忙外。

广州酒家的老师傅回忆道，当时他每天两点便要起床，忙活完早茶的点心，吃完午饭就要开始赶制月饼。成功制作一个月

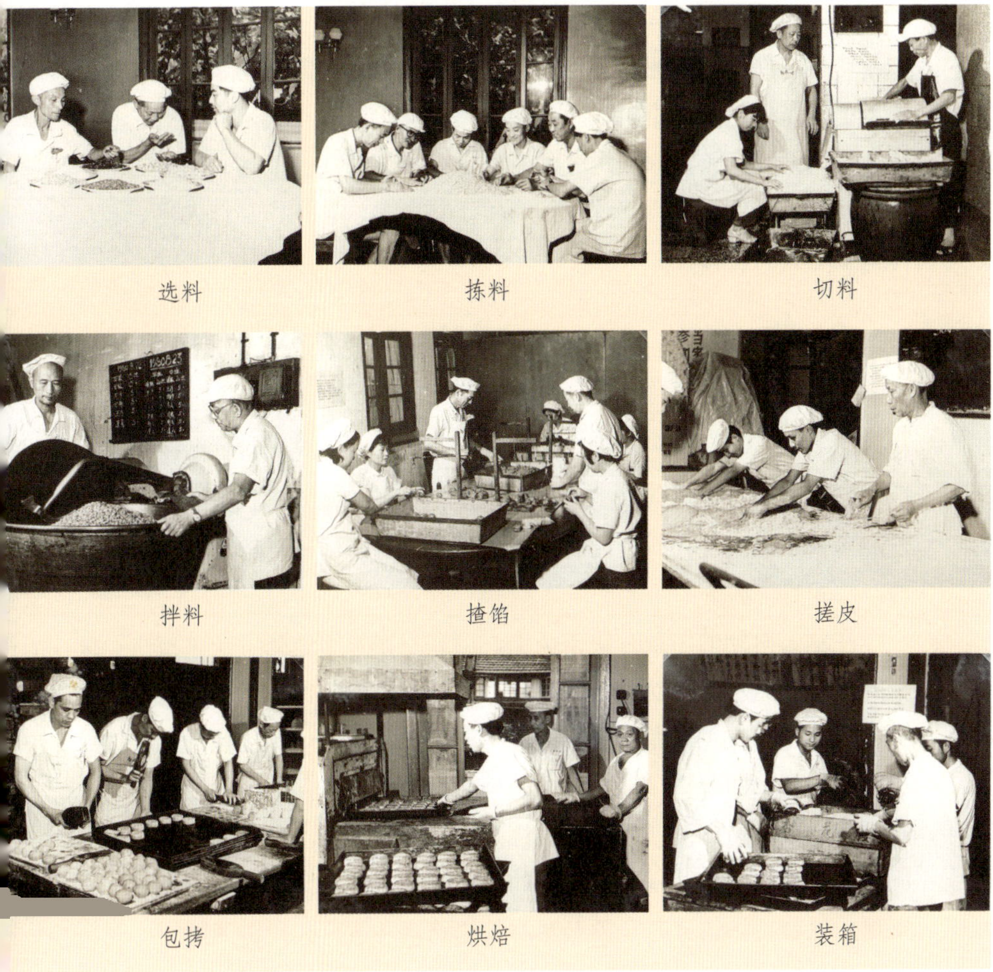

手工生产月饼的九道工艺（杏花楼食品餐饮股份有限公司供图）

饼，需要经过熬糖浆、制馅料、包月饼、敲月饼、烘月饼等多道工序。月饼在入炉烘烤之前需要降温，但因设备限制，师傅们得一枚一枚为月饼喷水，才能保证月饼烘焙后的质量。就这样一直忙到下午时分，才能回家休息。

鼎沸的人声裹着莲蓉甜香，与饼模扣案板的“哐哐”声、铁铲刮锅的“嚓嚓”声，合奏出产业升级以前最动人的制饼交响。当第一炉成品带着焦香出炉，整个作坊都会响起“靓啊”的欢呼，那声音比任何奖励都令人振奋。歇工时分的温情，藏在点心部与厨房部交换的饭菜里。若一山又一山堆起的金黄月饼，一场中秋夜市的火爆，便是集体记忆里最有分量的勋章。

广式月饼生产间里，蒸汽与汗水交织出独特的产业图景。在启程前往工业化的途中，在手掌与机械共舞的红火年代，人们满怀纯真与热忱。善于求新求变的广东人站在了时代的前端。当机械文明的曙光照亮东方，这些往事终于抖落尘埃，化作那红火岁月里最动人的注脚。

北上，南下，越洋

20世纪60—70年代的工业化探索及物资保障，为广式月饼的发展赢得了时间及物质的红利。进入70年代后，经济形势略为好转，广式月饼的生产回到了正轨。

在这一时期的中秋月饼市场上，广式月饼几乎达到了一家独大的局面。这不仅得益于国家在生产原料等方面的优先保障，也因其特殊的生产工艺尤其契合现代工业的机械化与体系化特征。相比制作复杂的酥皮，广式月饼的糖浆皮只需要将各种原料混合起来，通过调节比例就可以实现标准化的品质控制，工业化生产比较有优势。与此同时，工业化的生产流程反过来又可为广式月饼保质保量，护佑打开全国乃至海外销路，各大广式月饼品牌因此收获了自己的品牌效益。

在国家政策的引导之下，广东不仅立足于本省的生产发展，也对外地的餐饮食品行业经营者提供了力所能及的帮助。得益于特殊的地理位置和政策，广式月饼在技艺上得以赓续传承，品质和风味在粤人的深耕下持续精细化提升，声誉日隆。以广州酒家为代表的餐饮酒楼，也与内地、香港甚至海外，始终保持着密切的文化技术交流。

1955年底，中央商业部要求各省市自治区成立饮食公司。次年1月，广州饮食服务公司成立，除管理饮食之外，还开展粤菜粤点研究，致力于培养新一代的烹饪大师。1956年6月1日，广州名菜美点展览会在西关文昌路口的广州大酒家开幕，展出了广州能供应和可以恢复的粤菜5457种、点心825种、小食品273种。其中，中秋月饼被列为点心之一。

就在当年，为帮助内地加速经济建设，广州市第三商业局饮食公司选派54名技术骨干组成援郑团队，从广州远赴郑州，与当地饮食公司联合创建中原第一家广式风味餐饮场所郑州广州酒家。随后，郑州广州酒家先后派出60多人次，赴广州市广州酒家培训学习。从某种程度上说，广州的广州酒家是20世纪70年代岭南餐饮业培养烹饪人才的摇篮，这也是广式月饼在中华人民共和国成立后首次北上。

当年的中秋节，中原土地上诞生了第一枚正宗广式月饼。时人有诵："广州酒家门朝东，南方月饼很有名。夜里两点来排队，排到下午买个空。"不过，有月饼师傅回忆，由于南北自然条件，如温度、湿度，尤其是水质的软硬度差别很大，在北方用相同工艺与设备制作出来的广式月饼，始终与广东本土的存在较大差距。

尽管这一时期，广式月饼生产还处在一个未充分现代化的状态，但让其走向世界的信念始终萦绕在粤人心中。当时，生产广式月饼最多的当数趣香、陶陶居、莲香楼这三家老字号，此外还有荔湾、海珠、东山、越秀四个区的国营糕点厂。

咀香园明信片（中山市咀香园食品有限公司供图）

20世纪50年代，莲香楼被指定为广州地区唯一月饼出口单位，这块官方认证的金牌，实际上也是对广式月饼在特殊时期坚韧生存的赞赏。在政府主导下，广式月饼在六七十年代持续出口海外。据国家级非遗传承人罗宝鑑大师追忆，由于广式月饼的影响力甚大，当时香港各大饼家都曾派员赴粤，向趣香、海珠等国营工厂学习广式月饼制作技艺。而从1987年到1996年，莲香楼月饼也相继出口至美国、英国、法国，后又登陆德国、瑞典、荷兰、南非等国家，给海外华人送上来自祖国的团圆之邀。

除了广州，珠三角其他地区的广式月饼的生产、销售也不遑多让。比如，中山制造广式月饼也有百年历史，其月饼出口的最早记录可以追溯到二十世纪五六十年代。当地的咀香园饼家是生产和出口莲蓉月饼的重要厂家之一。1956年公私合营，营销额在中山遥遥领先的咀香园饼家，与中山30余间私营饼铺合并为中山县国营糖果食品商店，从饼家转向了国营食品加工厂，后被定名为中国土产进出口公司广东省分公司石岐支公司。如今，中山市每年的月饼出口长期占据着全国领先地位，市场遍及全球30多个国家和地区。

广式月饼也盛行于香港、澳门等地，尤其是每年中秋月饼会，几乎到了“人人争做饼会”的盛况。这里所说的“月饼会”，最早在20世纪30年代便已出现于广东、港澳地区，但不同

1972年，荣华酒楼的百元月饼票

香港有男茶楼的月饼会券

于民国时期冠生园广告宣传的月饼展览会。相对清末、民国时期，这时港澳地区的月饼会更加正式：饼家发给会员一册簿册，上面印有月饼会章程，会员按月交付一定数额的供款，来年的中秋节便可领得相应的月饼若干盒。

月饼会的存在有两大好处：对消费者而言，可以不必承受一次性的大笔支出；对生产商来说，他们可以预先了解市场需求，做好原料进货及月饼出货预算。有些精打细算的人家还会将月饼分类，纸盒装自留，需要额外收费的铁盒装则用来送礼。有时客人和店家相熟，还能另外免费带些猪笼饼回家。直到20世纪80年代后，人们的生活水平有了较大的改善，这种形式才渐渐少见了。

在交通与通信都不甚发达的年代，饼模、秘方、技艺等，都仰赖于人们的共同努力才得以留存。以饼为媒，它们从广东向全国各地乃至海外散发开来，人们学习交流愈加密切频繁，中华优秀文化也借此薪火相传。至今，各地广式月饼饼沿上仍旧烙刻着同源的印记——象征月光的边牙。换个角度看，广式月饼能够在这段特殊时空下存续与开拓，何尝不是世界各地华夏子民精神与力量的凝聚呢？

产业化时代来临

“好风凭借力，送我上青云。”

当改革开放的春风吹开国门，烘焙行业的面粉香气里开始加入钢铁交响的韵律。粤人再次以洞见未来的敏锐眼光和兼容并蓄的开放胸襟，主动拥抱月饼产业的革新。

机械的铁臂率先叩响了工厂的大门，自动炒莲蓉手替代了人力翻搅，师傅们掌心的温度被温控式隧道炉所替代。标准化生产不仅让日产量以百倍攀升，更将糖皮厚度、馅料配比的微妙平衡，转化为可复制的数据。

机械的轰鸣尚未停歇，供应链、产业链的升级已延伸至广式月饼产业的每个环节。烘焙行业人士常说：“想要开一家饼铺，你甚至无须走出广东，就可以采购到从加工生产到包装售卖全线烘焙产品。”这就充分说明了广东在中国烘焙食品产业中的重要战略地位。从完善原料供应链，到建立全产业链布局的战略意识，广式月饼的现代化生产逐渐步入了更加成熟、高级、完备的状态。

制饼匠人将祖辈沉淀的揉面力度化为扭矩参数，把对火候的精微感知写入温控程序，在自动化设备的缝隙间，仍然流淌着对传统风味的敬畏。当中国首条隧道烤炉、首个自动包装线研制成功，流水线上的每一轮广式金月，都成为连接岭南与全国，乃至世界的文化使者。它们以分子级精密的面孔，向手工传统报以温情一笑；它们仍披着岭南的月色柔光，跨越山河，叩开千家万户的门扉。

食品行业新气象

自1950年起，我国花费了30余年的时间，才逐步建立起门类较齐全的食品工业体系，走过了食品工业化原始积累的最初阶段。改革开放引领经济腾飞，于悄无声息中提升了民众的生活水准。民以食为天，对食品行业的发展提出更高的期待与标准，水到渠成。我国糕点生产随之迎来生机勃发的新气象。

1980年5月，国家商业部糖烟酒局委托全国食品科技情报中心站（以下简称“食品中心站”），在长沙召开了全国名特糕点工艺交流会议，以促进糕点生产的发展。这次会议提出要提高糕点生产的质量标准，使生产标准化、通用化、系列化，实现定型的一条龙生产，并最终逐步实现机械化和自动化生产。

在政策的指引下，有关食品科技的学术研究与人才培养也开始了系统化的发展，为此后中国食品行业的腾飞奠定了基础。国家在食品科技领域实施了重大科技攻关项目，由此开启了食品工业科技的创新发展。20世纪80年代，国家相继在北京农业大学等13所农业院校开设食品学科或专业，为长久发展中国特色的食品科技搭建了人才培养体系。

1984年10月，在时任美国总统里根访华之后不久，中方代表与美国小麦协会签订了合作协议。次年4月，广东省粮食局与美国小麦协会签订协议，中美双方联合在广州创办了华美烘焙技术培训中心。这无疑是中国积极探索食品行业产教融合的一个重要节点。

而食品中心站所做的大量科研工作，尤其是对国外先进食品科技文献的译介，为此后中国自主发展食品科技探明了前路。从食品机械、食品配方到国外糕点加工、食品包装……一系列汇编材料的问世，为当时的食品从业者们打开了一扇大门。食品+科技，这是一片可以恣意探索的广阔新天地。

1979年出版的一本汇编材料《国外糕点加工》，向当时的食品科技研究者、食品生产者们提供了丰富的糕点加工科技。除了对国外先进设备、专利技术的引介，书中关于混合搅拌、蒸煮、成形、烘烤、包装、添加剂的分类，从某种程度上，让当时的食品行业生产者对食品生产有了更加流程化、标准化、科学化的理性认识，食品科技的自主研发也就变得有迹可循。

20世纪80年代初期，食品中心站译介了美国出版的《食品包装手册》一书，展示了国外先进的食品包装方法。其中介绍的食品腐败类型、防范寄生虫污染和食物带毒方法、微生物种类及生长因素、保存食品的原则等内容，让人们意识到食品卫生安全问题的重要性。

1985年，首届全国技术成果交易会在北京展览馆开幕。全国数十家食品科研单位、大专院校、食品生产厂家从各地奔赴展馆。一张薄薄的展览门票，承载了多少人的求知若渴之心。这次交易会后，食品中心站将各个食品单位、企业提供的研究成果结集成《全国首届科技成果交易会　食品技术成果汇编》。书中展示的食品机械、食品添加剂、食品包装等内容，以及饮料、糖、糕点等各类食品的生产技术相当丰富。尽管与国外仍有差距，却给人们带来了十足的希望与动力。

这一时期，在政策的全方位支持下，各个企业在经营和生产上充分解绑，全国糕点行业的生产力得到显著的提升。与此同时，市场竞争机制的引入，重新激发了那些沉寂已久的老字号食品品牌的活力。1983年4月，中国民主建国会和中华全国工商业联合会在北京召开了关于传统食品咨询工作座谈会，提出了“要恢复发展名厂、名店、名特产品”的政策指引。次年年初，北京稻香村在东四北大街152号的南味食品店第一营业部整装开业。

站在时代的潮头，广东省的食品行业改革一马当先。广州市饮食服务公司综合贸易中心率先开启了食品生产的国际化探索，系统化引进国外的优质原料和先进设备，导引整个食品产业的转型升级，也拓宽了中国烘焙产品的品类谱系。

通过系统性地引进精密加工设备，建成智能化、标准化的流水线，叠加外资企业带来的精益管理模式与专业技术，珠江三角洲迅速崛起为中国现代食品工业的创新高地。

20世纪80年代以后，在改组成立的广州市糖烟酒公司主导

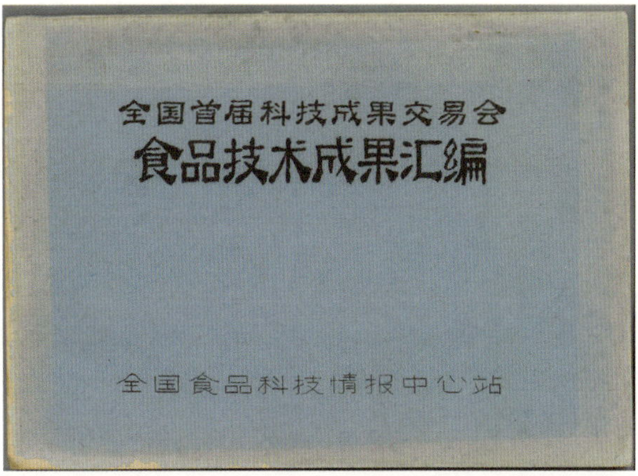

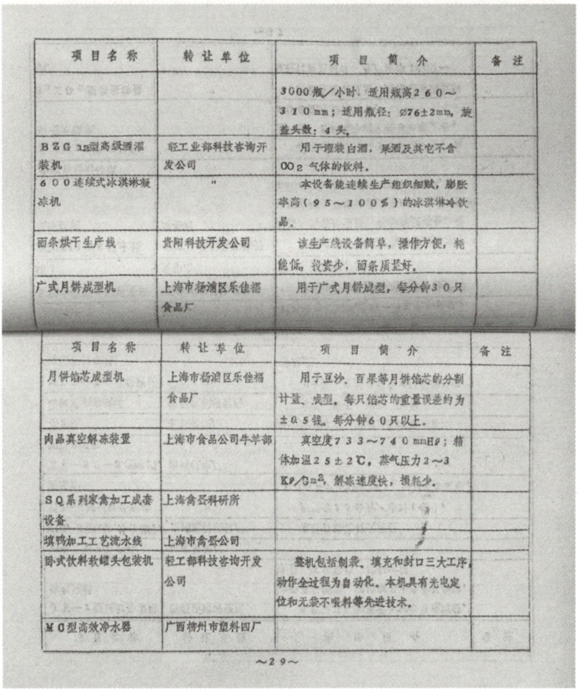

项目名称	转让单位	项目简介	备注
		3000瓶/小时. 适用瓶高260～310mm；适用瓶径：⌀76±2mm，旋盖头数：4头。	
BZG12型高级酒灌装机	轻工业部科技咨询开发公司	用于灌装白酒，果酒及其它不含 CO_2 气体的饮料。	
600连续式冰淇淋凝冻机	"	本设备能连续生产组织细腻，膨胀率高（95～100%）的冰淇淋冷饮品。	
面条烘干生产线	贵阳科技开发公司	该生产线设备简单，操作方便，耗能低，投资少，面条质量好。	
广式月饼成型机	上海市杨浦区乐佳福食品厂	用于广式月饼成型，每分钟30只	

项目名称	转让单位	项目简介	备注
月饼馅芯成型机	上海市杨浦区乐佳福食品厂	用于豆沙、百果等月饼馅芯的分割计量、成型。每只馅芯的重量误差约为±0.5钱。每分钟60只以上。	
肉品真空解冻装置	上海市食品公司牛羊部	真空度733～740mmHg；箱体加温25±2℃，蒸气压力2～3Kg/Cm²，解冻速度快，损耗少。	
SQ系列家禽加工成套设备	上海禽蛋科研所		
填鸭加工工艺流水线	上海市禽蛋公司		
卧式饮料软罐头包装机	轻工部科技咨询开发公司	整机包括制袋、填充和封口三大工序，动作全过程为自动化。本机具有光电定位和无袋不喂料等先进技术。	
MC型高效冷水器	广西柳州市塑料四厂		

～29～

《全国首届科技成果交易会　食品技术成果汇编》封面及部分内页

下，一系列美国、日本、澳大利亚等国的生产设备也被逐步引进。食品从业者们对于发展的渴望，已经不满足于汲取书本知识，而是落到生产实践上。据1988年的《广州年鉴》中记载：广州市糖烟酒公司在改革开放后的10年间，先后引进了国外先进生产设备共28套。其下所属的趣香饼家、羊城饼家、国强食品厂、荔湾糕点厂、东香糕点厂等主营糕点面包的厂家，当年总产量达661.1万公斤，总产值达4995万元，相比1978年，提升了3.5倍。

不仅食品糕点行业有了新的发展方向，广州餐饮行业也迎来了振兴。1980年，广州市政府相关机构提出，要恢复“食在广州”的城市定位；1983年，广州名菜美点评比展览大获成功，活动展出千余款传统和创新菜点，相比1956年那场名菜美点展览会，堪称盛况空前。1984年10月13日，在广州市饮食服务公司举办的“食在广州”菜点改革交流会上，广州酒家、泮溪、北园、南园、大三元、陶陶居、利口福、华北、东江等九家酒家饭店送选创新菜点品种300余款。作为改革开放的第一批沿海城市，广州的饮食行业在20世纪70年代末80年代初进入大发展阶段，短短几年，饮食企业就从500多家发展到近7000家。粤式饮食行业重树旗帜、锐意革新的时代潮流，由此滚滚向前。

1988年，敏锐捕捉到新时代风向的广州酒家在鹅掌坦建成广州酒家集团食品厂，开创了当时国内餐饮行业转型升级之先河。这座加工厂不仅是国内第一座由餐饮企业开办的现代化食品工厂，而且配备了当时最先进的机械化设备，吸引了全国各地的餐饮同行前来学习。从餐饮酒楼到食品工厂，隐约重现了民国那段工商业的起步历史。从事餐饮行业的粤人洞察了时势所趋，勇于超越餐饮后厨这业已形成的舒适区，开拓一方新的天地。显然，这一尝试带来了巨大成功，鹅掌坦工厂成立的第一年，广州酒家的月饼产量就从以前两三千盒飞升到8万盒，第二年翻倍为16万盒，第三年再次翻倍，达到惊人的32万盒。1991年，利口福海鲜饭店并入广州酒家企业集团（现为广州酒家集团股份有限公司）。次年，广州酒家第二分店在原利口福海鲜饭店旧址开业，而利口福则依托鹅掌坦的食品厂，开启广式月饼等食品生产制造业务。

不仅广州，彼时全国各地的广式月饼生产也重整旗鼓。1984年，上海市糖业烟酒公司就已开始试行各式月饼的生产标准，其中包括广式月饼、潮式月饼、京式提浆月饼等，并且设定了比较详细的理化指标。而那些曾经煊赫一时的老字号广式月饼品牌

广州酒家集团食品厂

自动出饼设备

烘烤设备

自动封装设备

重归战位：上海冠生园食品公司在1979年宣告恢复自制广式月饼的生产线；1981年，广州太如茶楼的百岁月饼“麒麟凤凰月”，在阔别30多年之后重新面世；在苏式月饼的根据地，江苏南通饮食服务公司、苏州稻香村等均恢复广式月饼的生产；1982年的中秋，上海杏花楼广式月饼产量已达到了6000公斤之多……

20世纪70年代，大多数酒家和茶楼就算是全力以赴，制饼师傅们一天工作十三四个小时，总共也不过生产一两千公千斤月饼。而到了80年代，如果以4人为一班生产，按8小时工作计算，一天大约便可产出广式月饼1200公斤——数字上的变化，预示着一个真正的机械化、自动化制饼时代即将到来。

钢糖协奏：技术设备的跃迁

更高的机械化程度，更完善的体系化运作，是保障大规模生产的重要因素。各家饼饵工厂、酒家茶楼的月饼生产者，无不积极投身于更加系统化的转型升级之中。着眼于月饼制作的各个工序，人们引进相关技术，然后消化改造，再自主研发，促成了广式月饼生产设备与工艺的突飞猛进，使其逐步走上了机械化与自动化的跃迁之路。

传统莲蓉制备，一直是体力密集型的工序，也是中式糕点中独有的技艺。在食品中心站引介的国外设备技术中，并没有能够直接用于铲蓉环节的机械。1992年，广州酒家炒莲蓉机械手研制成功，它不仅大大节省了人力，而且能够精确把握火候，炒出的莲蓉不糊底，香气更浓。

20世纪80年代初，国营趣香糕点厂再次革新，并入南源、西桥、海珠等几家糕点厂后，生产力更上一层楼。1995年，趣香建成了一个高标准的铲蓉车间，被卫生部门称为“广州市一流的铲蓉工场”。在这时的车间里，电热夹层铲蓉锅、柴油汽化夹层铲蓉锅日夜不停地运转着。至此，动骨劳身的人工铲蓉时代宣告结束。

值得关注的是医药行业设备胶体磨的跨界应用。当时，趣香饼家等品牌创造性地将其引入莲蓉的生产工序中。这种高精度研磨设备力道均匀柔和，可在不添加过量水分的前提下，将莲蓉细化至分子级，既能锁住天然香气，又能赋予馅料丝绸般柔滑口感，使其接近于手工磨制莲蓉的细腻程度。

1998年，广州酒家集团利口福食品有限公司与广州市一家压力容器厂合作研发了全国首条热油循环莲蓉生产系统。这套设备令人叫绝——自动泵送、磨浆等配套工序，可以说是实现了单个环节上的全自动化。工人们可以放心地将莲子交付给它。2007年，这套铲蓉设备再次得到升级，自动炒莲蓉手配合着新研发的PID热油控温技术，钢与莲共同创作出一支月之协奏曲。

月饼的包馅设备与西点的有相通之处，可借用。由此，政府主导引进了日本专利的雷恩包馅机，20世纪80年代，趣香、广州酒家的工厂都配备了这一在工厂师傅眼中堪称万能的设备。它能将饼馅（主要是蓉口）和饼皮搓好，分别放在旋转机口，按定量将月饼包好后，由输送带运抵成形机印制。也就是说，从称量饼皮、馅料，到出馅、分馅、包馅，最后入模、脱模、成形，整个制作环节几乎实现了自动化。

同时，自主研发的包馅和成形设备也取得了成果。在首届全国科技成果交易会上，上海杨浦乐家福食品厂就展示了其研制的广式月饼成形机，它每分钟能成形30枚月饼；月饼馅芯成形机，则专门用于豆沙等馅料的分割、计量与成形，能够将重量误差控制在0.5钱以内，每分钟可完成至少60枚月饼馅料的供给。

与此同步发生的，是烘焙工序的设备升级。20世纪80年代末，焙烤工序再一次发生了质的飞跃，当时食品中心站的《全国食品机械厂名录》中就载录了广州电热设备厂生产的一款隧道炉，另外远红外烤炉也广泛使用于糕点行业当中。

1998年，广州酒家集团利口福食品有限公司首条广式月饼隧道烘烤生产线上马。尽管仍然是半自动化，但能更好地规避月饼生熟交叉的风险，还有助于提高凉冻间的空气洁净度，可满足现代食品的规模量产与卫生标准。

在烘烤工序之后，广式月饼还有一个特殊而重要的凉冻工序。正是在这一冷却的过程中，广式月饼慢慢完成了重要的回油步骤——油脂渐渐融合，饼皮亦变得柔软。1995年，趣香改进了由澳大利亚进口的冷却系统，使其成为一条专用于广式月饼生产的强制式循环冷却系统。2007年，利口福与第三方设备厂一同研发了凉冻塔技术：月饼在烘焙后被送上输送带，停留一定时间后，中心温度可降到60摄氏度，实现凉冻目的。这项技术后来成

广州酒家集团利口福食品有限公司的全自动扫蛋机器人

为行业内的标配。

在追求更高效率、更卫生健康的生产之路上，粤人不曾有丝毫的懈怠，与广式月饼生产相关设备的改造升级浪潮一直汹涌。2014年，智能化的机器人外包装设备引入，将原本需要28人的一条生产线全面改造至只需要4人。2017年，广州酒家与广东省科学院华南研究院合作，研发出一套针对内包装工序的自动化设备，实现了吸托、装饼的全自动化，由此规避了人工包装的卫生隐患；2018年，广州酒家与华南研究院再次合作研发了全自动扫蛋机器人……从内馅到外皮，从外包装到内包装，广式月饼手工时代的大多数工序已可由机器代劳，它厚重的内涵已被人类的智慧稳稳托起。

钢铸的莲蓉生产线翻涌着金色热浪，干净透明的塑料王模具正将面团点化为规整的圆月，隧道烤炉吞吐着成排月轮……这精密的设备矩阵，让广式月饼在规模与品质的赛道上遥遥领先。以前需要10倍人力才能消化的月饼订单，如今在各类机械设备的律动中，已有四两拨千斤的从容。

广州酒家集团利口福食品有限公司的全国第一条机械手月饼自动包装线

正如前面提到的，广式月饼始终是中华文化的独特产物，每一个制作环节都很难找到可匹配的外国设备。在改革开放之后，广式月饼在科技之路上勾画出一条技术引进与自主创新相得益彰的路径。

产业布局　纵横经纬

于广式月饼，广东既有百年工艺沉淀的底气，也有大湾区创造的协同效率。当各地食材数据在云端奔流，当跨境物流网络消弭地理边界，广式月饼正将传统滋味编织进现代产业的经纬之中。从某种程度上说，粤菜的广博杂奇，“万物皆可作月”的理念，在逐步实现现代化发展的中国得到了更好的诠释。

广式月饼的供应链版图，可谓是大开大合、纵横经纬：一方面采集全国各地的优质原料，甚至将版图扩张到全世界；另一方面，又依托现代化管理模式，形成科学高效的体系化运作。

改革开放后，为满足珠三角地区的人们对西点用粉日益增长的需求，广州南方面粉厂于1984年研制出了国内首款专用高筋小麦粉——红牡丹专用小麦粉，打响了专用面粉国产化的第一炮。品牌承袭自福新面粉厂牡丹的这款面粉，粉质细腻、粉色洁白，筋度延伸性上佳，被认为是媲美进口小麦粉的理想原料，该产品远销中国香港、澳门以及东南亚。

这一时期，我国的糖业也进入历史上最兴盛的发展时期。广东省作为产糖大省，自然又上高峰。其中1985—1986年，广东省甘蔗种植面积达到顶峰；1991—1992年，广东制糖期产糖量超200万吨，创下了历史纪录。随后，因农产品生产成本上升，广东省糖厂逐渐关停，留在珠江三角洲的糖厂也从蔗糖转向生产利用效

湖南湘潭，利口福湘莲绿色生态种植基地（梁博年摄）

蛋黄莲蓉月饼核心原料：寸三莲和咸鸭蛋

率更高的淀粉糖。而广式月饼生产所需的蔗糖，则集中采购于粤西湛江，以及广西、海南、新疆等地的糖厂，甚至采购自东南亚、古巴等世界主要产糖区。

广式月饼的供应链仍在持续完善。从珠江三角洲的面粉加工集群，到粤西地区的糖油供应，再到外省建设各食材供应基地等，广式月饼的工业生产逐渐搭建起全产业链格局。在现代体系化的运作下，大规模、高质量生产得到了保证；无论是理化标准还是感官标准，也都能符合或超越食品生产质量指标。

然而，部分特色原料的供应却受到了自然条件的限制。莲蓉需要新鲜的优质莲子，咸蛋黄依赖油脂丰盈的鸭蛋，五仁月中的榄仁更因种种因素而产量有限。这些变量迫使企业构建更可控的供应体系。

就以经典的蛋黄莲蓉月饼为例。莲蓉的极致细腻，源自对原料的严苛筛选与工艺的精益求精。品质上佳的广式月饼往往会精选湘潭特产的湘莲。这种莲子对土壤环境极为敏感，仅能在湖南中部特定水稻土中保持优良性状。广州酒家、珠江食品、华美食品等月饼生产企业，为获取优质莲子费尽心思，甚至不惜重金在能产出优质莲子的湘、鄂本地建设了生产基地，只为将最新鲜清甜的莲香裹入自家的当家月饼中，以取悦挑剔的食家。

广州酒家、陶陶居、咀香园等老字号品牌，更是只精选湘莲中的寸三莲——这种莲子因三粒竖向排列总长度恰为一寸而得名。其蛋白质含量甚至高于鸡蛋，经烹煮后能呈现出独特的绵密

月饼的各式馅料：抹茶红豆流心（上左）、黑白巧克力流心（上右）、金黄沙榛子巧克力（下）

完善的原料供应链，让万物皆可作月成为现实

质感，因而被誉为“中国第一莲子”，在过去也是皇室贡品。为得到最优质的寸三莲，人们施用有机肥料，对基地的水土进行定期检验，稳定土壤酸碱度及含水度……在现代化生产体系下，一切都变得标准、可控。这样精挑细选出来的寸三莲，经过洗沙、蓉沙等工艺，变得绵密细腻，如水乡的柔情，轻轻一含便在舌尖化开，延续着传诵百年的莲香妙韵。

月饼中的咸蛋黄，更是稀罕的宝贝。湖南攸县麻鸭，因天然放养形成了丰厚的蛋脂，是制作蛋黄月饼的首选。为了锁定其中的风味，不少企业深入衡东县等麻鸭蛋产地，建立定点采购体系，从鸭蛋筛选到古法腌制，每一个环节都进行标准化、智能化、可视化监控。专属的鸭蛋产房中，控制温度和干湿度；在黄泥、草木灰、食用盐的配合下，经过35～40天时间，每颗咸蛋黄都油润透亮、甘香回味，且都保持在11～13克的最佳大小区间，可完美嵌入特定规格的月饼中。

这颗“月中之月”被莲蓉或豆沙紧紧包裹，中秋月夜分食时，小刀切开的瞬间，金沙红油缓缓淌出，宛如一幅“长河落日圆”的画卷。也无怪乎汪曾祺先生将麻鸭咸蛋视为绝味，大叹“曾经沧海难为水”。

如今，广式月饼的原料供应链已构建起从物种保护到产业协同的完整生态，更加契合现代化食品企业的高标准生产。当湘莲原种场的水稻土浸润着千年耕作智慧，当攸县麻鸭的蹼印化作冷链物流数据库的节点，这条跨越山川的供应链，正以现代产业的标准重新定义传统滋味。从标准化种植协议到智能化品控系统，从卫星遥感监测到区块链溯源，广东烘焙业将地域性食材的脆弱性转化为可复制的稳定性。

随着消费需求升级，广式月饼口味越趋多元，水果、海鲜乃至药食同源的新派馅料，正在传统框架中开辟出创新维度。更多种类的优质食材随着现代化的物流，翻越山海，来到广式月饼的生产车间。

此外，一些月饼企业也在整体上寻求更加标准、高效、精确的供应链管理模式：一方面聚合上游产业共同发展，强化供应链管理流程效率，让这个体系能够真正发挥效力；另一方面则针对中秋月饼生产的时令性，建设对应管理的专业团队，以保证在每年一度如同大战般的月饼销售季，可以从容不迫地应对。

从源头采购开始，到仓储、物流、制造、销售等一系列多环节，打造更加完备的体系并进行科学管理，其实是食品企业走向现代化发展的共同追求。此时，广式月饼的供应链建设已不仅是地理边界的延展，也是现代企业进行全产业布局的战略意识与宏大视野，更成为我国传统食品工业走向专业化、精细化升级的时代注脚。当年，冼冠生颇具远见地提倡建设产造销体系与实施科学管理，以食品工业救国的呼声，终于在现代化的中国得到了实实在在的回应。

保鲜技术持续突破

在机器的助力下，20世纪80年代末，广式月饼的产量越来越大，以前一家酒楼一年能做几万盒月饼就到顶了，现在的产量则以千万来计算。这些月饼，需要在顾客入口时仍保持新鲜。关键难题就在于，如何让生产出来的月饼在运输销售的过程中仍然如初出烘炉，以安全健康的状态送到消费者手中。

如前所述，从民国开始，广式月饼就有了出口记录，但即使是运用密封性更好的铁盒包装，或用白糖包裹贮存，又或如功德林生产的不易腐败的净素月饼，始终都不能解决月饼保质期短、易长霉腐败的致命问题。霉菌，实在是限制广式月饼销路的一只拦路虎。此外，氧气、温度、水分，每一个因素都可能危及月饼的保存。这在过往，是个无解难题。

得益于20世纪80年代中国食品保鲜技术与独立包装工艺的逐渐普及，广式月饼具备了销往全国乃至世界各地的实力。它也由此真正走向大众，成为家家户户吃得起、味正宗的中秋美食。

保鲜技术关键的一环——食品脱氧剂，在我国的研发始于20世纪80年代初。当时，脱氧剂厂项目是航天部南京8511研究所帮扶高淳发展乡镇企业的一个重点项目。1982年，8511研究所生产出一种以铁粉为主要原料的脱氧剂，并开始用于食品的保存。脱氧剂保鲜效果良好，并且相对安全，其应用也逐步普及。尽管与日本1977年开发并实现应用铁基脱氧剂相比，技术稍有滞后，但对中国食品保鲜而言，依然是一个里程碑。此后，国内逐渐出现了一批专门生产脱氧剂的厂商。

在1985年首届全国技术成果交易会上，海军医学院研究所、辽宁化工研究所等机构纷纷展示了自主研制的各类脱氧剂与保鲜剂，食品的保鲜技术研发已经渐成气候。

20世纪80年代末，华南理工大学的实验室也研发出气相防腐剂，即气调贮存技术，并与食品行业合作。所谓气相防腐剂，就是一种挥发性防腐剂。当时还没有独立的塑料袋包装，生产商便直接在密封铁盒中放入一小包气相防腐剂，在盒内营造出一个相对隔菌的保鲜环境。此后，可添加进食物本体的防腐剂出现。

在各大月饼品牌的努力之下，20世纪90年代，脱氧剂在广式月饼生产中得到普及应用。在没有脱氧剂的年代，广式月饼通常在一个月左右便会被霉菌侵袭，而有效使用脱氧剂后，则可以在放置6个月后，月饼的各项指标还能符合标准要求，气味和色泽也不会出现太大的改变。这小小的脱氧剂成为广式月饼的护身符，助力广式月饼扩展在外地的销路。民国时期广式月饼北上与外销的版图，此刻被重新描绘，更加精细、更为广袤。

同时，为了让食品更新鲜、更卫生，许多企业开始围绕独立包装、装饼入托、灭菌、封装等环节，展开自主研发。大约在新旧世纪之交，无菌包装，即热包装技术的出现，为广式月饼叠加了又一重安全保障。据华南理工大学的李汴生教授介绍，无菌包装技术借鉴了利乐包牛奶包装的理念，最初用于饮料、啤酒包装，例如珠江啤酒厂所产的珠江生啤就率先使用了该技术。此后，广东地区以广州酒家利口福食品工厂及陶陶居、莲香楼、咀

1977年，广州酒家文昌路总店，门额上挂起了庆祝中国出口商品交易会开幕的横幅

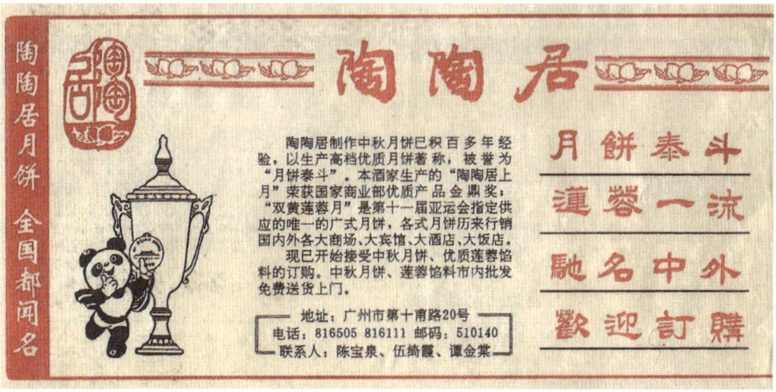

20世纪90年代，陶陶居月饼广告

香园等企业为首，推动了这项技术在广式月饼生产中的应用。

在多方的努力下，广式月饼克服了保鲜层面的重重困难，在各地市场竞争中始终占据先位。因有保鲜技术的加持，需要远跨重洋的海外市场也为广式月饼逐渐拓展，从中国出口的广式月饼数量越来越多。1993年，广州酒家第一批月饼抵达美国，通过有奖销售等形式打开了海外市场；2006年，广州酒家同时在美国、加拿大、欧洲等地建立了20多个经销网点。广东莲香楼、咀香园、华美，香港美心、荣华，以及上海杏花楼等各地广式月饼品牌，也在不断加大国际市场的拓展力度。

从此，一年一度的八月十五月圆时分，五湖四海的人们便可共享同一轮金月。

交流互鉴　协同发展

作为改革开放的前沿，广东率先响应“引进来”与“走出去”的号召。自1957年起，中国出口商品交易会（以下简称“广交会”）落户广州。改革开放后，广交会展现了中国开放的姿态，吸引了来自世界各地的买家和卖家。“近水楼台先得月”，广东的餐饮和食品企业因此获得了更加高远、广阔的视野，把握住了腾飞的先机。

在改革开放深入人心的年代，广式月饼的文化和商业交流也愈发频密而深入。上海老字号杏花楼的领导班子就曾“三顾”广东，与广州莲香楼、趣香饼家，佛山香兰饼家、天海饭店等广式月饼生产企业交流学习。此后，杏花楼生产的广式月饼质量迅速提升。1983年，经区、市、国家商业部层层评比，杏花楼所产的豆沙、莲蓉、椰蓉、百果四式月饼均取得了商业部优质产品金奖。

1985年，有“月饼泰斗”之称的陶陶居酒家率先批量在北京试销，九万盒月饼运到京城之后，被抢购一空。京城销售告捷之后，陶陶居月饼又相继在上海、苏州、天津、南京、香港、澳门等城市，湖南、四川等省份，以及东南亚、日本、澳洲等地区销售，引起了“广式月饼热”。这让外地的许多厂家看到了广式月饼市场的蓝海。为顺利生产广式月饼，很多厂家或派员前往广州学习，或花重金聘请广州师傅，有的则专门向陶陶居订购馅料。据陶陶居酒家反映，每年都有很多外地厂家来信或来人，学习交流月饼的制作秘方，或者询问质量问题的解决要领[①]。广州酒家作为广东最具代表性的餐饮酒家兼办食品工厂的企业，也经常在政府机构的引导下与外地品牌交流切磋。

当然，这种交流是双向的。当时，香港的广式月饼制作技艺、品质标准，以及工厂的建设水平都领先广州不少，一时间大大激起了人们的求知欲。当时，广州酒家刚涉足新的食品生产领域，一切都要从头学起。有着悠久历史的香港老字号恒香饼家，就让广州酒家的老师傅们印象深刻，他们将从恒香饼家学习到的工厂标准化生产管理的技术、经验，应用于新办的食品加工厂。90年代初，上海老字号杏花楼的经理也曾专程到香港考察，向元朗老饼家学习广式月饼技术。当时，元朗的工厂面积有1万多平方米，还拥有馅料成形机、包饼机，以及三条自动化生产流水线，而且由于已经采用了日本脱氧剂和包装技术，产品贮放期长达60天。这次的交流促使杏花楼下定决心，再次尝试进口国外脱氧剂和包装设备[②]。

由此可见，这一时期，已不仅是以广东为主导的文化、技术输出，其他地区也在不同程度上反哺着广东的企业。早年间从岭南山海间散发出去的友好呼声，在跨过数十年的漫长时光后，终于得到了声声回响。而一次次坦诚而有深度的交流，也为迫切发展的广东食品行业提供了切实的技术支持，带来了更具有前瞻性的发展理念与方向。

---

① 谭凌：《陶陶居月饼泰斗：广式月饼制作秘笈》，花城出版社，1998年。

② 王毅著：《杏花楼》，吉林摄影出版社，1997年。

确实，就广式月饼而言，香港与广东一衣带水，文化上水乳交融，不论是开放包容精神，还是骨子里的商业基因，两地人民都有着同根同源的默契。早在民国时期，就有不少粤式酒家、茶楼在香港开设分店，如前面提到的省港莲香楼，广式月饼也因此被带到香港，并在这片土地上扎根生长。

当广式月饼依着天时地利从广州向外输出时，热衷商业的香港早就跃跃欲试了。香港本土创立的月饼品牌在经过漫长的发展之后，在广式月饼市场上占据着不可忽视的地位。

其中，较具有影响力的荣华月饼诞生于1950年的荣华酒楼。当时，这家酒楼也像广州的酒楼一样专设糕饼部，每到中秋都制作广式月饼。荣华是香港地区最早推出白莲蓉月饼的品牌，凭此一举成为香港糕饼行业的领军企业之一。从20世纪70年代开始，荣华月饼开始进军内地市场，同时也开辟了国际市场，率先发展为极具国际知名度的品牌。

另一家香港本土创办的美心，则起家于中环德辅道中连卡佛大厦的一间西餐厅。其于1987年推出第一盒双黄莲蓉月，大受香港市民欢迎，从此便一发不可收，每年都推出新口味的月饼。在美心月饼尚未进入内地市场的那些日子，很多广州老饕专程赴港排队，只为一尝美心月饼的滋味；无法亲赴现场的人，则只好拜托亲朋好友代购。20世纪90年代开始，美心月饼进入内地市场，并远销世界各地。

相比广东，香港受到更多西方文化的影响，但中秋吃月饼的习俗一直存在。20世纪80年代起，随着香港经济腾飞，这里长期交融碰撞的中西交化，再一次为广式月饼的制作注入了新意。诞生于广州，且最初便兼具中西文化色彩的广式月饼，差不多一个世纪后，又在香港得以再造。得双城之护，实是广式月饼的大幸。

1986年，香港半岛酒店的点心师将西式奶黄馅融入广式月饼，首创了一款迷你奶黄月饼。其中，西式的牛油替代了猪油，白糖取代了传统广式月饼的转化糖浆，咸蛋黄也不再是馅料的主角，而是被打碎融入到奶黄馅里。这种月饼仅有半个手掌大小，精致玲珑，一时间风靡了全球华人市场。

创新之举无独有偶。1989年，香港的一家面包西饼铺推出了冰皮月饼。这种月饼的饼皮无须焙烤，并用糯米取代了传统糖浆皮，经过冷冻之后可与冰激凌相媲美。冰皮月饼于2007年被引进到内地。岭南的金黄圆月，顿时笼罩上了一层冷月清秋的氛围感。从某种程度上说，这一创新也为广式月饼传统品牌带来了新的挑战与思考。首先需要解决的是从生产到运输、销售过程中的保鲜技术。由于未经过烘烤杀菌，在低温环境中，前期处理时冰皮月饼所携带的微生物依旧存在，而且冰皮必须采用冷链运输，成本高昂。

1997年，哈根达斯进入中国市场之后，香港大厨即创制了第一款冰激凌月饼。2014年，美心推出了一款流心奶黄月饼，一炮而红；5年后又推出黑松露流心等创新口味，带动了内地月饼厂商

香港美心月饼[1]

① 引自《2024美心月饼产品和包装介绍》。

相继研发抹茶流心、巧克力流心等新品类。现如今，更多品牌逐渐加入奶黄月饼、冰皮月饼等新品种的产销中。

这些港产月饼与传统的广式月饼同源而生，但在口味和包装上又有着独特个性，很快便博得内地消费者的青睐。港产月饼的饼香飘越深圳河，不仅见证了传统工艺与现代智慧的融合，也形成了生生不息的文化互动。香港的创新灵感源自广式根基，其改

创新：流心奶黄月饼与拔丝莓味奶盖月饼[1]

① 引自《2024美心月饼产品和包装介绍》。

良升级又反哺岭南饼艺，拉动老字号企业一道去探索未来的无限可能。

随着粤港澳地区的一体化协同发展，广式月饼的产业合作更深入全产业链的分工合作，各地区相互配合、协同发展。广东省与港澳发挥各自所长，形成了独特的产业分工。如品牌研发和设计中心扎根广州、香港和澳门，凭借国际化视野捕捉市场潮流；中山、东莞等制造业基地则发挥历史上积淀已久的前店后厂模式，承接起广式月饼的规模化生产，保障湾区制造的品质与效率。

中山是重要的侨乡，超过百万的海外侨胞遍布全球近百个国家和地区，积累了深厚的商业资源，形成覆盖全球的“中山人经济圈”。这里长期以来与海外华人的密切关联，某种程度上影响着当地月饼品牌对外销的执着。1986年9月4日，《羊城晚报》刊载了一篇关于中山月饼出口的新闻：“广东中山市咀香园食品厂生产的白莲蓉月饼，在加拿大温哥华举行的世界博览会上展销，受到欢迎……首次打开了巴拿马和秘鲁等国家市场。”20世纪90年代，中山怡丰食品厂、百威食品公司等建成，大大推动了广东省月饼的规模化生产与批量出口。截至2023年，中山市的月饼出口量已经连续17年居于全国首位，销往全球30多个国家和地区。

广东东莞也是广式月饼重要的生产地。1991年，在东莞新建成的华美食品公司以迅雷不及掩耳之势，拓展了月饼的销路版图。近年来，其年出口量已达数十货柜。1994年，香港荣华饼家在东莞设立了生产厂房，将香港创造的美味与内地的市场紧密相连。

粤港澳地区的消费者对于各种新事物的追求，也鞭策着从业者们在时代的洪流之中激流勇进，不断在学习互鉴中提升和展现自我。

蓄势待发：烘焙行业的升级

得益于改革开放，广式月饼从民国时期地方的节令食品，逐渐发展为一个成熟的行业；也从普通的外销商品演化为整体发展的产业。这也意味着，广式月饼不仅形成了现代化产业，且正在走向集群化、精细化、专精化的更高层次形态。伴随着这一形态出现的，是代加工模式。

这一时期，我国烘焙食品行业逐渐形成较为成熟的代加工模式。实际上，早在20世纪30年代，上海的泰康、泰丰等食品公司与百货公司的合作，就可以被视为贴牌生产——代加工的早期形态。而从20世纪80年代末90年代初开始，我国月饼行业已经具备了单品代加工、礼盒代加工、包工包料或不包料、全方位服务型代加工等多种不同服务类型。

从宏观经济的角度来看，代加工模式实际上是全球经济一体化、产业分工日趋细化的产物。与代加工工厂合作，使品牌能够集中精力在研发、设计、营销等层面，从而提高经营管理的效能；而在信息经济时代，代加工作为一种更专业化的工厂形式，有利于使产品质量在大批量生产中更为可控。可以说，一家通过了ISO9001质量管理体系、危害分析与关键控制点（HACCP）、企业食品生产许可（QS）、药品生产质量管理规范（GMPA）等质量安全认证的代加工工厂，将会是品牌方得力的左膀右臂。

月饼是季节性极强的商品，品牌方与代加工厂的配合，能够更好地满足消费者的多样化、个性化需求。某种程度上，代加工模式的成熟也意味着广式月饼进入了一种竞争与合作并存的状态。这应当是现代行业发展的必经之路。

全国遍地开花的月饼代加工企业，也在一定程度上改变了广式月饼的产销面貌。以前，广式月饼主要是由广州、上海等地企业生产而后销往各地。但如今，全国各地的代加工工厂在掌握了广式月饼的生产技术之后，其品质、产量并不输于广东本土品牌。例如米旗食品，从1994年便开始在西安、哈尔滨建设了月饼生产基地，其广式特级五仁月饼于2005年、2009年分别获得了中国食品工业协会授予的“中国最佳特色月饼”称号。地处大西北的新疆麦趣尔食品有限公司，也同样以广式月饼为招牌产品，其在2005—2008年连续被评为“国饼十佳”。人们常说南北口味有着极大差异，比如粽子、汤圆或豆花，都有各自的咸甜党派之争。然而在月饼上却意外地一致——对不少“90后”“00后”的外地朋友而言，每年中秋家里买的月饼，大概率都是这皮薄馅厚、金黄甜润的广式月饼。

代加工模式也让一些有着技术优势的企业开辟出特色的赛道，譬如老字号莲香楼开拓了代加工业务之后，就发挥自身制作蓉馅的长项，不仅向各地月饼品牌提供优质的莲蓉馅料，还将其出口到海外，为当地华人所办的月饼工厂带去了正宗的广式莲香。咀香园、珠江莲蓉等对于莲蓉制作颇具心得的厂家，也推动了莲蓉馅产销的扩大。莲蓉，在现代化食品工业中成为一个重要的单品。从传统的广式糕点被移用至广式月饼，又得益于广式月饼的发展而重新受到重视，在西式饼点面食、速冻点心、年宵品等生产中展开了新的故事篇章。

代加工的发展，实际上意味着广式月饼行业进入了分工更专精、细化，也更集群化发展的高阶状态。分与合，实为一体两面。1993年，中国焙烤食品糖制品工业协会（以下简称“中焙糖协”）成立，从宏观政策层面对行业进行整合统筹，推动着食品行业的技术创新和高质量发展。

经过改革开放后数十年的孜孜努力，广东烘焙行业在全国形成极强的号召力与影响力。1997年，第一届中国烘焙展览会选址广州，此后又落户上海。国际烘焙展会是一种范围更广、主体更多元的行业交流平台，积淀了烘焙行业上下游全产业链优质产品、技术、服务资源，有利于整合大餐饮、大食品、大连锁优势市场资源，为中国“烘焙+”食饮行业上下游企业提供高效的链接。烘焙原辅料、月饼及馅料、食品包装、机械设备、家用烘焙、预制烘焙、休闲零食、代加工工厂……各具特点和专业性的厂商，犹如工笔，描画出我国烘焙行业的欣欣向荣、气象万千。

在20世纪末期的前信息化时代，烘焙行业者不远万里赴粤相聚，在面对面的沟通对话中，先进技术和最新信息得到了及时的交换，人心的距离也在不知不觉中拉近，为烘焙行业的从业者们带来了集体的归属感和认同感。

近年来，经过烘焙行业一次次的变革与升级，广东不仅依托集群效应、劳动力密集、物流便捷以及原材料丰富等优势，大大降低了广式月饼的生产成本，更随着粤港澳大湾区的快速发展，借助区位优势先一步获取潮流产品信息、营销手段、先进技术，为推动中国烘焙行业的整体发展和走向世界，积淀了充足的底气。随着线下展会、大型沙龙、路演活动以及线上云展电商等多元化项目的实施，一个国际化的“烘焙+”生态圈正在形成。全球烘焙业打破壁垒，为纵向深挖、横向跨界埋下了火种，只待21世纪互联网时代的春风，掀起一场燎原之火。

“海量时代”的营销初启

得益于机械化、标准化以及接近自动化的生产线，供应链的战略布局与科学管理，加上无菌包装技术的研发与应用，广式月饼实现规模化生产；上下游全产业链的布局，以及粤港澳大湾区一体化的协同效应逐渐凸显，默契的配合使广式月饼开拓了更广袤的行业空间；代加工模式和烘焙行业的整体升级，更是推动广式月饼的产销达到一个空前绝后的“海量时代”。

不同于早年间前店后厂的简易模式，在食品工厂成为广式月饼生产的主力后，生产与销售两个环节便出现了一定程度的分离。营销的作用在这一时期凸显，它仿佛是一个集散枢纽——工厂生产线上源源不断的海量月饼集中到营销端口，经由密布全国乃至全球的渠道网络，分散落地，送抵消费者的餐桌。最先触碰到市场脉搏的营销人员，通过对消费市场的观察、判断，反过来推动工厂调整升级。可以说，营销是连接生产工厂与消费市场的关键枢纽。

20世纪80年代，广式月饼的竞争始趋激烈的时候，摆擂台式

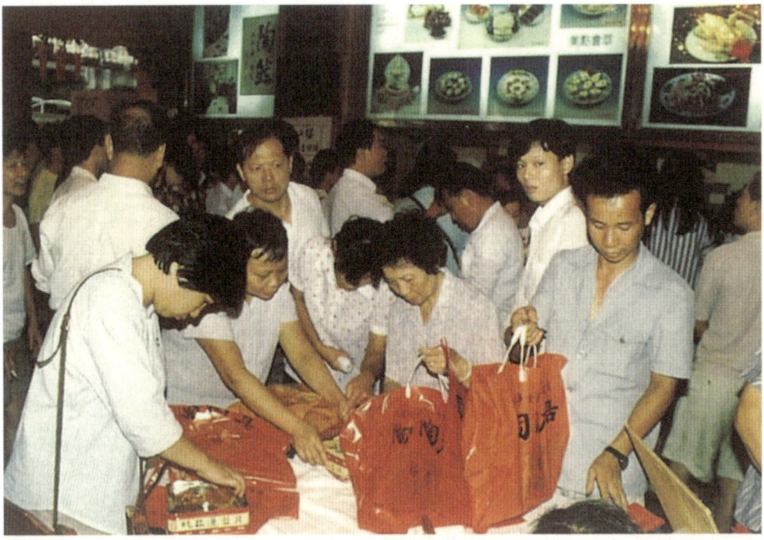

● 20世纪90年代，中秋节前，人们购买月饼

的设档展销月饼出现。如1986年的中秋节前，莲香楼、陶陶居、大三元、广州酒家、大同、北园、太平馆、泮溪等11家酒楼餐馆便集中设档西园酒家展销月饼。为吸引市民，各显神通：莲香楼月饼档一匾高悬，上书“莲蓉第一家”；陶陶居则搬来康有为题书的黑底金字招牌，并亮出一个37.5斤的月饼王，被戏称为“重磅炸弹”；广州酒家则带来了一盏水晶大吊灯，照亮自己的摊档。但主流的营销渠道仍要依托糖烟酒商店或国营的食品商店。相对而言，销售渠道的开拓处在保守而稳定的状态。

新的销售渠道在20世纪80年代末出现。此一时期，广州市迎来了百货商业的大发展时期。永安百货公司翻新，新大新公司落成，南方大厦百货商店、友谊商店等生机勃发。这些大型百货公司初期以联营模式为主，依托人口红利和消费需求激增快速扩张，成为当时主流的业态。这给广式月饼的营销带来了挑战与机遇：不仅需要自主开拓新的商业渠道，而且在市场化的经济环境下，百货商业为了降低成本，不再配备专门的售货员。当时，刚刚建立工厂不久的广州酒家营销团队敏锐地捕捉到这一销售渠道的重要价值，依靠广州酒家在餐饮业积累的品牌影响力，率先与百货公司接洽，从而为工厂生产的大批月饼铺渠道、扩销路。

彼时，整个市场正处在买方市场之下，月饼企业被经销商拖欠款项的情况层出不穷。于是，广州酒家开创了一种先款后货的模式，立下新的销售规则，使品牌方重新掌握了主动权。此后，外资连锁商超如麦德龙、岛内价、家乐福、沃尔玛等纷纷落地广州，形成“大卖场+一站式购物”的黄金时代。随着货仓式商场、大型连锁商超等新业态的出现，广式月饼又获得了更广阔的销售空间。

大型商超模式之下，广式月饼品牌的营销人员开始需要对接大量的经销商，困难明显，于是，作为解决办法的广式月饼订货会在当时流行起来。类似的销售模式在民国时期便已出现，那时简称为月饼会，本是一种利于市场良性竞争、买卖双方相互交流的好方式。一方面，商家能够提前了解市场信息，对需求和市场风向有一定的把握，不至于发生过分的供求失衡情况；另一方面也能避免经销商拖欠款项、削价售卖等不良竞争行为，保证产品质量与价格的一致性，有效保障了品牌方和消费者双方的权益。

自1992年开始，广州酒家、莲香楼、陶陶居、咀香园，还有新出现的百威月饼等品牌纷纷举办月饼订货会。不局限于广州，广州酒家集团也奔赴海口、玉林等城市举办月饼订货会，逐渐在全国打开了广式月饼的销售渠道。

除了例牌的订货、验货环节，订货会的形式和内容也变得越来越丰富，新品发布、尝鲜，商业洽谈、签约仪式、文化沙龙，订货会后还组织客商、合作伙伴参观企业，俨然成为一个极具仪式感的小型展演，也不失为树立品牌形象地位、巩固合作关系的大好时机。

另外，直接面向消费者的月饼提货单形式则变得更为常见。只不过这一时期国人的消费能力大为改善，从不得不分期付款供月饼，变成了提前抢购多盒月饼，自用之外还要送礼，因此每年中秋的月饼产销量飞速上涨。到了月饼真正上市之时，提货的门店现场总是排起长龙。邻居相约前往，一边怀着期盼的心情等

1993年，玉林市广州酒家集团月饼订货会现场（上）及月饼提货单（中、下）

候，一边聊家常、话中秋。节日的气氛便如同那金黄的月饼般，浓郁而温暖。

营销竞赛日趋激烈

一方面，随着人们收入的增加，生活水平提升，广式月饼本身的礼品属性备受青睐，海量的月饼有了千千万万潜在的买家；另一方面，下海的经商热潮也催生了更多企业和品牌，除了原有的一些国营老字号，还涌现了不少新兴的私营月饼品牌。企业家们的商业抱负，与人民的消费升级需求产生了激烈碰撞，广式月饼行业的产业潜能，也在等待释放。

但想从“海量时代”中脱颖而出，并非易事。民国时期沪上掀起的广式月饼花式营销之潮，或可称为广式月饼营销的1.0版。只是，代工厂模式下的海量月饼，要被市场消化，还需要更多元化、专业化的销售模式。直观可感的外包装盒和附赠品，更具互动性的促销活动，占据舆论阵地的事件营销等，被重新注入了新时代的理念与活力。

在一百多年的发展时光里，广式月饼的商品属性及其社交属性在新时代里愈加鲜明，于是从20世纪80年代末开始，围绕包装展开的营销成为行业的大事件。与此同时，改革开放激发的消费热情以及购买力的大幅上升，使广式月饼的商品属性得以释放。总而言之，品牌需要更便于远途运输和市场流通，且看起来更高档的广式月饼包装。

这就不得不提改革开放之后广东省包装产业的腾飞与规模集群发展。改革开放后，广州的印刷业迅速发展，特别是有纸业基础的越秀区天成路，仅仅用了几年的时间，便集齐了与印刷包装有关的所有业务。其600米长的路面，满驻了300家专业商铺，其中100多家有中外客商常驻。位于珠三角一隅的东莞，因地缘优势、低廉的人工成本、完善的产业配套，以及通达欧洲、日本、美洲等消费市场的便利，让位于食品产业中游的包装印刷产业看到了发展空间，一时间，无数家来自全球各地的包装印刷厂商纷纷扎根东莞，东莞也获得了“外商投资印刷企业数居全省第一”的称号。此外，在20世纪80年代初，深圳市被确定为中国改革开放的先行地区，吸引了大量的外资和投资。印刷包装作为一种传统的加工业，也迅速在深圳兴起。几乎同一时期，佛山里水镇的包装印刷行业也在外商投资下开启了蓬勃发展的进程。多方努力下，广东很快便成为中国最大的金属包装出口地区。

由于起步早、发展力量集中，广东拥有了完整、成熟的食品包装上游产业集群——金属包装材料、包装印刷、设计，三链咬合，广式月饼包装盒的生产甚至在广东成为一个独立的产业。

20世纪80年代初，香港马口铁厂商进驻广东，一种特定规格的方形马口铁盒受到了广式月饼品牌的关注。传统的月饼有两种规格，一种是4个1斤（1斤=0.5千克），称为足斤；一种则是4个1斤半，名曰加头。将一张标准尺寸的马口铁板材经过精密裁切，制成185 mm×210 mm大小的月饼盒。按照标准规格的月饼来计，4个一组的加头月饼，能完美地嵌入这个马口铁盒中。更重要的是，这种四周方正的铁盒更易于堆叠摆放，有助于广式月饼在市场上成批量地流通和销售。

当时，广州酒家成为中国首家使用这种马口铁盒包装月饼的酒楼。从20世纪80年代起，广州酒家的月饼盒采用了醒目的橙色方盒，上面印有广州酒家大堂的水晶灯和旋转楼梯，这一设计至今仍广受欢迎，成为老、中、青三代人的共同记忆。

这种设计巧妙且保存能力极佳的铁盒迅速流行起来，成为中国食品包装的经典。随着广式月饼消费市场的扩大，消费者提出了更多样化的需求。在对市场趋势的洞察与预判之下，广州酒家又推出专版铁盒包装，包括单黄白莲蓉、双黄白莲蓉、七星伴月等口味月饼，从此有了更具辨识度的专属包装。

20世纪90年代，广式月饼的包装设计成为消费升级的微观镜像。这一时期，包装营销突破传统的桎梏，以工艺、设计、材质等方面的极致探索，回应消费者的更高需求，也如明镜般映射出日新月异的中国。

自20世纪80年代创制，广州酒家大堂版月饼包装铁盒已成为延续数十年的经典

1993年，陶陶居推出一种三层的注塑礼篮，其有如明清时期工艺精美的提食盒，让消费者体验了一回古人的生活方式。此举不仅带动了全国月饼礼盒对塑料这一新材料的使用，也推动了多功能月饼礼盒的创新。

随着粤港澳大湾区的交流逐渐频密，香港文化随港片涌入了广州。广式月饼的包装也吹起了一阵港风，当时颇有影响力的品佳品、香港帝皇、中山百威等，便是港风包装的引领者。成立于1996年的金苹果食品有限公司（原称香港金苹果食品有限公司）

则以一种欧式风格的包装设计激发了当时国人对于海外事物的新奇感。还有一条包装设计路线则是走中式审美风格。同样是新品牌的中山百威便推出了一系列极具代表性的中式月饼礼盒设计，其以雕龙画凤、国色牡丹等元素，配上“尊品”“至尊”等字眼，烘托出一种雍容华贵的气质。

不同包装设计风格的背后，是同样的营销逻辑——让消费者体验到至高无上的身份感与最强烈的节日仪式感。这与民国时期粤人打造的震撼上海滩的“高贵月饼”遥相呼应。但此举也埋下了后来过度包装之雷。在某种程度上，这时的广式月饼营销已出现了一种矛盾的状态：月饼本身的礼品属性的确需要外包装的衬托配合，但包装盒的过分精美，喧宾夺主，抢去了月饼本身的风头。让人印象深刻的莫过于中山百威在1993年举办的那场月饼会。当时，百威以一款鎏金月饼礼盒夺人耳目，其夸张豪奢程度令人咋舌。

以包装作为营销手段的狂热犹如时代切片，不仅可以由此

● 百威月饼包装

窥见经济腾飞时期人们对体面、排场的某种执念，也暴露出转型社会价值认知的偏移。过度包装映照出商业伦理的模糊边界。极尽奢华之余，人们似乎忘却了中秋馈赠月饼本身所承载的美好情意，一不小心便坠入了消费主义的陷阱之中。

20世纪90年代中后期，从包装上争奇斗艳开始的过度营销，让整个广式月饼市场陷入一种非理性的状态，异状频发。在广式月饼的礼盒中加入各类附赠品，比如茶叶、茶具、餐具、咖啡，甚至昂贵的海鲜干货，或者购买月饼随赠米面粮油，只能算是营销中的常规操作。而接下来的一幕幕，则见疯狂：1997年的中秋，有着“广式月饼泰斗”之称的陶陶居制作了一个直径3米、高0.3米、重575公斤的超大月饼，名曰“华夏团圆月”，被列入了当年的吉尼斯世界纪录；1991年，洋酒品牌人头马与广州各大月饼品牌联合举

1997年，陶陶居创制直径3米、重575公斤的华夏团圆月

办了“91金秋皓月名家月饼大联展·暨人头马洋酒幸运大抽奖活动”。在活动现场，买价格不过数十元一枚的广式月饼或者就可幸运获得售价高达2000元的名贵洋酒；1992年，广州酒家更是实施“核弹级别”的事件营销：买月饼送房子。那个年代商业营销的疯狂，可见一斑。正如奇趣饼家一则广告所言“出品如云，礼品如雨”，生产厂家谁都想玩一招鲜，在激烈的市场竞争中出人头地。

彼时，每逢中秋，“乱花渐欲迷人眼”的市场营销，被充分激活的舆论环境，还有丰富的品类出新等，不禁让人回想起民国时期的种种。站在世纪之交，广式月饼将何去何从？

探寻可持续发展之路

广式月饼营销的狂飙突进中暗藏隐忧：过度包装导致成本占比失衡，概念营销掩盖了传统工艺，行业一度陷入“卖包装胜过卖月饼”的怪圈。当世纪钟声敲响时，一纸政令如醒酒汤，沉醉在包装竞赛中的商家终于幡然醒悟，月光终究要落在月饼里。

浮华褪去，理性回归。人们开始思索，广式月饼行业如何得以长足发展？千禧年之后，广式月饼又重新回归食物本身，人们也重新审视广式月饼所承载的文化真谛，从产业的宏大建构中回到“人”本身，在传承人、消费者的身上，找寻可持续发展的支点。

这场螺旋式上升的产业进化，亦可见广式月饼的内在生命力：不在浮华外衣，亦非刻板守旧，而是用现代文明重构。新时期，我们看到的不只是食品工艺的革新，更是一个古老行业在现代化浪潮中寻找文化锚点的智慧。广式月饼用逾百年之途证明：只有不忘初心，与时俱进，每个时代都有宽阔的生长空间。

回归理性的市场

2001年秋，中央电视台《新闻30分》曝光了南京一厂家以陈年馅料生产月饼的事件：一些2000年生产的桶装馅料，被送进了半成品车间接受二次回炉，并被送上生产线加工成准备在2001年中秋出售的新月饼。在这样的车间里，广式月饼以大约每天9万枚的产量被源源不断生产出来。

此事件引发了轩然大波，月饼行业的从业者都在反思：将关注点过度放在层出不穷的营销手段和奢华包装上，作为真正主角的月饼本身将情何以堪？

国家及时对月饼的生产进行整顿，并制定标准规范生产全要素，以冷却正在发酵的月饼生产者的不理性行为。2005年9月2日，国家质检总局、国家标准化委员会发布了《中华人民共和国标准　月饼》（GB 19855—2005），并从2006年6月1日起实施。这个标准将月饼标准从2002年的行业级标准SB/T 10351—2003提升为国家强制性标准，由此结束了此前地方标准分散、质量参差不齐的局面。这一标准的发布有两层重大意义：其一是将月饼行业正式纳入国家级食品安全监管体系，使生产安全有了更高级的

广式标准五仁月饼

保障；其二则是使月饼市场从过度包装中重回理性，由此获得了可持续发展的行业生态。

从生产安全和质量标准的角度而言，这一国标首次按加工工艺（烘烤类、熟粉成型类）和地方风味（广式、京式、苏式等）双重维度划分月饼类别，为保护地方特色提供了依据。其中明确定义了广式月饼是“以广东地区制作工艺和风味特色为代表的，使用小麦粉、转化糖浆、植物油、碱水等制成饼皮，经包馅、成形、刷蛋、烘烤等工艺加工而成的口感柔软的月饼”。同时，在细节上，标准中对莲蓉与五仁这两大广式月饼经典品类也有明确规定，要求莲蓉月饼的莲子含量（除油、糖外）不低于60%，果仁类月饼果仁含量不低于20%。而含量不足60%的莲蓉月饼，只能称为杂蓉类。由此，广式月饼生产有了行业参照标杆，推动了月饼生产标准化进程。

这一标准的出台鞭策着各广式月饼企业优化生产配方，也带来了技术外溢效益，比如标准中关于馅料含量、水分控制等要求，被借鉴至其他糕点领域，有助于烘焙行业生产标准化的整体提升。一方面，这实现了广式月饼生产从地方经验到科学规范的一次跨越。另一方面，广式月饼的市场也更加规范化。通过强制标注产品类别（如广式莲蓉月饼）和限制虚假宣传，使得消费者对产品的辨识度、对品牌的信任度都有所提升。头部品牌市场占有率获得了增长，避免劣币驱逐良币导致恶性循环。消费者的权益也因此得到保障。

标准的制定，更有赖于各地企业的参与。广州酒家集团利口福公司、珠江莲蓉、广达香等广式月饼品牌方在标准起草阶段提供了广式月饼的传统工艺参数，尤其在转化糖浆比例、烘烤温度、回油等特殊环节，使广式月饼的感官标准和理化指标更具科学性和可操作性。

2015年10月1日起，新的《中华人民共和国食品安全法》正式实施，各级政府职能部门加大了对食品安全的监管力度。相应地，新的《中华人民共和国标准　月饼》（GB/T　19855—2015）则在2016年开始正式实施，将2005年的强制性标准转为推荐性标准，其中就将冰皮月饼（不烘烤）作为单独条目给出了明确定义。2023年的《月饼质量通则》（GB/T 19855—2023）中，不仅扩大了广式月饼的定义，还将流心月饼纳入广式月饼范畴。这些标准改革与时代、市场保持着紧密联系，在一定程度上使月饼行业发展有了更多自主性和创新力。

食品安全质量标准的制定，是现代科学技术与法制社会的发展带给月饼生产者的挑战，也是红利。如今，在食品安全管理这一块，从国家到国际社会都有了更高的标准与更完善的体系，越来越多广式月饼品牌被纳入到各类食品安全管理体系认证中，大多数的月饼厂商也遵循药品生产质量管理规范（GMP）、卫生标准操作程序（SSOP）、危害分析和关键制点（HACCP）体系的标准来设计和建造生产车间。这三个标准——GMP是基础规范，SSOP是卫生操作的具体落实， HACCP是风险防控的系统化方法，三者互相配合，共同构筑食品安全管理的核心体系，有效地保障了生产安全和质量。比如，HACCP发现了月饼生产某环节微生物超标，便可以追溯至SSOP的清洁程序缺陷，或是GMP中设备维护的不足。

循此流程，制饼师傅们便能找到生产中被忽视的问题，进而推动品质的保障与升级，由此保障消费者的健康。这不仅有利于在品牌与消费者之间建立起更稳固的信任关系，也标志着广式月饼作为一个国际化的现代食品行业，迎来了生命中的成熟期。

除了食品安全管理之外，针对月饼本身的礼品属性的限价和包装规范，也逐渐常态化。从2005年的《月饼》强制性国家标准开始，就明确规定“包装成本≤出厂价25%，单粒包装与外盒间距≤2.5厘米”。规定出台，效果明显。据中国烹饪协会发布的《2005年餐饮业月饼经营状况及2006年趋势预测》：各大品牌在包装设计上默契地转向了简约化与时尚感，广州酒家对25款产品的包装进行调整，并减少了礼盒装的比例；莲香楼大大减少了木盒包装及礼盒数量。从价格来看，实惠价格产品成为当年月饼市场的主导力量，如广州酒家的单价在80元左右的产品占月饼总量的65%，100元左右的产品占月饼总量的20%，实惠价格产品占总产品的85%左右。

第一天

一、初始阶段

饼皮干硬，有轻微裂纹，光泽较暗

第十五天

四、完成阶段

月饼通透莹润，柔软细腻，风味新鲜，达到最佳状态

二、过渡阶段

局部出现油膜，整体光泽度提升

三、发展阶段

皮馅紧密结合，油脂分布均匀

● 广式月饼15天回油过程（梁博年摄）

● 干净整洁的生产车间（广东金九饼业有限公司供图）

市场理性带来了一定的调节作用。2009年3月《限制商品过度包装要求　食品和化妆品》（GB　23350—2009）发布并实施，正式宣告20世纪90年代中后期广式月饼日趋奢华的包装竞赛走向没落。这一时期，月饼企业放弃了华而不实，开始寻求更实在、更长远的发展路径。

围绕国家于2016年提出的消费品工业“增品种、提品质、创品牌”战略，各大月饼企业纷纷将精力与资金转投于品类创新、品质提升和品牌建设等方面。据中焙糖协的报告：2015—2016年的月饼市场，以个人和家庭为主体的消费已经逐渐回归理性和健康；自己食用会以购买实惠、性价比高的产品为主，礼盒月饼销售价格带呈橄榄形，大部分礼盒月饼价位集中在80～200元。这一销售状况也折射出月饼正回归到传统食品和承载中秋文化的属性。

行业的健康发展需要理性与平衡。一方面，企业依靠食品安全与品质取信于消费者，得以立足于市场；另一方面，当消费市场处于白热化、非理性状态时，也需要有人适时地泼一泼冷水。至今，遏制天价月饼的努力不曾间断：国家出台了《关于遏制“天价”月饼、促进行业健康发展的公告》（2022年）、《限制商品过度包装要求　食品和化妆品》（GB 23350—2021）及其第1号修改单（2023年）等，具体细化到包装层数、空隙率、混装等维度的限制，时刻提醒着行业与市场保持应有的理性；2022年国家发改委等四部门出台“天价”月饼限制令，500元以上礼盒需备案，也推动着月饼行业回归大众化消费。

实际上，有关广式月饼价格限制的政策与舆论，从其诞生之初便一直相伴着。从民国时期将广式月饼称为“高贵月饼”的说法中可见一斑；冠生园试图以小月饼推动月饼的大众化，是一个还算成功的努力。到了计划经济下的票证时代，广式月饼被打上了高价糕点的标签，其生产、销售、定价都有严格的控制。而随着市场的开放，广式月饼的商业活力得到了充分恢复。1987年，广州市饮食服务公司就提出对广式月饼“实行最高限价”，似乎有着某种先见之明。直到世纪之交，广式月饼行业走向极致化的营销竞赛，其实再次向我们发出了警示与反思的邀请——在月饼行业，为什么与价格、营销有关的争论总是发生在广式月饼身上？

广式月饼从诞生之日起便内蕴着礼俗文化与社交属性，也遗传了粤人顽强的商业基因。当然，这其实是一柄双刃剑。一方面，其礼俗文化属性与社交属性的存在，意味着每至中秋，家家户户必备月饼，而粤人的商业基因，又促成广式月饼成为中国九大月饼派式中市场独大者，多年来，其销量一直占据着中国月饼市场的半壁江山，商业价值突显，是行业的“出头鸟”；另一方面，由于广式月饼的产业体系错综复杂，市场庞大，行业的发展便与整体经济、政治、社会环境息息相关。作为行业风向标，其价格和营销策略等直接影响着全行业生态，一旦有任何风吹草动，极易引发连锁反应。因此，广式月饼在确保产品的安全与健康，持续推动中华文化的传承与发展之时，也应在定价、营销等层面具备强烈的社会责任感，从而行稳致远。

新潮流：健康与美味兼得

从贫困到小康，近几十年的社会巨变，国人的生活理念与方式不断与时俱进。当下，吃得健康，尝得美味，是普罗大众的重要选择。而广式月饼最与众不同的地方就是它的糖浆皮和厚重的馅料。换现代一点的说法，它就是糖油混合物，这已不太适合当下人们的饮食需求。但热爱美食的中国人怎么可能放弃这一年一度的中秋佳肴？实现健康与美味的兼得，唯一的办法就是加快科学研发的脚步。

逾百岁的广式月饼，正走在逐渐适应人们需求的路上。

糖是广式月饼美味的重要来源。得益于明清时期就发展起来的糖业，广东人对于糖的认识和使用在全国属于领先地位，广式月饼中的转化糖浆其实就是最有力的印证。广东先人将甘蔗中提炼出来的砂糖进行了创造性转化和运用，在漫长的熬煮过程中加入酸，再用碱水中和。由此，白砂糖的分子结构被打断重组，摇身变为了一种果葡糖浆。用它制成的月饼饼皮不会脱水、发硬，也不会出现影响口感的返沙（结晶）现象。

如今，人们不仅追求口感上的美味，还更迫切需要减轻糖带来的身体和心理负担。事实上，有关代糖（甜味剂）的科学研究在中国出现的时间并不晚。在1985年的首届技术成果交易会上，就已出现有关糖的各类技术创新：采取树脂法获取甜叶菊提制糖，以及其他甜味剂提取工艺；各类转化果葡糖浆的方式，如安徽科研中心的葡萄糖并构酶，可以转化70%果葡糖浆。同时，淀粉糖工艺也逐渐普及，在工业生产中逐渐替代了蔗糖，广东地区的糖厂几乎都转向了淀粉糖生产，还有像双桥这样原本生产淀粉的厂商也开始产制淀粉糖。淀粉糖的主要原料为玉米、甘薯等，不仅成本低，而且转化出来的高果糖浆几乎呈现为液态，遇冷更加不会结晶发硬。这一研发对糕点、饮料等食品行业带来了一次品质的提升，就如广州茶楼里的点心萨其马，在改用淀粉转化糖浆之后，口感上就比传统的更加柔软甜润。

尽管有关糖的生产和使用早已实现规模化，但将糖运用到广式月饼制作中如何达成健康与美味的平衡，却绝不可能一蹴而就。早在1995年，随着国内对健康饮食的日益重视，就有广式月饼企业开始倡导低糖、低油的新风尚。广州酒家是其中的先行者，但由于技术限制和生产条件的不足，低糖、少油的配方使月饼保鲜期预料之外地缩短了，那一批莲蓉月饼出现了发霉现象。这一事件也大大推动了莲蓉配方与生产流程的改革。次年，广州酒家通过《羊城晚报》向社会承诺："消费者凡发现广州酒家有质量问题的均可获奖；凡发现广州酒家集团生产的月饼掺假掺杂，不符配方，莲蓉中掺有马铃薯蓉之类，经核实后举报人奖5万元；凡发现月饼有质量问题的，除可退换之外，可以奖励当事人吃一顿高级宴席。"

幸运的是，这种勇于探索革新的精神，获得了本地消费者的理解和鼓励。当年在外省退货如潮之下，广州酒家的月饼依然在广东市场大受欢迎，消费热情丝毫不减。这也鼓励了其他广式月饼企业投入到科研创新之中，探索更健康的月饼配方。

21世纪以来，越来越多的广式月饼包装上出现了"低糖""无糖"的标语，但无糖风波屡屡发生。有的消费者吃下"无糖月

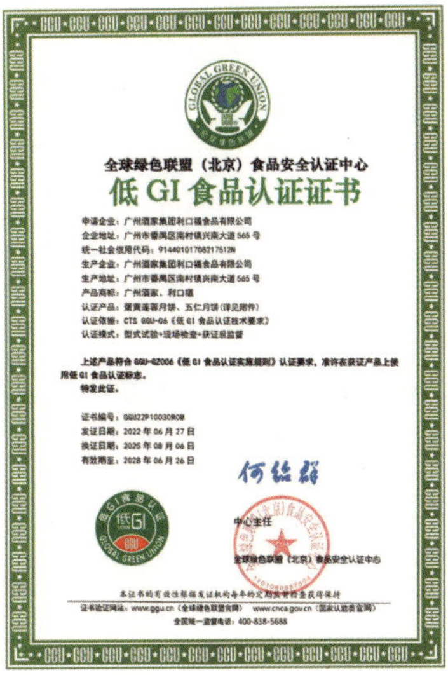

全球绿色联盟（北京）食品安全认证中心

低GI食品认证证书

申请企业：广州酒家集团利口福食品有限公司
企业地址：广州市番禺区南村镇兴南大道565号
统一社会信用代码：9144010170821751 2N
生产企业：广州酒家集团利口福食品有限公司
生产地址：广州市番禺区南村镇兴南大道565号
产品商标：广州酒家、利口福
认证产品：蛋黄莲蓉月饼、五仁月饼（详见附件）
认证依据：CTS GGU-06《低GI食品认证技术要求》
认证模式：型式试验+现场检查+获证后监督

上述产品符合GGU-GZ006《低GI食品认证实施规则》认证要求，准许在获证产品上使用低GI食品认证标志。

特发此证。

证书编号：GGU22P10030R0M
发证日期：2022年06月27日
换证日期：2025年08月06日
有效期至：2028年06月26日

中心主任

全球绿色联盟（北京）食品安全认证中心

本证书的有效性依据发证机构每年的定期监督检查获得保持

证书验证网站：www.ggu.cn（全球绿色联盟官网） www.cnca.gov.cn（国家认监委官网）

全国统一监督电话：400-838-5688

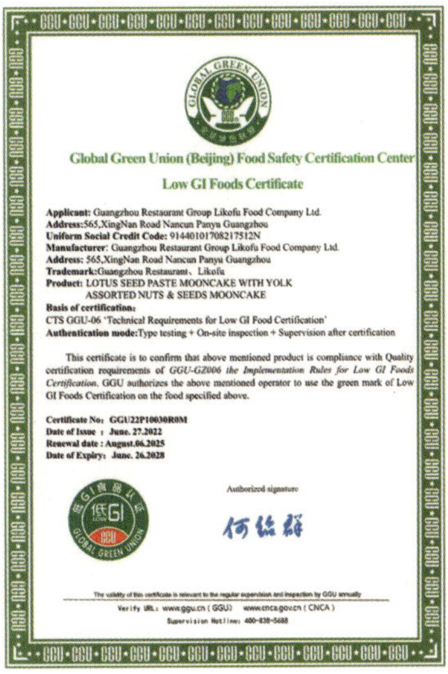

Global Green Union (Beijing) Food Safety Certification Center

Low GI Foods Certificate

Applicant: Guangzhou Restaurant Group Likofu Food Company Ltd.
Address:565,XingNan Road Nancun Panyu Guangzhou
Uniform Social Credit Code: 91440101708217512N
Manufacturer: Guangzhou Restaurant Group Likofu Food Company Ltd.
Address: 565,XingNan Road Nancun Panyu Guangzhou
Trademark:Guangzhou Restaurant、Likofu
Product: LOTUS SEED PASTE MOONCAKE WITH YOLK
ASSORTED NUTS & SEEDS MOONCAKE
Basis of certification:
CTS GGU-06 'Technical Requirements for Low GI Food Certification'
Authentication mode:Type testing + On-site inspection + Supervision after certification

This certificate is to confirm that above mentioned product is compliance with Quality certification requirements of *GGU-GZ006 the Implementation Rules for Low GI Foods Certification*. GGU authorizes the above mentioned operator to use the green mark of Low GI Foods Certification on the food specified above.

Certificate No: GGU22P10030R0M
Date of Issue : June. 27.2022
Renewal date : August.06.2025
Date of Expiry: June. 26.2028

Authorized signature

The validity of this certificate is relevant to the regular supervision and inspection by GGU annually

Verify URL: www.ggu.cn (GGU) www.cnca.gov.cn (CNCA)

Supervision Hotline: 400-838-5688

低GI食品认证书（中、英文版）

饼”后，发现血糖值飙升；有的吃了糖醇月饼之后出现腹泻。可见，广式月饼在走向真正健康化的道路上，仍迫切需要生产标准与科学技术这两翼的助力。

2011年，《食品安全国家标准　预包装食品营养标签通则》（GB 28050—2011）中规定：“无糖或不含糖”是指固体或液体食品中每 100克或100毫升的含糖量不高于0.5克；“低糖”则是指固体或液体食品中每100克或100毫升的含糖量不高于5.0克，这是无糖食品或者低糖食品的唯一标准。

通常的降糖方法是采用甜味剂降低甜味，不少广式月饼企业都在探索甜味剂在月饼中的使用，但它于健康和口味两方面的效果，便不一而论了。另一方面，随着人们对糖与甜食的科学认知不断加深，人们开始关注与研究低升糖指数（GI值）月饼。从科学的角度来说，低GI指的是不易引起血糖的急剧升高。在此消费趋势下，广州酒家集团与华南理工大学合作共建低升糖健康食品合作研发中心，并在2022年推出了国内首款获得GGU[①]认证的低GI月饼，弥补了市场上健康月饼的空白。这款月饼在保留传统风味的同时，采用低升糖配方，减少糖分摄入，适合糖尿病患者及控糖人群。

这一低GI月饼的上市也标志着校企合作的成功，是高校科研优势引领食品行业新飞跃的生动展现。现代食品科学技术更加专精的发展，让各大食品企业关注在口味出新之外更具科学价值的产品研发，不少月饼品牌纷纷与科研机构、高校等平台共建了专业化的食品研发中心。2014年1月21日，广州酒家集团利口福食品有限公司实验室——利口福食品有限公司检测中心通过了中国合格评定国家认可委员会（China National Accreditation Service for Conformity Assessment，简称为CNAS）认可评审，成为广东

① GGU：全球绿色联盟（北京）食品安全认证中心，是国家市场监督管理总局批准的第三方独立认证机构，也是国内领先的专注于食品领域创新型认证的专业机构。

省内率先获得这一高难度认证的月饼企业。获得CNAS认证的实验室，意味着在某一特定领域的实验方法、设备条件、人员素质、质量管理等方面都经过严格考核，能够独立、公正、有效地执行相关的检测、校准任务，并能出具被国际广泛接受的测试报告。更有针对性地建立食品科学研究室，也意味着广式月饼企业的生产开始融入了更多科技的力量，从内在激发食品企业的创造力。

低GI月饼的出现，预示着月饼健康化将走向更细分的赛道——针对特定人群、特定需求的细分市场，将原料的功能属性融合到月饼新产品中。如近年来流行的米月饼、药膳月饼等新品类，通过在月饼中添加阿胶、陈皮、山楂等药食同源的原料，或者是芋头、紫薯、山药、薏米等五谷杂粮，以迎合部分顾客的健康消费心理。有不少馅料加工厂则推出新馅料品类，如奇亚籽、亚麻籽、抹茶粉等新兴食材，吸引了不少健身人士的眼球。

近年来，全球消费者对食品质量和安全的关注度达到前所未有的高度，也更趋于知识化和科学化。尤其伴随着“互联网+”与社交媒体时代的到来，消费者对于食品的健康、安全、营养的需求，变得更为主动。越来越多消费者在购买产品时，希望能自主了解食品的健康程度，自主判断和选购。千禧年前后出现的清洁标签，正应运而生。作为一种简洁直观、易于消费者理解的食品信息窗口，清洁标签满足了当下市场“健康看得见、消费更安全”的理念及需求，也与食品企业开发无添加、零添加产品的趋势相契合。从提出到现在的数十年间，清洁标签已经覆盖了全球的食品行业，不少巨头食品公司已将其纳入品牌的市场策略之中。

清洁标签的出现无疑为月饼品牌带来了新的挑战，但另一方面也是新的希望。通过食品清洁标签主动向消费者敞开心扉，有助于品牌与消费者之间重构信任关系，并且构建品牌差异化。在这样的趋势下，食品健康不再只是依靠品牌方的单向努力与宣传，消费者的观念意识同时也在倒逼食品健康安全的升级，走向更健康化、透明化、可持续发展的路径。

“Z世代”[1]的社会化营销

据中国数据研究中心发布的《2024中国月饼行业消费与品牌现状白皮书》，在消费升级以及国民对节日的重视之下，2024年中国月饼市场规模预计增长12%，达到302亿元，将首次突破300亿元；2025年甚至有望增至332亿元。从区域看，广东现存2168家月饼相关企业，居全国首位，广式月饼的市场份额依旧大幅领先于其他派系月饼。

数据显示广式月饼的庞大市场之外，也勾勒出直播电商、外贸出口、品牌定制、跨界联动等新趋势的出现。一方面，广州酒家、杏花楼、北京稻香村、苏州稻香村、安琪、华美、元朗荣华、美心等多家老字号，依旧以品牌效应占据着主流市场。另一方面，得力于成熟的代加工模式，各大品牌也纷纷跨界到月饼市场中分一杯羹，如肯德基、必胜客等连锁餐饮企业，来伊份、三只松鼠等休闲零食企业，星巴克、喜茶、奈雪的茶等茶饮企业，甚至爱马仕、迪奥等奢侈品企业，都争相推出中秋月饼礼盒。在互联网时代，广式月饼仍是网红，如比比赞、榴芒一刻、御茶膳房、郭师傅等以互联网和电商渠道为主要生存空间的新品牌，也推出了自己的广式月饼。

艾媒咨询的数据显示，2018～2023年间中国礼物经济产业市场规模从8000亿元上升至12998亿元，且呈逐年递增趋势。在礼品TOP5中，月饼、粽子等传统节日食品是消费者最常赠送亲友的礼品。不仅如此，在“互联网+”时代，更加年轻的消费群体开始介入并深刻地影响着市场风向。他们关注的不仅仅是产品本身的性价比，更在消费行为当中注入了强烈的个性表达、身份认同、情绪价值等深层需求。产品被视为社交的媒介，消费行为则是情感的表达。而广式月饼，先天就具备了强社交属性，显然契合于这样的时代语境，并将在互联网传播中得到全新的演绎。可以说，广式月饼已经迎来

① 指的是出生于1995—2010年间的一代人。

它的“Z世代”。

2014年，知识服务商和运营商罗辑思维以一款真爱月饼颠覆了传统月饼的营销逻辑，打开了月饼营销的新思路。在整个真爱月饼的营销中，众筹模式起了很大的作用，在这之前中国利用众筹操作的成功案例并不多。销售月饼期间，罗辑思维还同时向大量的用户推出趣味性小游戏。从“向一个人要月饼”和“向多个人要月饼”，到“送人月饼”，每一个环节都需要社交属性的衔接，月饼本身的社交属性无疑得到了充分的开发。这一案例便犹如一面多棱镜，折射出自媒体时代商业创新的无限可能。一时间，社交网络上涌现出无数种营销玩法，令消费者应接不暇。

2015年前后，随着IP（Intellectual Property，即知识产权）市场爆红，月饼也开始走上IP跨界之路。2015年，杭州知味观跨界合作电影《港囧》，围绕电影元素设计的港囧月饼，在天猫平台首发后便创下了惊人的销售业绩，吸引了一大批年轻的消费者。

IP产品通常与年轻人的审美、兴趣及流行文化紧密相关，如卡通动漫、游戏、艺术展览、电影等，这使得品牌能够吸引年轻消费者，尤其是大学生群体。IP联名打破了不同文化圈层界线，满足了“Z世代”消费者们的参与感、专属感、治愈感等多重精神需求。与此同时，线下门店、商超的月饼销售遇冷，社交媒体和其他在线平台则成为品牌营销与推广的新阵地。每到中秋前，各大品牌的月饼联名产品便开始扎堆上线，在短时间内创造话题与流量，将月饼市场烘托得更加热闹非凡，也不断刷新着广式月饼的社交面貌。

不少老字号品牌都得益于这一“Z世代”的新营销趋势，从旧瓶装新酒到实现品牌的年轻化转型。比如被誉为“粽子大王”的老字号食品企业五芳斋涉足广式月饼市场之后，也依托电商渠道开启了年轻化的努力。2017年，五芳斋与广告商环时互动合作推出了一系列营销短视频，并屡屡登上各大社交平台、视频平台的热门榜单，成功使其消费群体从“50后”“60后”，逐渐下移到“80后”“90后”，甚至是“Z世代”人群。

2019年，华美、知味观、杏花楼、广州酒家、稻香村、五芳斋、金尊、嘉华、金九等九家月饼老字号品牌，与三名国际奢侈品设计师合作推出了月饼包包礼盒。2024年，苏州稻香村与《黑神话：悟空》携手推出了一款“齐天揽月，直面天命”的黑神话联名月饼礼盒。且不谈消费者对月饼本身口味的评价，得益于“现象级游戏”附带的流量，这款月饼在年轻消费群体之间备受关注。

除了商业本身的成功，我们亦能窥见，广式月饼社交化传播所蕴含的更丰富的社会价值。介入品牌的社会化营销传播之中，消费者通过社交分享寻求更深度、独特的情感体验。

2021年，上海宛平南路600号精神卫生中心的一种特别的精神月饼引起了社会热议。这款精神月饼的包装上，不仅有精神病患者的画作，还印着“风徐来 人自在”“心所愿 皆善缘”“万事

稻香村与《黑神话·悟空》联名月饼礼盒（苏州稻香村食品集团有限公司供图）

可 常欢乐”等情绪化文案。在外包装上则采用了一个特别设计的七彩拼图，象征着每个人错综复杂的精神世界；6种口味也分别对应着6种不同的心理情绪。每个包装盒还印上了二维码，扫码之后便可收听关于中年危机、行为成瘾、抑郁、焦虑、青春期、边界感等的科普内容。如今宛平南路600号这个地名俨然变为年轻人的精神庇护象征，走红的精神月饼或许也正是人们对精神疾病和心理健康愈发关注的写照。此刻，月饼所承载的情绪价值与社会价值，被放大到了极致。

不仅如此，传统的月饼还得到了高新科技的青睐，元宇宙的介入推动着月饼从传统的食品到“文化+科技”符号的升级。2021年前后，元宇宙概念在市场上更受关注。这一年也是数字月饼元年，多个数字藏品平台均发布了NFT月饼[①]。

2022年，不少月饼企业都推出了NFT产品，从创意、包装到营销，玩法不一而足，NFT正成为最新潮的营销手段。广州酒家集团与饿了么零售联合发布了中国首款广式月饼数字藏品，名曰“南燕归巢，月满中秋”，限量一万份，只抢不卖，每个藏品具备唯一区块链编号。紧接着，休闲品牌来伊份也打出“成功登陆饿了么中秋元宇宙”的标语，人们可以通过分享助力完成指定任务来获得数字藏品。还有包括哈根达斯、歌帝梵等十几家不同行业的企业，也顺势推出了自己的数字藏品，单价普遍低于200元，不少甚至免费，在很大程度上实现了数字月饼产品的大众化。

还有一款号称区块链空气月饼，搭配营销文案“看着很贵其实买的是空气”，俨然成为一场数字时代的行为艺术。NFT数字月饼借着数字藏品这一风向，满足部分消费者的猎奇心，月饼本身则以概念化、符号化、抽象化的形式存在，但这种特殊的时代产物带给我们的思考，却可以是深刻而长久的。

① NFT（Non-Fungible Token）：非同质化通证或非同质化代币，本质是区块链网络中记录多维、复杂属性的数据对象，作为数字资产的唯一所有权凭证。

文创月饼当道：文化赋能＋美学消费

在近乎走向自嗨的月饼社会化营销中，年轻的消费者们找到了各自热爱的圈层文化，由此建立起身份认同感，并通过社交分享和互动寻求心灵上的治愈。但无论形式如何多变，其本质依旧不变，文化因子始终以不同的形式存续，并且发挥着极其重要的影响。丰富的文化形态中，唯一具有统治力的还属中式文化与中式审美。一些中华传统文化IP纷纷开始了商业化之路，借助成熟的月饼代加工模式，推出各类文创月饼礼盒。

2018年，堪称文创月饼元年。自2016年故宫文创年销售额突破10亿元后，传统节日+文化IP的消费品延伸探索就此展开，月饼则被选中为首个试水的食品品类。2018年“朕的心意·故宫食品”以故宫馆藏的明代画家蓝瑛的《澄观图》册、清乾隆时期的《刺绣牡丹雉鸡图轴》，以及清道光时期的大红色缂丝彩绘八团梅兰竹菊袷袍为灵感，推出了一款三式的故宫文创月饼礼盒。

在月饼的口味上，这款月饼也推陈出新，将传统的广式月饼口味升华。其中，茅台五仁月饼不仅融入了白酒香，传统五仁也被替换为开心果、大杏仁、榛子、腰果和核桃；百花蜜蛋黄茶油莲蓉则将猪油改用了号称东方橄榄油的湖南山茶油。在月饼食用

● 2018年，故宫文创月饼礼盒

之后将纸质包装纸取下，锦盒便化身为化妆品或文具收纳盒，成为当年中秋最吸引人眼球的月饼礼盒。

同年，“朕的心意·故宫食品”还与抖音联合推出了一款宫廷月饼吉盒；故宫淘宝则与北京稻香村联合推出限量月饼“桂彩中秋特地圆”，其主题出自宋徽宗赵佶瘦金书法《闰中秋月》诗帖，产品主打流心奶黄月饼，礼盒整体以宋朝汝窑天青色为主调，以冰裂暗纹为装饰，定位为文化收藏品属性。而从口味和技艺上，这些文创月饼不仅以广式月饼为主体，还充分运用了港式冰皮月饼、台式桃山皮月饼，在塑形、着色等产品设计层面，更具有包容度与表现力。

实际上，以中式审美元素融入包装设计的思路早已有之，但2018年的这场故宫文创月饼浪潮，实际上是以文化赋能+美学消费的逻辑重构着当下的月饼营销，反映出文化对业态创新的催化作用，其影响力至今依然可见。

文创月饼的兴起，也让品牌的想象力与创造力获得了自由遨游的空间。2019年，全国共有13家博物馆参与到这场文创月饼的盛会中。除了故宫博物院、故宫食品和故宫淘宝均各自推出月饼礼盒外，敦煌博物馆推出了良辰月礼盒，颐和园与百草味、陶陶居也进行了合作。还有南京博物院、苏州博物馆等文化场馆均成为炙手可热的大IP。以月饼为载体，这些来自历史深处的厚重文化宝藏终于抖落了一身尘埃，以轻盈的姿态走到了新时代的阳光下。

除了博物馆IP以外，地方非遗、民间工艺等更具地域特色的本土文化元素也成为文创月饼的灵感来源。如杭州老字号知味观与浙江民艺品牌“自然造物”联名，在月饼礼盒中巧妙地融入了皮影戏、木艺、团扇、竹编、版画、风筝等各地民间工艺。其包装盒变形一下，还可以变为小桌子、灯罩或手动印刷机。包装盒结构的灵感来自余姚河姆渡遗址中发现的距今约7000年的榫卯结构木构件，成品没有用任何钉子，包装内手工拓印的书法纸则可以作为灯罩。独特的设计巧思与地方民艺的素朴质感，在当年的月饼市场上吸引了大量年轻消费者。

2023年，广州酒家联合广州博物馆发布了“穿粤记——发现广州宝藏”广州城市手信文创礼盒，首创“博物馆+游戏+城市名片”的融汇概念。其礼盒中的广式糕点造型以广州各历史时期代表性建筑及构件，如镇海楼、镬耳墙等为装饰元素；同时还放入了广州博物馆开发的穿粤记桌游，把各历史时期的城坊图和地标性建筑转化为插画；配套的游戏卡也传递着广州城的历史文化知

锦绣东方月饼礼盒（杭州知味观食品有限公司供图）

识，以及“食在广州”这一城市名片。广州酒家还开展了一场非遗剧本游“穿粤记之寻味中秋”，借助数字化AR（增强现实）技术创造了沉浸式的中秋体验，也开启了文创月饼的新阶段。从最开始被作为月饼包装设计的元素，到参与整体的营销创意，再到创造更深层次、互动性、沉浸式的消费体验，这些传统的、地域的文化以一种潜移默化的方式，同时影响着月饼消费理念及品牌形象。

文创月饼作为近年消费市场的重要形态，其意义和价值显然是多维度的。从商业和产业的维度，文创月饼使消费市场从口味竞争转向了品牌文化、创意设计的综合竞争，将成为产业升级的助推力。文创月饼在社会维度上也有着重要的贡献，既能作为中华民族历史文化活态传承的载体，也有助于社会美育、提升大众的审美水平，成为城市形象输出的新载体，响应着文旅融合的政策导向。

当刺绣锦盒装点梳妆台，当榫卯木艺月饼盒化为书房中的温暖灯盏，抑或是，当人们以礼盒内的游戏卡按图索骥，探索自己生活的城市时，月饼显然超越了单一的中秋文化，演变为一个复杂可感的文化集合体。它打破了时空界限，将不同朝代的历史文化转存于此刻，将相距千里的地方文化变为此在。在这些文创月饼的消费中，人们找寻到自我的身份认同与文化归属，也以更现代、更鲜活的方式延续着文化的魅力。

向内求索：寻回广式月饼之魂

“Z世代”下的消费市场将跨界营销、IP联名、文创与国潮等形式玩得炉火纯青时，不同口味、不同派式的月饼开始被混杂并置于一个礼盒内，让各派系月饼之间的边界变得模糊，广式、苏式、京式、潮式等依赖于技艺、历史和文化而得的传统分类，似乎在某种程度上丧失了主体性。对此，我们不禁要重新反思民国时代就已出现的那个话题：广式月饼，何以广式？

从历时性上溯源，是确认某种存在价值的重要途径。从2000年以来，广式月饼不仅在食品行业获得了品质标准的保障，在文化层面上也重新收获了应有的关注。2022年，由广东省委宣传部指导、广州酒家承办的“团圆——广式月饼文化专题版本展”在中国国家版本馆广州分馆开幕。这一展览分“源起　中秋礼俗”“广式　自成一派”“感恩　礼以食成”“国潮　文化自信”“同根　团圆味道”“问天　人月团圆”六个部分，展出了广式月饼盒、月饼票，以及各式月饼模具等史料实物，通过广式月饼物件版本的发展变迁、材质造型、工艺特色和文化传承，梳理了广式月饼的前世今生。

但文化不能仅以记录的方式留存，它更应该活在当下。非物质文化遗产保护是一个全球性的议题。2003年10月联合国教科文组织第32届大会通过了《保护非物质文化遗产公约》，建议各国加强立法，建立相关的法律保护机制。这也标志着国际社会对非物质文化遗产保护的重视达到了一个全新的高度。其中定义的非物质文化遗产（以下简称非遗），指的是被各群体、团体、有时为个人所视为其文化遗产的各种实践、表演、表现形式、知识体系和技能及其有关的工具、实物、工艺品和文化场所。非遗通过世代相传，在各社区和群体适应周围环境以及与自然和历史的互动中被不断地再创造，为这些社区和群体提供认同感和持续感，从而增强对文化多样性和人类创造力的尊重。

广式月饼制作技艺，作为一项具有独特性、活态性、传承性的非物质文化遗产，对于中秋节与岭南民俗文化有着重要的传承价值。2007年4月，杏花楼广式月饼制作技艺，被认定为第一批上海市非物质文化遗产项目；2008年，深圳市安琪食品有限公司成为国家级月饼传统制作技艺（安琪广式月饼制作技艺）的保护单位；2012年2月莲香楼广式月饼传统制作技艺入选了广东省非物质文化遗产名录；2022年，广州酒家集团的广式月饼制作技艺被确认为第八批广州市级非遗代表性项目……

成为非遗并非结束，而是新的开始——追求更好的品质，展现更独特的匠心。在将近百年的传承历史中，广式月饼制作技

团圆——广式月饼文化专题版本展（局部）

艺以师徒制传帮带，结合烹饪教育等现代方式实现了集体传承。每一面非遗的牌匾背后，都延续着自己的传承脉络。这些老字号屹立不倒，离不开好几代人的薪火相传。制饼师傅们的坚持与付出，让广式月饼的风味得以流传，让这份手艺与文化的精髓得以延续。

广式月饼从传统的节令食品发展为如今的现代化产业，始终围绕着更先进的科学技术与更高效的体系化运作努力。“手作月饼PK机器月饼”的话题，一度引起了广泛热议。乍一看，这很容易被简化为一种二元对立的关系。但换个角度思考，这两种生产方式不应被放在对立面，也不应该争论个高下输赢。比如五仁月饼的馅料之间要有一定的空气感和湿润度，而不能太过密实，目前依然只有手工能够达到这样的效果，那么便应当尊重手工的价值；而当自动化设备可以解决风味难题时，就应当放心地依赖机器。无论手作还是机器，根本都在于人。让人们能够吃到品质更好的广式月饼，让更多人能够品尝到好月饼，以及让制作月饼的人能够在这一过程中少些辛苦，在这之间，需要不断探索平衡。

难能可贵的是，当机械化、自动化的生产线正在成为主流时，赋予其灵魂的传统手工制作的广式月饼技艺始终没有被忘却。机械化大规模生产满足了更多消费者的需求，而手作匠心则如一根无色、坚韧的渔线，贯穿起千百年来人们对月的本真情怀。也正是这一手工技艺的流传，使得广式月饼能够在社会的种种浪潮中保持本真与初心。

在佛山张槎，一条条古巷孕育了无数点心师傅的梦想。他们带着对美食的热爱，从这片土地出发，走进了陶陶居、莲湘楼、广州酒家等知名店家的后厨。他们的制饼手艺，如同种子，播撒在广州的大街小巷，生根发芽，开花结果。罗操师傅，这位被誉为“月饼大王”的传奇人物，就是从张槎这片热土上走出的。1942年，他在这里出生，16岁便开始了他与月饼的不解之缘。他的手艺，如同他的名声一样，传遍了大江南北。他制作的陶陶居上月，以其巨无霸的体形和精致的工艺，名震江湖；佛山奔上月，则以其独特的风味，长居热销榜；而香江珍上月，则以其低糖低脂的健康理念，赢得了现代消费者的青睐。

手作，赋予广式月饼灵魂

莲香楼的招炳南师傅，其家族与莲香楼有着深厚的渊源。早年，招师傅的表叔掌舵莲香楼，而他的父亲，也在这里磨砺着制作糕点的技艺。岁月流转，招师傅在1979年接过了家族的接力棒，踏入了莲香楼的门槛。四十年如一日，他在这里坚守，与莲香楼共同经历了无数的春夏秋冬。招家的两代人，不仅是莲香楼变迁的见证者，更是广式月饼八十年传承的承载者。他们见证了月饼手艺的热潮，也经历了时代的变迁。招师傅的徒弟们也将广式月饼的种子播撒在全国各地，从广州飘向上海、北京，在更遥远的土壤生根发芽。他们在各自的岗位上，继续传承着这份来自莲香楼的手艺，也让广式月饼之味弥散在每一处角落。

广州酒家的广式月饼制作技艺至今已传承六代：第一代以褟东凌、欧标等人为代表；第二代以刘棠等人为代表；第三代以陈挄、王禄桐等人为代表；第四代以董珩、梁燊志、林世纲等人为代表；第五代以郑明坤、陈炎华等人为代表；第六代以胡罗松、王和森等人为代表。这一长串人名的意义远不只是非遗传承人，

● 广式月饼制作技艺的传承

他们双手承托起的也不只是技艺。

师傅们回忆往昔，那时的学徒生活与现代的餐饮学校截然不同。没有固定的课程，没有系统的培训，也没有先后之分，一切都在实践中学习，学以致用。“沙沙沙——”那是面粉撒在案板上的声音。手工和面，取适量面粉，混入转化糖浆的清甜、碱水的深沉、花生油的香醇。他们用手和面，每一个动作都显得那么悠然自得，仿佛在绘制一幅太极图，动静之间，尽显和谐之美。得势争来脉，出奇在转关，师傅们的手力，不是简单的肌肉力量，而是行走江湖的多年沉淀。这些力量，在和面做皮这第一道环节已悄然渗入。

与月饼经年累月的相守，制饼师傅们对它生产质量的好与坏了然与胸。比如，判断一个月饼是否烤制得当，可以观察月饼的底面。当月饼在烤炉中完成它的华丽转变，被轻轻翻转，那底面便透露出制作的秘密：如果那底面布满了细小而圆润的孔洞，这便是糖浆熬制得宜的证明，酸碱的比例达到了完美的平衡。那饼底的每一个小孔，都是对师傅火候掌握的无声赞誉。月饼的回油速度也是评判质量好坏的一个重要标准。一个优质的月饼，应该在出炉后不久便开始回油，这是糖浆和油脂在月饼内部慢慢融合的结果。如果月饼表面发青，那可能是碱水使用过量的征兆，影响了月饼的口感和色泽。

正是因为师傅们对馅料的精心挑选、对制作工艺的不断追求，以及他们丰富的经验，广式月饼才能始终保持其卓越的品质。每一枚月饼，都是师傅们匠心独运的结晶，是对传统工艺的传承，也是对美食文化的尊重。如今，老一辈师傅们的技艺与精神，依然在新一代月饼师傅的手中传承。他们循着前辈的脚印，穿梭在繁忙的车间，在时代变迁中不断为广式月饼赋以新意。当一枚手工月饼烘烤出炉时，那些记忆的碎片便会重新拼凑起千年前人们面朝圆月的祈愿，整个社会的沧海桑田，千万家庭的伦常，每个人的生命故事……

月饼包装演变

粤货北上 开疆拓土

1948年以前

粤商北上，广帮茶食铺售卖广式月饼蔚然成风。小商号多用油纸，覆以红纸加印商号；大商号的包装则更精美华丽

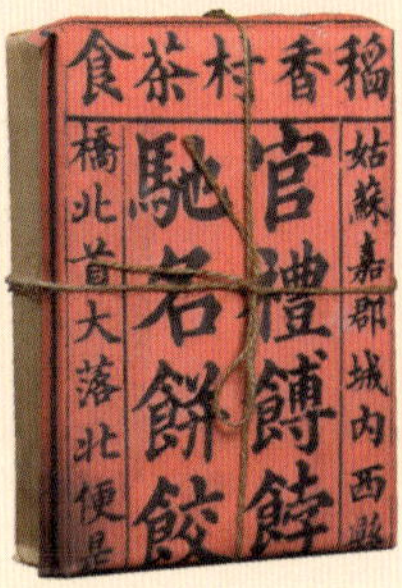

理性创新 时尚跨界

2008—2017

国内外知名品牌进入中秋月饼市场，包装设计渐趋时尚化、个性化和国际化

国潮崛起 创意无界

2018 至今

唯美的中国风元素引起国潮包装的风靡，文创、航天、科技、音乐、生态等概念，带来了无限灵感……

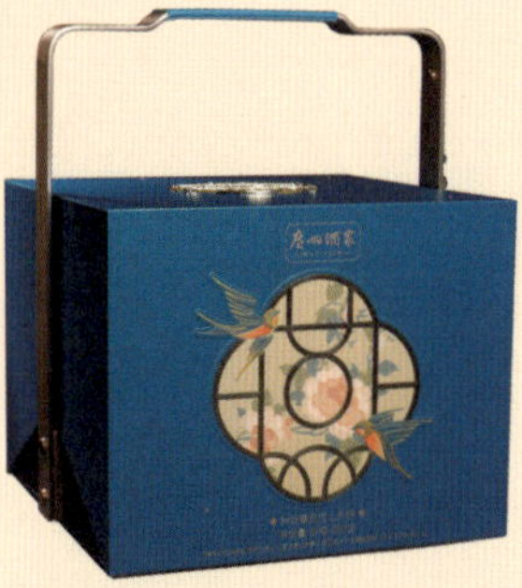

肆

团圆 · 千里共婵娟

饼模中的吉祥密语

月饼已然不只是一种色、香、味俱全的食物，它凝聚着人们对团圆和幸福的期盼，是中国人心中“国一统，家团圆”的中秋佳节的象征，是祭仪上的供品，需要有富于寓意的形，而这种审美需求的实现，需借助于器——饼模。

工欲善其事，必先利其器。于是，万千思念，诸多祈愿，被诉诸笔尖，画入纹路，刻进饼模，印在月饼之上。每一块月饼模具，都是一面绝美的木版画，勾勒着千百年来中华民族的生活美学；同时，人们所想所愿，都被模具定形，然后拓印在月饼上，吃进肚子里。仪式完成，心安神宁，岁月静好。饼模与月饼的中秋叙事，就这样在中国轮回，年复一年。

印下吉祥与美学

从历史的演变来看，月饼横跨中式糕点和饼饵两大行业。糕点与饼饵合称为糕饼，作为中华饮食文化中的瑰宝，其不仅是人们赖以生存的食物来源，也是日常生活的重要点缀。因此，古人在制作糕饼的过程，倾注了丰富的情思心意。而将这种情思心意转移到糕饼上，离不开塑形的模具，古人称其为范。早期制作糕饼的“范”，人们用碗、盏、杯、碟等充当，后来才发展出纹饰多样，且方便糕饼脱模的印模。印是平面的，刻着不同的纹样与字符；模是凹陷的。匠人在坚硬的质料上，按不同的需求雕刻出神话传说、龙凤祥云、瓜果花鸟等，以期为糕饼添上盛装。

关于糕饼印模的最早文献记载，出自南北朝时期北魏崔浩（381—450年）所著的《食经》，不过这部著作已经亡佚，只有少数句段被其他著作引用而留存。据明代杨慎在《艺林伐山·斗钉》中的引用，《食经》有述：五色小饼，作花卉禽兽珍宝形，按抑成之，盒中累积，名曰斗钉。用印模将面团制成花鸟珍宝的形状，层层堆叠如微型雕塑，这般巧思一直绵延至今。

唐人段成式在其所著的《酉阳杂俎·酒食》中，也记述了五色饼的制作方法：“刻木莲花，藉禽兽形按成之，合中累积五色竖作道，名为斗钉。”这段描述，与杨慎所引《食经》的记载相映成趣，但更为具体。段成式所述的最大的亮点在于指出《食经》中并未言明的饼模材质是木头。同是唐代韦巨源编纂的《烧尾宴食单》也明确记载，八方寒食饼的制作“用木范”。新疆出土的宝相花点心模等实物也证明，在唐代，制作糕饼已使用模具塑形。

作为糕饼印模的一个分支，月饼印模一方面根植于中国糕饼印模文化体系，孕育于汉唐之际，诞生于宋代，成形、壮大于元、明，最终成熟于清末、民国，并且在1950年后进入到现代化发展阶段。据现有的资料推断，专门的月饼印模大约可追溯到宋代，即“月饼”之名真正出现的时候，而流传至今的月饼印模主要以明清和民国时期的居多，这主要是因为明清以降，中秋拜月之俗流传甚广，人们要将愿望向月亮诉说，自然要通过饼模转印于月饼之上，由此，饼模具有了重要的社会价值和经济价值，从事这一行者多了，饼模业也就兴盛起来。

月饼印模还有着重要的实践作用，对饼的质量与口感有一定的影响。印模上雕刻图案，可防止饼在烤制过程中出现爆裂，影响美观和口感。一个有意思的例子是，人们在烤制胡饼时，便想出在生面坯上扎出孔洞的小技巧，以防止饼中的空气在烘烤中受热膨胀而致饼皮破裂。用针扎眼的方法，也出现在清代山西地区的一些月饼印模中。此外，印模的雕刻方法也可以影响糕饼的口感。比如有的印模同时含有细雕、粗雕手法，用这样的印模制作糕饼，脱模后，饼皮表面上的纹路有粗有细，在之后的烘烤过程中，饼皮有些地方刚刚熟成，而有些地方则已经达到了微焦的状态。这样，糕饼的味道更富有层次感，可以带给食客更多惊喜。

总的来说，发明月饼印模有着多重意义。一是为了月饼的美观，满足中国人食不厌精的需求；二是规范月饼的制作，用统一模具制作糕饼，大小、品相可以相对统一；三是操作简便，易于

主题为月宫玉兔捣药的月饼模具（1906年）

批量生产。由此也可推断，月饼印模的存在及被广泛使用，不仅与中秋在明清之后的世俗化、大众化关系密切，也为月饼消费市场的成型提供了重要基础。

月饼印模不仅仅是制作糕饼的工具，更是精致的工艺品，制作月饼印模本身也是一项重要的民间工艺。

月饼印模的材质，大多是木材，也有用陶瓷、石材的。所用木材，又以果树木料为多。其因，一是果树木料无异味，有的还带着淡淡果香；二是果树木质好，便于雕刻且坚固耐用。各地木质月饼印模也有所不同，多因地制宜，就地取材，这是古人的生存智慧。通常，北方月饼印模材质多为杜梨木、枣木、桃木、杏木、核桃木、苹果木。而在南方，江浙地区主要使用白桃木、油茶木、银杏木、樟木；广东、福建地区，主要使用龙眼木、荔枝木、山楂木、棠梨木，也有极少用楠木。其中以杜梨木为最佳，蜚声海内外的杨柳青年画、武强年画，其雕版就是用杜梨木雕刻而成的。民国以前，很多糕饼印模就是出自年画雕版作坊，雕版师既雕刻年画印版，也雕刻糕饼印模。因此，木质月饼印模也被称为生活木版画。

除了工艺价值，月饼印模更是中国民俗文化的宝库。月饼印模上的纹案不仅是人们内心情感的直观表达，也映照着在不同的时代和地域下，社会审美、价值追求等的变迁。

月饼最初是由祭月、拜月供品演化而来的，中国人讲究“礼神者，必象其类”，也就是供品应尽可能象形所崇拜的对象。中秋祭拜月神，首先就要借助印模将月饼制作得尽可能接近规整的正圆，因此绝大多数月饼印模都呈正圆形；且月饼模侧边，还有一道道整齐的凹陷竖纹——边牙，这便是月光光线的象形①。

进而，人们在祭拜月神时，必然要寄托自己内心的祈愿，而且也希望神能看到。于是，月饼印模成为人们祈愿的中间载体，通过它可将所愿转移到月饼上。在印模上，人们的祈愿多用图文

① 张亚杰、王殿彬：《跟着地名寻月饼》，中国社会出版社，2022年。

并茂的形式呈现，正所谓“有模必有图，有图必有意，有意必吉祥”。相较于其他节令食物，如春节的水饺、元宵的汤圆、端午的粽子等，用印模制成的月饼，就具有其鲜明且独特的属性。

月饼印模中的纹案，本质上是一种谐音与象形思维的呈现。睿智的中国人以丰富的想象力与联想力，先将抽象的概念与某个具体的实物相联系，再将这种实物美化。譬如葫芦，谐音“福禄”，自古就是吉祥福禄的象征，因葫芦果实里面有很多种子，所以葫芦还被视为繁衍生育、多子多孙的吉祥物。还有石榴形状的榴开百子，亦称百子同室，主要是因为石榴一果多子，民间借以喻多子，取其子孙繁衍、瓜瓞绵绵的美好寓意。还有的图案总体为石榴形状，但内里雕刻有桂花和莲子，寓意连生贵子。

当民间拜月习俗逐渐流行，月饼印模上的纹案已可以成系列地尽现普通人家的一生所求：祈愿生子，有麒麟送子、榴（石榴）开百子、连（莲花）生贵子等；希望学业有成，有蟾宫折桂、状元游街、鲤鱼跃龙门等；遇婚姻大事，有庄严贵重的龙凤呈祥和象征你中有我，我中有你的和合二仙；人到而立之年，从政为官者希望升迁，则有指日高升、连（莲花）升三级、福禄寿三星；聚宝盆、日进斗金、一本万利等纹案则适宜生意人。到了老年，有一团和气、八仙祝寿、五福（蝙蝠）捧寿以及寿字纹、寿桃纹等，可祈愿家庭和睦，安享天伦之乐。

丰富的民间传说也成为饼模纹案的来源，比如最常见的月宫图，以嫦娥、玉兔、吴刚为标志性主体；八仙图和暗八仙纹案，则来自民间传说中广为流传的道教八位神仙。在不同朝代，“八仙”所指有所不同，明代基本上固定为铁拐李（李玄）、汉钟离（钟离权）、张果老（张果）、吕洞宾（吕岩）、何仙姑（何琼）、蓝采和（许坚）、韩湘子、曹国舅（曹景休），他们分别来自不同的社会阶层，代表了男、女、老、幼、富、贵、贫、贱。暗八仙是八仙所使的法器，包括花篮、葫芦、芭蕉扇、宝剑、笛子等。所谓“八仙过海，各显神通”，月饼印模上作八仙图或暗八仙纹样，就寓意着八仙齐来，纳福祝寿。

从主题和题材上看，月饼印模纹案可归纳为求福、纳吉、祈寿、祭拜、喜庆、谚语、神话传说、历史典故等，但其本质上，始终绕不开一个永恒的主题——希望。在这些图案中，我们可以看到古人对家庭和睦团圆、社会和谐兴盛的希冀，也有对宇宙、自然的崇敬神往。所有糕饼模具，传递的是民俗文化，凝结的是老百姓的美好期望——做出佳饼，供以敬神，再吃进肚子里。这成为支撑先人追求美好生活的信念。

古人称赞月饼“巧出饼师心，貌得婵娟月”，这得归功于印模制作者。透过纹案，我们依稀可以窥见千百年前古人在绘制月饼纹案时对家人、亲朋的深厚感情，以及对美好生活的憧憬。这些纹案以月饼为载体，将抽象的观念和情感，转化为更直接可感的物质记忆，成为中华文明以食载道的鲜活见证，在漫长的历史中获得了无数次共情，无形地建构着中国人的身份归属与价值认同。将面团嵌入不同形制的模腔内，一扣一拍间，千百年流传的吉祥纹案便在饼皮上获得重生，将食物升格为文化图腾。

广式饼模有乾坤

月饼印模中的吉祥之意，贯穿于月饼的发展史，也反映出不同地区的习惯和文化差异，正所谓“一方水土养一方人”。相对而言，北方重神话与伦理叙事，如嫦娥奔月、玉兔捣药等神话题材尤其多见；江南一带更尚文人意趣，偏好梅兰竹菊“四君子”、莲花等雅致纹案；闽南地区则融合海洋商贸与祈福，代表性的有龟纹、金蟾和元宝，表达“刘海戏金蟾，步步钓金钱”之意；西南地区则保留着更为原始朴素的动植物图腾，常见的有十二生肖图案。

广东地区的月饼印模（本地人称饼印）制作，出现得比较早。明末清初，韶关新丰县的张田饼印制作就已闻名，曾一度是中国最大的传统饼印产销地。广州饼印制作出现稍晚，但也有300多年的历史。至清同治年间，广州已出现数家饼印作坊。创立于1865年的余同号饼印店就是其中一家，如今已是老字号。据《南海金鱼堂陈氏族谱》清光绪二十三年（1897）刻本的相关记载，清末民初，佛山已出现饼印行行会组织。由于茶楼文化发达，饼印制作行也日渐兴盛。清末至民国时期，木质饼印处于黄金时代，广东生产中秋月饼印模的店号很多，此外也雕刻色饼印模，用以制作广式的杏仁饼、佛公饼、老婆饼、盲公饼、鸡仔饼、猪仔饼、金钱饼、炒米饼等各类糕点饼饵。但时至今日，随着广式月饼产业走向了现代化，广州手工木制饼印行的店号已所剩无几。2017年，广州饼印制作技艺被列入广州市第六批市级非遗代表性项目名录。

广式月饼饼印主要以广西所产的野生棠梨木为材质。其木质有韧性、木纹细幼、纹理匀称、不易变形，是制饼印的好材料。饼印师傅首先将木材开锯成固定形状，经过两年的自然风化，再刨平滑、车手柄，根据客人要求画样，接着是开孔凿牙、铲低、掺牙、起脚、字号、雕花、雕字、开气孔、修边、打磨，经17道工序而成，最后盖上饼印店字号的章才算圆满完成。雕刻时，饼印匠人必须刀法简练，把握轻重、深浅、粗细、阴阳，同时也要考虑糕饼制作的实际，比如饼印的纹样不能有大面积留白，否则糕饼烘烤时会坍塌，但也不能太精细，否则会印糊……好的饼印，印纹清晰、牙边均匀、脱模爽快、图案栩栩如生。

整体而言，广式月饼印模其实呈现了两种截然不同的模样：一是如今常见于粤西地区的大月饼印模，代表便是龙凤呈祥纹案模。雕龙画凤的纹案，铺满一整个饼面，再配上广式月饼金黄如琥珀的外皮，可将雍容华贵的风格演绎到极致。以龙凤呈祥为纹案的糕饼，主要用于婚庆大典和其他众多喜庆活动中。这一纹案也是月饼的主流图案之一。关于龙凤呈祥，中国古代民间的很多传说，都反映出夫妻和谐、比翼双飞的恩爱主题。广式月饼对龙凤纹案的偏好，似乎也源自它与龙凤礼饼、嫁女饼之间的密切关联。事实上，龙凤呈祥的意义，并不仅仅在于表现夫妻恩爱，它还有另一层更加重要的含义。在中国古代文化中，龙是力量的象征，神龙现身则风调雨顺、五谷丰登；凤是智慧的化身，有凤来仪则国家太平、万民安康。因此龙凤呈祥的原始意义，其实就是

龙凤纹样的月饼印模

广式月饼印模。左为“广州双白”椭圆模具；右为“广州五仁咸”方形模具（罗家健摄）

广式月饼锦模，字样分别为“五仁肉月”和“豆沙”；边框配以精美的缠枝花纹（梁博年摄）

对风调雨顺、国泰民安的憧憬。广式月饼以它为纹为饰，或正是着意于此。

而另一类广式月饼印模，则是如今更为常见的样态。相较于其他地区月饼印模，今天我们所看到的广式月饼印模比较独特，其中更隐藏着商业密码——广式月饼从诞生之初便具有的明确的商品属性。广式月饼不仅是中秋供品，更是清末民国以来重要的一种高端商品、礼品，它从饼铺、茶楼起步，很快就走向了商业化与现代化产业的发展之路。

首先，这类广式月饼所刻印的纹案相对简洁朴素，通常没有丰富的故事情节或强装饰性，一般由两部分构成：最夺目的是印模中央的文字，如“双旦（蛋）莲蓉”“单/双白”“五仁”“豆沙”“百果”和“广州”等字样，保证每一枚广式月饼的产地、口味都可一目了然，便于消费者辨认和挑选。另一部分是文字外围少量的辅助性纹案，通常以缠枝纹为主。缠枝纹也是中式纹样美学中具有代表性的一种，通过不同的花卉组合构成多样纹饰，如缠枝莲纹、缠枝宝相花等，既能使广式月饼保持一定的美观性，又不至于喧宾夺主，削弱饼铺和茶楼万物皆可作月的营销重点。以文字为主、花纹为辅，广式月饼的这种重标识轻叙事的设计，恰如老字号茶楼内秀外华的经营哲学。

其次，这类广式月饼印模的阴雕避繁就简，印模的凹槽明显更厚于其他地区的印模，这样可保证皮薄馅厚的物理结构；且其形状或圆或方，并非完全依循拜月所供的圆形月饼之标准，种种特点，都在彰显广式月饼最突出的商业属性。食客与亲朋好友分享月饼，欢度佳节，因此对月饼的色香味有更高的要求。由于岭南茶楼所生产的月饼口味众多，为了更好地区分，制饼师傅们才想到将月饼印模制成不同形状，与饼面上标识口味的文字配合，方便食客便能在种类繁多的月饼中，快速找到自己最喜爱的那一款。

再次，广式月饼简朴的印模与其精心设计的外包装（包括点心签和各种材质的礼盒等），对照鲜明。这是因为广式月饼本身作为礼品，其外包装承担了更重要的商品宣传功能，而印模所展现的文化也逐渐让渡于它。这实际上是广式月饼经营者们在商业与文化之间找到的平衡之道，由此构成了广式月饼内核务实、外显贵重的独特美学，也是岭南商业文明中的实用智慧的体现。

广式月饼印模，不仅有吉祥圆满的寓意，设计也内有乾坤，是匠心制作的诚意。如今，当我们拨开岁月的微尘，看清这些精致的印模纹案，依然可以感受到古人在其中倾注的深情与心意。无论岁月如何变迁，月饼印模本身所蕴含的团圆美满之意，永远是所有中国人心中不变的愿景。这些印模也将于无声处，记录往昔，映照当下，启迪未来。

饼模里的千情百愿

月宫神话

以『月』为核心的神话传说，承载了最原初的中秋文化内蕴

吉语祥纹

以寿、囍、福等字纹直抒美好愿景

（罗家健　梁博年摄）

意美情浓：月饼的包装美学

包装既是锁住月饼风味的守护者，也是文化的载体。这门融合实用与美学的特殊工艺，需要设计师以匠心为经纬，将团圆意象化作浮雕般的纹样，让东方美学在方寸间流转——点心签上勾勒的嫦娥玉兔，铁盒中暗藏的花窗廊影，都在无声诉说着“明月寄相思，月饼暖人心”的情感密码。那些精心编排的视觉诗篇，恰是对“以月之圆兆人之团圆，以饼之圆兆人之常生”古训的当代诠释。

而在众多月饼派式中，广式月饼的商业属性使其在包装上更加与时俱进，百变造型成为门面担当。当我们将目光投向广式月饼的包装演变史，便触摸到一部鲜活的商业美学进化录。从素笺轻裹到锦匣精装，从竹篾提篮到珐琅漆器，这个最早拥抱工业化的月饼派式始终立于潮头。包装设计师深谙形意相生之道：20世纪70年代油纸上的民间年画，八九十年代铁盒浮雕的岭南窗花，元宇宙时代AR呈现的玉轮沧海，每个迭代版本都是解码时代的文化钥匙。这种始于颜值、终于文化的包装哲学，最终让广式月饼完成了从节令点心走向情感媒介的华丽转身。

简装时代的点心签

清代，中国各地的糕点包装以油纸为主，并且各地糕点饼饵行业都出现了商业宣传的意识，包装中的商业属性逐渐上升。无论是刚出笼的各色糕点，还是中秋时节的月饼，商家多会在油纸包装外，覆上一张印着商号的印刷广告纸，再用麻绳捆扎好。

这种采用雕版印刷技艺的广告纸，也被称为点心签或门票。它大概在清朝中期便悄然出现在市井之间，[①]糕饼铺通常委托印刷铺印制，或自制印版生产。

当时，北京地区的糕点广告纸上经常出现“官礼茶食”或“满汉茶食”的字样，这也是中国糕点传统的延续。唐宋以降，茶文化兴起，并逐渐形成完善的茶艺体系。茶食，即为饮茶时所搭配的糕点，这一名称最早出现在宋朝。元代之后，茶食进入成熟发展阶段，最具代表性的茶食为北京地区的京八件儿。此后，北京城内专营糕点食品的从业者们，将月饼从面点食品类归入“茶食行”，因此，清代的一些月饼广告用语仍延续这一惯例，甚至在一些古老乡镇，至今仍将月饼称作茶食，或将两者并称为茶食月饼[②]。

五四新文化运动后，大量新名词逐渐流行起来，北京一带逐渐以“糕点”取代了原本的“饽饽”和“茶食”之名。这些糕饼铺对其商号命名也十分讲究，通常用德、福、顺、兴、仁、义等字眼，传递着中华传统儒家思想，也注入了百姓对于家国和未来生活的美好愿景。在那个没有华丽色彩和繁复设计的年代，带有商号名称的点心签以其朴素无华的姿态，静静地诉说着商家的心意和商品的故事。

点心签的版面设计蕴含着传统的审美意趣，从上至下、从右至左，每一部分都承载着不同的意义，通常包括立冠、平目、齐身、落足等要素。这种排版方式，既符合传统阅读习惯，又可以

① 由国庆：《老广告里的美食滋味》，上海远东出版社，2014年。

② 张亚杰、王殿彬：《跟着地名寻月饼》，中国社会出版社，2022年。

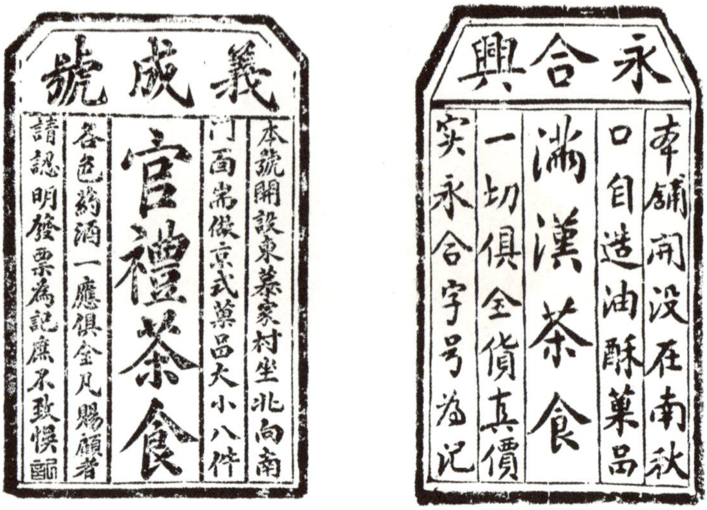

清代至民国年间，北京地区糕点铺的点心签

形成清晰的信息层级：

立冠，位于版面顶端，通常印有吉祥纹样与商铺标识，如同一顶华丽的冠冕，彰显着商家的尊贵与独特。

平目为正中部分，有简洁的文字说明，通常采用楷书、隶书或印刷体中的老宋体为主，[①]店铺商号、位置、所营业务和产品特色等内容一应俱全，比如广式月饼印版常在此标注“双黄莲蓉”等经典品类；外围还配以简洁的纹样进行装饰，呈现一种古朴简约的美感。

位于下方的齐身部分，则是广告词的舞台，如同商家的自白，典型如“自制满汉茶食，一应俱全，驰誉已久”。

落足，或许仍是吉祥的图案，或许是一句简洁有力的广告短语，为点心签画上完美的句点。

在方寸之间，点心签展现了无限的创意与变化。有的商家仅在齐身处简单注明招牌的月饼口味，有的则省略落足，配上更丰富的图案纹样，从而使广告的主题更加突出，也更吸引消费者的

① 左旭初：《民国食品包装艺术设计研究》，立信会计出版社，2016年。

清末及民国时期，各地的圆形印版中秋月饼点心签

民国时期，各地中秋月饼点心签

眼球。

随着印刷技术的进步，内容更丰富的彩色点心签也逐渐出现在国内沿海各大城市的糕点食品行业中。若说此前的点心签重文轻图，那么这个时期的点心签已可称图文并茂，晕染出更丰富的文化图景。月宫、蟾兔、嫦娥、桂树等传统图案常常出现在点心签上，包括儿童在内的新形象也出现了，不仅营造了浓厚的节日氛围，也传递了中华民族对团圆和美好生活的向往。牡丹花也是点心签上的常见图案，象征着富贵和繁荣，层叠花瓣间流淌着对富贵绵长的祈愿。广州莲香楼的点心签则以莲纹为中心，与其店名相呼应。各种花卉纹样在月饼包装上的应用，不仅增添了节日的喜庆气氛，也提升了月饼的艺术价值。

民国时期，从西方传入的食品包装和广告设计，也对中国沿海大城市产生了很大影响。彼时，各种糕点和西洋点心在通商口岸交融，擦出了别样的火花。相应地，广告纸也开始呈现出中西结合的特点。比如20世纪20年代，位于天津的广式茶食铺的代表之一的广吉祥号，用一幅点心签完美地展现了中西相融的审美：画面上的几位摩登女子优雅地踩着高跟鞋，身着时尚的七分裤，在松树下悠闲地赏月，一边品味月饼，一边享受着中秋的安宁惬意。这张点心签不仅凸显了当时社会中上流阶层的生活方式，也对立冠、平目的点心签传统排版进行了创新，画面则将西式生活情调与传统松月意象巧妙糅合，氤氲着时代新风。

以今人眼光观之，作为月饼包装的点心签略显简朴，但在传统工艺条件下，已然实现了实用功能与朴素美感的平衡。厚实的油纸既能保护糕点，又可通过折叠形成规整包裹，既确保了糕点的完整储运，又以规整的版式构建出独特的视觉秩序。这些附丽于糕饼外的薄纸，饱含着浓厚的人情味儿：每一张油纸，每一条麻绳，都承载着制作者的心意和对传统节日的尊重，让人们在品尝美味的同时，也能感受到节庆的暖意浓情。

从点心匣子到一“座”礼盒

民国时期，一些更有市场影响力的糕点铺和食品厂商，还邀请了专业的商业美术设计师，为糕点产品打造包装礼盒。广式月饼的商业化程度高，且在上海、广州等大城市消费习惯熏陶下，其包装礼盒尤为精美华丽，在审美上也最能代表时代风尚。

月饼礼盒，其实源自中式古老的点心匣子。长久以来，礼盒一直是国人送礼的心头好，亲朋互赠，以表达彼此的情谊。盒子的谐音“合”，承载着吉祥和谐的美好寓意。清代的食盒装饰，多以福、贵、寿、喜为题材，故宫博物院的“天子万年——清代万寿庆典展”便展出了一件精美的红漆描金福寿纹桃式攒盒。攒盒，即古时的分格食盒。这件攒盒形似寿桃，红身金纹，盒面浮雕立体寿桃，金漆描绘的竹、桃、蝙蝠图案寓意深远。盒内十个小攒盘，九个寿桃形，一个桃花形，不仅实用美观，更象征着福寿与吉祥。另一件清中期画珐琅缠枝莲纹攒盒，以蓝色珐琅为釉地，四个如意头相连界出画面内，彩绘花头饱满、花欲放的各色勾莲花卉，画师笔工娴熟，绘制精到。盒内白色釉地上绘红色团“寿”字随形盘九个，是非常典型的广东画珐琅作品。

那些体量较大的食盒，则常在侧边装配提梁式把手，俗称提盒。作家张柏联在《老北京旗人的点心盒子》一文中，细致描绘了他家族珍藏的点心盒。这只盒子制作于清同治年间，专用于盛放“京八件”点心，因而有八件盒子之名。当时，讲究的人家对点心的摆放有着严格的规矩，只有在家中从盒子中取出，方可品尝。在婚嫁中，精美而寓意吉祥的食盒更是必不可少。

点心匣子也被借鉴到月饼的包装上，并风靡月饼界。1928年，《常识》杂志记录了这一变迁，它描述了月饼包装盒从简陋到精致的华丽转身：“从前的月饼盒子，真是不考究得很。近三四年来，大家竟在盒子外面的装潢上，考究起来了。”

民国时期，在广州、上海、香港等城市，广式月饼获得了

极大的商业化空间，因此月饼盒设计的重要性也不言而喻。如1930年代，陶陶居为其创制的陶陶居上月打造了一个酸枝木镂雕底座的玻璃盒包装，中秋前就将其陈列在装饰柜中。只可惜，这款礼盒未留传下来。而冠生园更甚，将特制装潢的月饼礼盒不以“盒”称，而以“座”称，可以想像其华丽的程度。

月饼广告首现中西融合

清末，随着欧美资本输入上海，许多外国资本家纷纷在上海开厂设店，倾销商品并进行广告宣传，一种新式广告——月份牌应运而生。它主要借鉴了民间年画，其中配有月历节气的历画样式，并融入商品广告。起先，月份牌大多是在年终岁末随商品赠送给经销商或顾客，既当礼品，又是广告。后来，月份牌广告画借由商业美术设计策略汇流到近代文明的商品体系中，影响了当时已经成为重要商品的广式月饼的广告纸和包装盒设计。

根据绘画技艺，月份牌的发展可以粗略分为以下三个阶段：民国初期，以周慕桥为代表的传统工笔画法；20世纪20年代，以郑曼陀为代表的擦笔炭精粉水彩画法；二十世纪三四十年代，以杭樨英（杭稚英）为代表的改良擦笔炭精粉水彩画法。

香港得云大茶楼中秋月饼包装盒外围的洒金纸带

1923年，以月份牌广告画闻名的杭穉英建立了自己的画室，他在擦笔水彩画技术的基础上，借鉴了电影拍摄中的人物特写技巧，开创了构图饱满、色彩鲜艳的时装美女画风；在用色上，则吸取了美国动画片、外国广告画及民间木版年画中强烈的对比色，融汇了中西绘画技艺和审美于一体，并且具有较高的商业价值。

当时，上海杏花楼邀请杭穉英为其中秋月饼精心绘制了一幅中西融合的嫦娥奔月图案，印制在月饼包装盒上。这幅月饼盒上的画作呈现了嫦娥奔月的灵动与飘逸，也对传说进行了现代演绎，最终以其独特的艺术魅力，成为杏花楼的品牌标志，也彻底打破了当时上海广式月饼包装以油纸包裹、六个或十个为一卷的传统样式，可视为海派广式月饼包装盒设计的代表之一。

在20世纪30年代，月份牌广告画发展进入鼎盛阶段。当时，广式月饼的广告中常常出现各种形态不一的女性形象：吸烟美女、执卷美人、执扇美人、乐器美人、窥镜美人、双美、当红明星，不一而足。月份牌广告画中的女性形象也反映了当时社会的一种潮流：以上海女性为代表的都市女性，开始努力摆脱封建文化的禁锢，打破传统，通过烫发、穿高跟鞋和改良旗袍等方式展现自信活泼的风采，建立自身主体性。

新时代初期的包装

20世纪50年代公私合营之后，针对凭票购买的月饼大多是自家食用的特点，当时各地的国营食品厂、糖烟酒公司更注重包装的实用性，并降低成本。因此，各地的月饼包装仍以油纸袋为主，也有少数采用折叠卡纸盒，配上点心签，并用麻绳捆扎。点心签上呈现的仍是嫦娥奔月、南极仙翁等传统文化题材。

随着形势的需要和社会风尚的变化，点心签和包装盒也成为一种特殊的宣传品，出现了丰收、五星等具有时代特征的设计元素。一些点心签上的画面反映了新中国建设的火热场景，如奔

公私合营时期，全国各地不同食品厂、糖业烟酒公司的中秋月饼点心签

腾的厂房、滚滚的麦浪，这些生动的图像描绘了国家工业化和农业现代化的宏伟蓝图，展现了人们对于建设美好家园的热情和决心。抗美援朝时期著名的宣传画《保卫世界和平》也印在了点心签上，画面中怀抱和平鸽的儿童，以纯真的眼神和温暖的微笑，传递着对和平的向往。文字部分，也从以往的吉祥话和商号名，变为了整齐划一的语录和口号“发展经济，保障供给”“总路线万岁”，等等，这些口号皆深入人心，成为那个时代人们共同的信念和追求。[①]

油纸袋里飘着甜香，卡纸盒上描着丰收麦穗与祥云嫦娥，质朴的包装里包裹着物资匮乏年代人们最珍贵的甜蜜念想。裹着

① 由国庆：《老广告里的美食滋味》，上海远东出版社，2014年。

● “丰收饼”纸盒包装

月饼的纸包在邻里手中传递，系着红绳的卡纸盒在自行车筐里摇晃，那些印着“莲蓉双黄”“五仁金腿”的纸片如同翩跹的彩蝶，在人间烟火中舞出节庆的温度。

从铁盒包装到百花齐放

改革开放之初，月饼的包装进入分化发展的阶段。此时，广式月饼开始了更迅猛的产业现代化、机械化、集聚化发展。随着经济的发展，人们的送礼需求也在不断增长，相对于其他品类的月饼，商业属性鲜明的广式月饼，其包装要求无疑更高。为适应

● 20世纪80年代，方形马口铁盒出现以后，以神话、传说为主要题材的广式月饼盒

这样的变化，具有防潮、密封、耐压特性的马口铁盒出现了，而且得益于保鲜技术的进步，其包装还出现了独立塑料内包装与外包装盒的分离。

当时，人们重视传统文化的复兴，以广式月饼为代表的马口铁盒包装上，出现的仍是嫦娥奔月、八仙过海等民间文化图腾，尤其是嫦娥奔月，以不同姿态从纸盒包装跃然铁盒之上。铁盒包装的彩色图案印刷，不仅让民间故事中的人物面部表情活灵活现，还呈现出一种金属质感的靓丽色泽。

值得一提的是，因杭樨英所绘的嫦娥奔月的印刷模板被损毁，1980年，杏花楼聘请了杭樨英的学生、上海著名画家李慕白，参照文献上的图案重新绘制了嫦娥奔月图，并用于铁盒包装上。相比其师的画作，此画更符合中国民间传说中的嫦娥形象。

大约在20世纪90年代中期，日本研发的一种覆膜铁也被逐渐引进到广式月饼的包装上。相比马口铁，这一新材料不仅更加安全环保，而且可节省大量的设备投资和人力成本，又能够在设计与印刷上有更好的呈现，因此逐渐成为月饼大厂的选择。

受此启发，在传统纸盒、铁盒的基础上，粤人开始引入更多环保且可塑性强的包装盒新材料。乘此东风，广式月饼包装盒设计率先进入百花齐放的时代，且更趋于礼品化，塑胶食品全盒、东京提篮、自然木盒颇为流行。各个品牌开始探索运用各种新材料，在传统的马口铁盒以外，引入塑料、木、竹、藤

等材质；在工艺上，也演变出铁罐的爆炸漆、珍珠漆、镀纹，以及塑料的镀金、木纹漆、真石漆等新工艺；在设计美学上，从嫦娥奔月、南极仙翁等民间故事题材，转向了更丰富多元的中式文化元素。

与此同时，广东以自身的地理优势，向香港及海外文化敞开了胸怀。受此影响，广式月饼的包装设计不仅一度吹起了港风与欧风，还在设计上开始逐渐走向高端化、商务化路线。前文有论，不复赘述。

在20世纪90年代中后期，广式月饼礼盒的美学和工艺渐趋繁复，尤其偏好龙凤、国色天香牡丹等元素，并且大量采用鎏金、金银卡纸等成本较高的材料及工艺，以打造出极致的富丽堂皇之美。但这样的包装，不但造成资源浪费和环境污染，还扭曲了消费需求，助长了奢靡之风，为世人所诟病。

随着国务院于2009年3月发布实施《限制商品过度包装要求 食品和化妆品》（GB 23350-2009），广式月饼告别了繁杂的礼品包装，时尚化、个性化、国际化的包装持续涌现，整个市场转向了更理性健康的审美，推动了绿色文明消费。这一时期的广式月饼包装以纸盒、铁盒为主；在工艺上更加细腻，且融入了更具企业和地域文化特色的元素；对新材质、新形态的应用更是令消费者应接不暇。

国潮包装

2018年以来，故宫文创月饼获得了市场的极大反响，包装美学掀起了国潮。不仅与中秋有关的嫦娥奔月、玉兔等内容得到了新的诠释，更丰富多样的中式传统图纹也被重新从历史的长河中打捞起来，如朱雀、祥云、飞天等，正以朝气蓬勃的姿态向世人展现其魅力。从设计、制模、炫彩、铸造、镀金到成形，每一个月饼礼盒都是中华历史文化与传统美学的凝练，和谐典雅，韵味悠长。

国潮兴起，其实早有伏笔。从点心签、提篮木盒到新式榫卯竹匣，都为国潮包装的崛起奠定了技术基础。新时期，中华民族文化自信的觉醒也催生了设计觉醒。以中秋月饼为载体，传统文化不再是博物馆里的展品，而是全体中华民族可触摸的生活仪式。

国潮包装绝非简单贴图，而是以设计为媒介，将中华文化瑰宝进行当代转译，使月饼从地域性节令食品升华为具有一定价值的文化图腾。当前，国潮月饼盒正经历三重蜕变：工艺去繁就简，雕琢更显匠心；材质拥抱再生纸与竹纤维，践行环保理念；设计将剪纸纹样、水墨意境注入现代美学，碰撞出惊艳的国潮新范式，用唯美独特的国风元素向世人展示中国式的时尚与浪漫。

包括广式月饼在内，各派式的月饼厂商都加入国潮的演绎中。一方面，深入挖掘地方文化特色，岭南风物、江南的水乡风光、西北的民族纹样等元素都被开发出来，融入各自的包装设计中，不仅展现中国丰富多彩的地域文化，也让月饼礼盒成为传播文化的媒介，满足人们思乡念亲之情。另一方面，各厂商也在包装中不断融入新概念，如健康、科技、互动、环保、航天等，以满足现代社会的多元化需求。这样的包装设计，不仅让月饼成为节日的美食，更成为传递文化、展现个性、倡导环保理念的使者。每款精心设计的月饼礼盒，都是对传统与现代、东方与西方、自然与科技完美融合的赞歌。

无论是数字印刷、环保材料的使用，轻量化和低碳设计，还是走向智能化、高颜值社交化，或场景化与互动性设计……月饼的包装创新，本质上是社会价值观的写照。用包装实现品牌文化理念，把本土文化和产品价值相结合，让包装成为月饼产品增值的抓手，将成为品牌努力探索的方向。

品一枚甜饼，赏万里明时

无论是饼模，还是包装，都是服务于月饼——它不仅是中秋节的美食，更承载着华夏子民的深情，是团圆的象征。每逢中秋，无论身处于世界乃至宇宙空间的任何一隅，人们总会借着品尝月饼的机会，感受那份来自家乡的温暖和亲切。

“白兔捣药秋复春，嫦娥孤栖与谁邻”，千年咏月诗情也在现代科技中焕发新韵。从嫦娥奔月神话到人类飞天壮举，从苏东坡笔下的“小饼如嚼月”到如今“月饼入天宫”，广式月饼的文化基因始终与华夏民族的航天梦想同频共振。当神舟飞船穿越大气层，当传统节令食品突破大气层束缚，广式月饼的糖皮里也揉进了华夏儿女叩问苍穹的夙愿。

在粤人的通力合作下，广式月饼率先开拓了全球的商业版图。作为最具大众影响力、覆盖范围最广泛的月饼品类，广式月饼不仅向世界展示了岭南风味的魅力，更促进了美食背后的中外文明对话。透过海外庞大的华人社群，广式月饼向世界传递着中国人有关团圆与分享的价值观。这样的美食魅力，能够超越国界，引发不同文化背景的人们情感上的共鸣。

逐梦飞天　共襄探月

在人类文明的长河中，探索未知与庆祝团圆一直是两个永恒的主题。航天梦，承载着人类对宇宙奥秘的好奇与向往，而手执圆圆的月饼，何尝不是国人探月之梦的强烈表达？从古至今，人们对月亮有过无数浪漫的遐想，从嫦娥奔月传说，到嫦娥探月工程，探索太空奥秘的脚步从未停止。若说月饼象征着人情的团圆完满，那么航天事业则彰显了人类试图对宇宙形成完整认知的努力。

早在三千多年前，中华民族就凭借着好奇和智慧，用想象力将自己的第一位“女宇航员”嫦娥送上了月球。嫦娥奔月的故事广为流传后，人们又想象她居住的月宫有了桂树和玉兔。从此，嫦娥、广寒宫、桂树、玉兔、吴刚等，就成了中国人描绘月球的专用符号。

斗转星移。20世纪以来，中国航天逐渐揭开了月球神秘的面纱。1970年4月24日，《东方红》响彻寰宇，我们开启了逐梦星辰的脚步。古老神话中的嫦娥、玉兔以及作为象征符号的月饼，被中国人复现在太空之上，科学与浪漫在此相逢。

2004年3月1日，中国探月工程正式启动，第一颗绕月卫星被命名为嫦娥一号；2013年中国首辆月球探测车则获得了一个可爱的名字玉兔号。嫦娥与玉兔，终于从神话里走出来，在21世纪的太空里相伴遨游，这是一个值得国人骄傲的科技里程碑。2019年9月13日，是中国人的中秋佳节，当天，中国航天科技集团官方发布了一张“玉兔”在月亮上“制作”月饼的照片——玉兔二号月球车的行驶轨迹在月壤上形成了一个正圆，酷似月饼的形状。

从嫦娥一号至嫦娥五号的不断升空，我国航天事业一步步将“上九天揽月”的理想变成现实。中国航天人攀登在问天路上，探索宇宙未知的浪漫。2003年10月15日，中国第一艘载人飞船神舟五号成功发射，特制的太空小月饼也首次登上太空。在失重的太空环境下，饼屑很容易乱跑，必须一口吃下、合嘴咀嚼，因此太空月饼都做得很小。只见宇航员杨利伟把印着“飞天”“奔月”字样的小月饼一个个扔起来，让它们漂浮着并排成一列，按顺序逐个吃掉。这些月饼是由中国航天医学工程研究所一条专门的航天食品生产线生产的，只有普通月饼的1/5大小，配方也严格保密。

2022年9月10日，神舟十四号乘组在“天宫”分享了一枚广式莲蓉月饼。这枚金黄的月饼随飞船进驻太空，以独特的文化符号姿态飞越九霄，将千年月华想象铸入当代航天史诗，不仅承载着华夏儿女的团圆情结，更成为现代航天文明与传统饮食文化交融的实体见证：航天员在太空舱内分享月饼的瞬间，岭南传统糕饼技艺与当代航天科技完成跨时空的对话，广式风味更升华为连接天地的人文纽带。

团圆——广式月饼文化专题版本展中的“问天人月团圆”陈列

有华人的地方就有广式月饼

文化认同凝聚人心，美食则是寄托乡愁的物质载体。

在过去的一百多年里，广式月饼已随着广东人的脚步远渡重洋，在东南亚、欧美各国扎根发芽。在异国他乡，广式月饼见证了中国传统中秋文化的种子落地生根，开花结果，可谓是“有华人的地方，就有广式月饼”。

如前所述，民国年间，广式月饼就已走出国门，成为联系众多华人华侨与祖国的情感纽带。上海的《申报》就曾报道：“海外华侨对于过节最感兴趣，因为他们终年勤劳，全将节日热闹一番，秋节将近，纽约及旧金山各大埠华侨杂粮铺的广式月饼及香斗，已堆得满坑满谷。”当时广式月饼的流行，甚至还超越了华人社区边界，开始受到当地美国人的喜爱，《申报》中也有文章描述道：“买月饼的不限于中国人，美国人也都喜欢吃Mooncake，洋太太们一面吃月饼，一面便传说甚至编造许多月里嫦娥的故事，表示自己如何博学，俨然中国通了。”[①]

对于海外华人华侨而言，过中秋，不仅是对美好生活的希冀、对亲情的重视，更是一种文化身份的体现。“讲到广式月饼走向海外，我的第一反应是‘文化寻根’。”广州民俗文化研究所所长饶原生的这句话，深刻地揭示了广式月饼在海外华人心中的独特地位。它不仅带给海外游子味蕾上的享受，更给予他们心灵上的慰藉，成为他们留住乡愁的一个载体。

当代文学家木心曾写道：“海外有春风、芳草，深宵的犬吠，秋的丹枫，随之绵衍到煎鱼的油香，邻家婴儿的夜啼，广式苏式月饼……乡愁，去国之离忧，是这样悄然中来、氤氲不散。”身处他乡时，广式月饼，亦是乡愁与去国之忧的意象。在作家王蒙的《霞满天》中有这么一个与广式月饼相关的小故事：“南极还有探险队员的坟墓，人是先锋，有时是恶徒，是牺牲者，也是享受者。南极有我们中国的科学考察站，最早的站位于

① 萩园：《中秋节在美国》，《申报》1947年9月29日。

乔治岛。那里有一个小伙子是我的一个同学的孙子。我给他带去了国内刚刚度过的中秋节的一块广式月饼，我大叫着呼喊他的名字找到了他。我们游客的全部行李在阿根廷国内航班上不能超过三十市斤。一块从伟大祖国带去的蛋黄莲蓉月饼，引起轰动，在场的科考人员分而食之，有的感动得流了眼泪。”

在空运、冷链运输不发达的年代，海外华人会选择自己做月饼，或者找当地饼家集中购买月饼，当地饼家的工艺也是来自广式月饼的制作手法。譬如在美国，很多饼家师傅是从广州、香港过去的，做月饼的木制模具也都是从中国带去的。这些华人师傅亲自动手制作广式月饼，将这份传统美食带给当地的华人社区，也分享给对中国文化感兴趣的朋友。他们入乡随俗，将月饼与当地居民的口味偏好相结合，推出了创新的“月饼+红茶”“月饼+威士忌酒”等搭配，为传统的月饼增添了一抹异国风情。无论是中国人还是外国人，大家都喜欢月饼中蕴含的团圆之意，这便是文化与情感的共通。

在东南亚许多城市的街头巷尾，都飘散着炉火烘烤的酥香，间杂着糖油交融的甜润——这是来自粤地的传统糕点铺的独特气息。自广东等地的华人南下以来，这些承载着故乡记忆的饼铺，在热带的土地上绽放出文化融合之花。从婚嫁喜饼到中秋月饼，从杏仁饼到鸡仔饼，每一口糕点都诉说着华人家族的迁徙故事，也承托起他们对于遥远“原乡”的想象。

在马来西亚的槟城，就有一家老饼屋伍记，店主坚守古方，每年都向国内采购莲蓉等原料。也有糕饼店探索广式月饼的本地化创新。比如加入当地食材如斑斓叶，制作翡翠月饼，使岭南风味与马来西亚娘惹菜碰撞出别样的火花。

柬埔寨的老字号许成和饼家，传承着广式月饼的传统制作技艺。每年中秋节前，总是顾客盈门，购买广式月饼的不仅有华裔，也有柬埔寨本地人。月饼在这里已经超越了文化的界限，成为各个族群都喜爱的食品。

在新加坡，一些有着几十年历史的手工糕点品牌，也自产自销广式月饼。他们在广式月饼的口味基础上融合创新，譬如烘皮白莲蓉月饼，便是新加坡珍味牌月饼的创意。

如今，随着中国影响力的不断上升，海外也呈现出全球共度中秋的盛况。在大洋彼岸的美国旧金山，华人社群从1991年就开始举办大型的中秋街会。近年来，中秋街会的影响力日益扩大。在美国纽约、佛罗里达、波士顿，一场场中秋活动陆续上演。

莲蓉的绵密里沉淀着家乡万里的牵挂，咸蛋黄的流金中涌动着文明互鉴的潮声。这穿越时空的东方意象，正在地球村的餐桌上书写新的团圆叙事。根植于中华传统，以模具、包装焕其光彩，数代粤人以商者的情怀所精心打造的广式月饼，早已超越时令点心的范畴，既温暖了国人，又化作一枚跨越山海的东方信物，在异国的月光下慰藉乡愁，传扬岭南饮食文化和中华传统礼俗，向世界分享关于家国团圆、互相祝福的价值观。

当鎏金华彩的饼皮映照着中秋明月，流转的不仅是四时风物，更是一个古老文明对花好月圆的永恒执念。

附录一 广式月饼大事件

● **清代**

广州，糖浆皮月饼出现，依靠茶果铺、饼铺业态，成为广东地区饼饵业的重要商品。

● **19世纪50年代**

广州，茶寮（二厘馆）逐渐向更高级的茶居演变。茶居开始售卖饼饵，包括创新的糖浆皮月饼，并且得到饼饵同业公会的支持。

● **1839年**

上海，粤人开设茶食铺元利食品号。

● **1862年**

上海，广帮锦芳食品号制作和售卖广式月饼。

● **1888年**

上海，怡珍茶居的广告中首次出现“广东月饼”一词，广告上的月饼品种有40余款。

1889年

广州西关，连香糕酥馆研制出莲蓉馅点心。

约1900年

广州，来自佛山七堡乡的谭新义等联合成立协福堂公会［后改称茶居（茶楼）同业公会］。

1905年

天津，广帮茶食铺广万和号率先打开广式月饼在北方地区的市场。

1908年

1908年，谭新义全盘收购连香糕酥馆，并改名为连香大茶楼（今莲香楼前身）。

1918—1928年

广州莲香楼股东筹集资金，先后在香港九龙地区开办了两家分店，取名省港莲香楼。

1919年

广州市茶居工会（茶楼饼饵业职业工会）成立。其管理茶楼饼饵行业工人，如规定大、小案板等工种的工资等。

20世纪10—20年代

广州，月饼储蓄会商业模式出现，并流行于港澳等地。

1921年

广州市酒楼茶室商业同业公会成立。其与茶居（茶楼）同业公会之间有行规界限，酒家和茶楼之间不可跨行业经营。

- 1922年

上海，报刊发文称，广式月饼销往海外。

- 1925年

广州，陶陶居更新改造后正式开业。老板谭杰南想要打破茶楼不能经营饭市的行规，但遭到行业公会反对。

- 20世纪20年代初

广州，莲香楼和陶陶居两大茶楼进行商业对阵，将广东地区广式月饼的商业竞争推向高潮。

- 1925年

上海，冠生园推出各式广式月饼礼盒包装，以及不同价格的月饼+礼品套装。此后，广式月饼包装精品迭现。

- 1926年

广州，玉山机制饼业公司建立食品工厂，白莲蓉月饼成为其招牌产品，莲蓉月饼出现细分品类。

- 1927年

美国禁止广式月饼进口。

- 1928年

上海，粤式酒家杏花楼在经营传统龙凤礼饼之余，开始大力推销广式月饼。

- 20世纪20—30年代

上海，粤人所开设的饼铺、茶居、酒楼、食品工厂、百货公司等均开始产销广式月饼。其间，涌现出杏花楼、新雅粤菜馆、冠生园、泰康等众多广式月饼知名品牌。

1934年

上海，冠生园举办中秋月饼展览会，邀请胡蝶与袁美云为其银河影月礼盒代言，开创新的营销模式。

1935年

上海，杏花楼邀请画家杭樨英设计嫦娥奔月包装礼盒。其成为海派广式月饼的经典包装设计。

1944年

广州大酒家第一代点心名师欧标的《食经缝趣录》中有月饼进入餐饮筵席的记录。

1950年

荣华酒楼首次在香港推出白莲蓉月饼。

1954年

国家实行公私合营政策，广州传统分散经营的饼铺合营，由专门机构统一管理，并建成集约化生产的工厂。

1956年1月

广州市饮食服务公司成立。其除管理饮食之外，还开展粤菜粤点研究。

1956年6月

第一届广州名菜美点展览会在西关文昌路口的广州大酒家开幕。会上展出广州能供应和可以恢复的粤菜5457种、点心825种、小食品273种。其中，中秋月饼入列点心。

- **1956年8月**

在广州市第三商业局饮食公司的支援下，河南郑州成立中原地区第一家广式风味餐饮场所——郑州广州酒家。该酒家生产出中原地区第一块正宗广式月饼。

- **1958年**

广州，饼饵行业与烟酒专卖公司合并为专糕行业。广州趣香与显记、中国、适宜、四美斋五家饼家合并为国营糕点厂，仍以趣香为名。

- **20世纪50年代**

莲香楼被指定为广州地区唯一出口月饼单位，产品出口东南亚。

- **1958—1961年**

国家实行计划分配，广式月饼等糕点生产在统一规格、统一配方、统一价格、统一安排市场的管理体制下展开。

- **1961年**

国家为回笼资金，对部分商品实行高价供应，广式月饼是其中之一。

- **20世纪70年代**

广州酒家的点心师傅创制猪笼形炉具——隧道炉。趣香、海珠等经营条件优越的饼厂采用一种多层旋转式烤炉，即风车炉。

1980年

广州市政府相关机构提出恢复“食在广州”的城市定位。

全国名特糕点工艺交流会议在长沙召开。会议推动了广式月饼及其他各类糕点食品生产质量标准的提高，为逐步实现科技化、机械化、自动化生产奠定基石。

20世纪80年代初

广州市糖业烟酒公司成立，主导引进一系列广式月饼生产设备。趣香与南源、西桥、海珠等糕点厂合并，成为当时广州生产力先进的月饼厂之一。

香港马口铁厂商进入广东市场，185 mm×210 mm规格的广式月饼铁盒包装开始流行。

1982年

南京，8511研究所研制出以铁粉为主要原料的脱氧剂。

1983年

北京，中国民主建国会和中华全国工商业联合会召开关于传统食品咨询工作座谈会，提出“要恢复发展名厂、名店、名特产品”。

1984年

北京，稻香村正式恢复营业。

广州，广东省粮食局和美国小麦协会签订共同建设华美烘焙技术培训中心合作协议，为广式月饼生产培养人才。

1985年

北京，全国首届技术成果交易会召开，研究成果结集成《全国首届科技成果交易会　食品技术成果汇编》，为月饼生产提供了重要的技术参考。其中，上海杨浦乐家福食品厂已研制并使用了一款广式月饼成形机。

广州陶陶居的广式月饼首次运往北京试销，九万盒月饼被抢购一空。之后，产品相继中国内地其他省市、香港、澳门，以及东南亚、日本、澳大利亚等地销售，引起“广式月饼热”。

1986年

香港半岛酒店首次推出奶黄月饼。

1987年

广州市饮食服务公司提出对广式月饼“实行最高限价”。

1988年

广州酒家在鹅掌坦建成食品加工厂，开创国内餐饮行业转型食品生产的先河。

1989年

香港首次推出冰皮月饼。

20世纪80年代末

广州，百货商业迅速发展，为广式月饼带来新的销售渠道。

20世纪90年代

香港品牌美心月饼进入中国内地市场。

1991年

广州酒家率先与广东邮电局合作，将中秋月饼邮寄到海外华人社区。

1992年

广州酒家、莲香楼、陶陶居、咀香园、百威等品牌纷纷举办全国月饼订货会。

1993年

中国焙烤食品糖制品工业协会成立，对广式月饼等食品行业进行宏观政策统筹。

广州，陶陶居率先采用三层注塑提篮作为月饼包装。

1994年

东莞，香港荣华饼家设立生产厂房。

1995年

广州，趣香糕点厂建成高标准铲蓉车间，被卫生部门称为“广州市一流的铲蓉工场”。

1996年

广州月饼企业引进日本雷恩万能糕点包馅机，大大提升了广式月饼生产线的自动化水平。

东莞金苹果等品牌开创广式月饼的欧式风格包装。

1997年

中国烘焙行业第一个专业展览会中国烘焙展览会创立，先后于成都、北京、武汉、广州、上海等地巡回办展。

上海，杏花楼将具有近百年历史的广式月饼工艺配方珍藏在浦东发展银行保险箱内，留存下广式月饼制作的珍贵资料。

陶陶居创制华夏团圆月，月饼直径3米、高0.3米、重575公斤，被列入吉尼斯世界纪录。

哈根达斯进入中国市场，创制第一款冰激凌月饼。

1998年

广州酒家集团利口福食品有限公司车间诞生全国首条热油循环莲蓉生产系统，实现广式月饼生产线单个环节上的全自动化；同时引进首条广式月饼隧道烘烤生产线。

2001年

南京冠生园被曝光使用陈年馅料制作广式月饼，引发人们对食品生产质量的关注。

2005年9月

国家质检总局、国家标准化委员会发布《月饼》国家标准（GB 19855—2005），首次将月饼标准从2002年的行业级标准（SB/T 10351—2003）提升为国家强制性标准，并从2006年6月1日起实施。

2007年

上海杏花楼广式月饼制作技艺被认定为第一批上海市非物质文化遗产项目。

广州酒家集团利口福食品有限公司与第三方设备厂一同成功研发凉冻塔技术，其后来成为行业标配。

2008年

深圳市安琪食品有限公司成为国家级月饼传统制作技艺（安琪广式月饼制作技艺）保护单位。

2009年3月

国务院发布实施《限制商品过度包装要求　食品和化妆品》（GB 23350—2009），广式月饼由此告别繁杂的礼品包装。

2012年

中央八项规定出台，推动行业转向平价市场。

广州莲香楼广式月饼传统制作技艺入选广东省非物质文化遗产名录。

2014年

广州酒家集团利口福食品有限公司实验室——利口福食品有限公司检测中心通过中国合格评定国家认可委员会的认可评审，成为广东省内率先获得这一认证的月饼品牌。

香港品牌美心首创流心奶黄月饼。

广式月饼企业引入智能化的机器人外包装设备。

2015年10月

新版《中华人民共和国食品安全法》实施，推动广式月饼生产企业提升食品生产质量标准。

2017年

广州酒家集团与广东省科学院华南研究院合作，成功研发自动化内包装设备，实现吸托、装饼的全自动化。

2018年

文创月饼元年。北京故宫率先推出文创月饼礼盒“朕的心意·故宫食品”，开启中国文创月饼的浪潮。

广州酒家集团与华南研究院合作研发成功首款全自动扫蛋机器人，进一步推动广式月饼生产线的全自动化。

2021年

数字月饼元年。多个数字藏品平台均发布了NFT月饼。

2022年

国家发展和改革委员会等四部门联合发布《关于遏制“天价”月饼、促进行业健康发展的公告》，推动广式月饼行业回归消费大众化。

广州酒家集团与华南理工大学合作共建低升糖健康食品合作研发中心，并在2022年推出国内首款获得GGU认证的低GI月饼。

广州酒家集团的广式月饼制作技艺被认定为第八批广州市级非遗代表性项目。

由中共广东省委宣传部指导、广州酒家集团承办的“团圆——广式月饼文化专题版本展”在中国国家版本馆广州分馆展出。

2023年

广州酒家集团联合广州市文化馆及广州博物馆，以“穿粤记之寻味中秋”为主题，打造首个中秋大型沉浸式实景古风剧本游园活动，获评2023国民消费·主题特色消费十大案例之一。

2024年

东莞，华美食品集团建成以月饼为主题的博物馆。

2025年

上海，第27届中国国际焙烤展举办，清洁标签、健康养生成为核心趋势。

附录二

关于月饼行业的国家政策变迁

时间	文件名	类型	相关内容
1995年	《中华人民共和国食品卫生法》	法律	总则：为保证食品卫生，防止食品污染和有害因素对人体的危害，保障人民身体健康，增强人民体质，制定本法。
2002年	《月饼 广式月饼》（SB/T 10351.1—2002）	行业标准	以小麦粉、转化糖浆、食用植物油、碱水等制成饼皮，经包馅、成形、刷蛋、烘烤等工艺加工而成的广式月饼。
2005年	《中华人民共和国国家标准 月饼》（GB 19855—2005）	国家标准	对“广式月饼”的定义：以广东地区制作工艺和风味特色为代表，使用小麦粉、转化糖浆、植物油、碱水等制成饼皮，经包馅、成形、刷蛋、烘烤等工艺加工而成的口感柔软的月饼。 包装限制：包装成本≤出厂价 25%，单粒包装与外盒间距≤2.5 厘米。 质量分级：明确广式、苏式等分类标准，规定馅料含量下限（如莲蓉类≥60%）。
2006年	《中华人民共和国国家标准 月饼》（GB 19855—2005）	国家标准	2006 年修改单：将包装空位率计算方式调整为 “每千克月饼销售包装容积≤9.00×10^{3}立方厘米”，强化环保要求。
2009年	《中华人民共和国食品安全法》	法律	国家建立食品安全风险评估制度，明确食品安全标准是强制执行的标准，除食品安全标准外，不得制定其他的食品强制性标准。作为我国食品安全领域的基础法，为后续修订提供依据。

（续上表）

时间	文件名	类型	相关内容
2011年	《食品安全国家标准 食品添加剂使用标准》（GB 2760—2011）	国家标准	调整了部分食品分类系统，并按照调整后的食品类别对食品添加剂使用规定进行了调整。增加了食品工业用加工助剂的使用原则，调整了食品工业用加工助剂名单，在新标准中共列举107种加工助剂。
2015年	《中华人民共和国国家标准 月饼》（GB/T 19855—2015）	国家标准	以广东地区制作工艺和风味特色为代表，以小麦粉等谷物粉或植物粉、糖浆、食用植物油等为主要原料制成饼皮，经包馅、成形、刷蛋、烘烤（或不烘烤）等工艺加工制成的口感柔软的月饼。
2016年	《网络食品安全违法行为查处办法》	部门规章	要求电商平台审查商家资质，记录交易信息。禁止线上销售虚假宣传、违规添加剂产品。
2019年	《中华人民共和国食品安全法实施条例》	法律	强化企业主体责任，建立“黑名单”制度。禁止月饼等非保健食品宣称具有保健功能。
2022 年	《关于遏制“天价”月饼、促进行业健康发展的公告》	政策	对单价＞500 元盒装月饼重点监管，禁止混合销售与过度包装。要求电商平台监控高价商品，违规者纳入信用惩戒。
2023 年	《限制商品过度包装要求 食品和化妆品》（GB 23350—2021）及第 1 号修改单	国家标准	包装层数：月饼包装层数≤3 层。 空隙率：必要空间系数从 12 降至 7，包装体积缩减 42%。 成本占比：100 元以上月饼包装成本≤15%，禁用贵金属、红木材料。 混装限制：禁止月饼与其他产品混装。

（续上表）

时间	文件名	类型	相关内容
2023年	《月饼质量通则》（GB/T 19855—2023）	国家标准	对“广式月饼”的定义：以广东地区制作工艺和风味特色为代表，以小麦粉等谷物粉、食用油脂等为原料，添加或不添加糖浆制成饼皮，经包馅、成形、刷蛋或植物蛋白液（或都不刷）、烘烤（或不烘烤）等工艺加工制成的口感柔软的月饼。 月饼分类调整：按加工工艺分为烘烤类、油炸类、蒸煮类、熟粉类，取消“热加工”“冷加工” 分类。 馅料要求：莲蓉 / 枣蓉月饼馅料（除油、糖、水、食品添加剂以外）≥60%，五仁月饼果仁≥20%，蛋黄月饼蛋黄≥8%。 原料基本限制：禁止使用鱼翅等野生保护动物食材，不宜使用燕窝等名贵食材。
2024 年	《食品安全国家标准 食品添加剂使用标准》（GB 2760—2024）	国家标准	禁止在糕点中使用脱氢乙酸钠，推动天然防腐剂（如乳酸链球菌素）应用。 调整甜味剂、色素使用范围。 2025 年 2 月 8 日正式实施，企业需在此前完成配方调整。
2024年	《查处过度包装行为执法指引》（第一版）	执法指引	对月饼的认定： ①产品未标注为月饼或标注为其他食品，但明示的产品标准为《月饼质量通则》（GB/T 19855–2023）的，属于月饼。 ②没有明示产品标准为《月饼质量通则》（ GB/T 19855–2023）或只明示了《食品安全国家标准 糕点、面包》（GB 7099–2015），但包装上突出中秋或表示中秋文化的装饰装潢，产品名称中突出中秋、明月、秋、月等中秋文化特征，视为月饼。中秋节日前短期内生产并销售，且内装糕点符合“饼皮，包裹各种馅料”的特征的，视为月饼。 ③在条件具备的情况下，该产品生产地市场监管部门可以深入该食品厂商调查，比较其是否与之前生产的月饼的配料、工艺等实质相同。如果实质相同，只是在包装和标签上改头换面，可以认定属于月饼,适用月饼的包装要求。
2025年	《食品馅料质量通则》（GB/T 21270—2025）	国家标准	更改了产品分类，增加了月饼用馅料的要求，删除了卫生指标及删除了食品添加剂，更改了检验方法及检验规则

后记

月兆新程

徐伟兵

中秋佳节，是中国人心中最温柔的团圆符号。乙巳年夏末初秋，这本历时逾两年的共创作品——《国饼——广式月饼的前世今生》，终于付梓。作为一名在月饼行业深耕多年的从业者，此刻思绪万千，既有对过往岁月的感怀，更有对行业未来的期许。

历经千年的传承与发展，月饼在中华大地上开枝散叶，衍生出广式、苏式、京式等众多派式，这是中华大地丰富的物产与厚重历史文化的馈赠。尽管月饼品类不断推陈出新，但其圆形的基本制式与团圆的寓意始终未变，成为中华民族维系情感、传承文化的重要载体。2008年，中秋节被列为国家法定节假日，这不仅让人们有了更多时间与家人团聚，也让月饼文化在新时代焕发出更加耀眼的光芒。而广式月饼，凭借其独特的风味、技艺与蓬勃的生命力，成为众多派式中极具影响力的一支。

改革开放初期，月饼还停留在作坊式生产。老师傅们用木模敲打出的月饼，承载着最朴实的祝福。2006年，首个月饼国家标准施行，引领行业迈入现代化发展的重要里程。随着生活水平的提高，大众对广式月饼的需求持续增长，并呈现出多样化的特点。现代消费者对健康的关注达到了前所未有的高度，推动企业在传承传统工艺的基础上，不断探索新的原料和制作方法，将健康理念融入每一块月饼中，满足消费者对美好生活的追求。而年轻一代的消费者，则希望月饼不仅仅是一种美食，更是表达个性与情感的载体。换言之，我们所经营的，实则是沉淀千年的华夏情感记忆。

无论怎样变化，文化始终是行业发展的核心动力。当下，文化驱动创新的现象愈加凸显：对文化价值的关注与挖掘，促成国潮包装和文创月饼引领了新的市场风向；月饼非遗技艺、传统印模等，则充分激发着行业的潜能；与月饼有关的文物或文化展览令观者如云，更印证了人们对于传统文化的深切回望。作为从业者，我们不仅要传承广式月饼中含蕴的精神追求——所谓“饼皮通透如月，馅料实在似心”，更应不断从中华优秀传统文化中汲取养分，在实践中不断创新表达。从本质上看，月饼植根于传承五千载的中华优秀传统文化，其中滋味万千，魅力无穷，将在当代语境中展现出永恒的价值。

在历史文化的另一侧，是新时代的挑战与机遇。“互联网+”浪潮奔涌，线上销售渠道的爆发式增长，不仅为月饼市场注入了新动能，也催化出竞争生态的深层变革。面对技术红利，行业更需摒弃价格战的短视博弈，自觉推动行业的良性竞争与健康发展。随着全球制造业加速迈向数智化阶段，本土食品工业的转型升级成为一道必答题。拥抱人工智能、物联网、大数据分析等数字化生产技术，实现月饼全自动化生产流程，建设更加可持续发展的灯塔工厂——期待一场以文化为魂、科技为骨的深度融合，让“舌尖上的文化自信”在科技赋能下绽放更璀璨的光芒。

这本书得以付梓，绝非一己之力所能完成。在创作过程中，我们广集资料，博采众家之观点，逐渐理清了广式月饼行业发展史的脉络。在此，我们谨向为本书创作给予鼎力支持的各方致以最诚挚的谢意：

特别感谢中国食品工业协会、中国焙烤食品糖制品工业协会搭建了专业的行业交流平台，并无私提供历年月饼行业数据，为本书的创作筑牢了根基。感谢广东省、广州市及荔湾区非遗保护中心，广东省博物馆、广州博物馆、广州十三行博物馆、文仕文化博物档案馆、南方日报等文化单位的支持，为本书增添了文化厚度与历史纵深。同时，也要感谢上海杏花楼（集团）股份有限公司、广东金九饼业有限公司、苏州稻香村食品有限公司、杭州知味观食品有限公司、中山市咀香园食品有限公司、深圳市快车道品牌咨询有限公司、中山市东方金属制品有限公司、广州市美时包装材料有限责任公司、湖南莲美食品股份有限公司、深圳市星之导贸易有限公司、广东荣诚食品有限公司等行业同仁，以及大董（董振祥）、屈浩、何世晃、钟成泉、罗宝鑑、罗操、张劲松、尚晓鸣、闫涛、李汴生、刘汉周、彭小荣、王大欣、吴平远等专家与传承人的大力协助。格外感谢周松芳老师协助团队开展史料挖掘与史学研究工作。书中收录的大量精美饼模图片，均由模具收藏家刘君兰女士慷慨提供，为本书增添了别样的韵味。同时，也衷心感谢迎难而上的共创团队。

两年多来，创作这本书的初衷未曾改变。虽时有犹疑，但在共创团队的不断摸索中，我们心中那份价值感与获得感渐渐明确且丰满起来。以史为鉴，我们期望这本书能为行业未来发展提供历史镜鉴，无论是月饼和烘焙行业从业者，还是岭南文史、饮食文化研究者及爱好者，抑或是关注中国烘焙行业转向的人们，都能从中获得启发。我们希望，当读者翻动书页时，能听见那些模具敲击案板的清脆的历史回响，感受到传承千年的匠心与温度。

合上书稿，窗外玉兔东升，明月清辉皎洁。广式月饼的魅力，就在于它能将千年的月光，凝结成舌尖上一瞬的甜蜜。这份甜蜜不该只囿于中华大地——毕竟，对团圆的向往、对月光的咏叹，本就是穿越国界的语言。我们期盼中秋能载着这份岭南风味，踏上世界级非遗的殿堂，愿中秋月圆时分，世界的每一片清辉之下都映照着一口中国甜。

（徐伟兵，中国饭店协会副会长、广东省老字号协会会长、广州酒家集团董事长）